한국 근대사상의 도전

한국 근대사상의 도전

琴 章 泰 지음

한국학술정보㈜

간 행 사

일반적으로 문화(文化)라 하면 좁은 의미의 문예(文藝)만을 생각하기 쉽지만 문화란 인간의 인지(人智)가 깨면서 자연상태에서 벗어나 일정한 목적(目的)이나 이상(理想)을 실현하려는 과정(過程) 및 그 과정에서 이룩해 낸 물질적·정신적 소득, 특히 학문·종교·예술·도덕 등 인간의 내적(內的) 정신활동(精神活動)의 소산(所産)이 바로 문화의 범주 속에 들어간다.

오늘날 세계를 주도하고 있는 서구문화(西歐文化)는 고대 그리스의 예지(叡智)와 기독교 정신의 소산이라 할 수 있다. 또한 이와 더불어 한 축(軸)을 이루는 동양문화(東洋文化)를 형성하는 본원(本源)은 바로 유교·도교·불교 등이다. 우리나라는 이러한 동양문화권의 테두리 속에 있으면서도 우리의 독자적인 문화전통을 생성·발전시켜 왔다.

그러나 독자적이라는 말이 배타적임을 뜻하는 것은 아니니, 어느 나라에 있어서나 문화의 전통이란 외래문화(外來文化)와의 상호작용(相互作用) 속에서 서로 영향을 주고받으며 취사선택하는 과정에서 형성되기 마련이기 때문이다.

오늘날 세계를 무대로 하는 국제화시대(國際化時代) 속에서 서구문화와 동양문화는 이것을 양분(兩分)하여 인식하는 고정관념에서 벗어나 오히려 통합(統合)되고 조화(調和)되어야 하는 요소로서 파악할 필요성이 있으며, 실제로 그러한 추세에 있다.

그러므로 우선 우리의 역사·문화를 올바로 이해하기 위하여서는 상호 관련된 동양문화(東洋文化)를 총체적(總體的)으로 탐구(探究)하여야 하고 나아가 동서문화(東西文化)를 비교연구(比較研究)하여야 한다. 또한 문화를 일부 전문가나 소수 계층만이 향유(享有)하던 시대는 지났다. 일반 국민 모두가 문화를 향유하고 인식하는 수준이 높아져야 문화민족(文化民族)·문화국가(文化國家)가 될 수 있는 것이다.

우리가 높은 수준의 문화를 꽃피우기 위해서는 보편성(普遍性)과 특수성(特殊性)을 높여야 하지만 아울러 이러한 문화가 폭넓게 뿌리내릴 수 있는 넓고 기름진 토양(土壤)이 우선되어야 한다.

이러한 뜻에서 본회에서는 그간 동양고전국역총서(東洋古典國譯叢書)를 이미 다수 간행하였으며, 앞으로도 계속하여 착실히 진행할 계획으로 있다.

또한 이번에 우리는 우선 동양문화 각 분야에 대하여 전문가의 연구서(硏究書)와 한편으로는 그를 바탕으로 하는 교양서(敎養書) 간행의 필요성을 절실히 느껴 동양문화총서(東洋文化叢書)를 기획 간행하기에 이르렀다.

앞으로 우리는 세계문화(世界文化) 속의 한국문화(韓國文化)를 계승(繼承)·발전(發展)시키기 위한 밑거름이 되고자 하며, 새 시대의 가치관(價值觀)을 정립하고 도덕(道德)과 윤리(倫理)의 새 장(章)을 여는 계기(契機)가 되기를 바라 마지않는 바이다.

강호제현(江湖諸賢)의 편달(鞭撻)이 있기를 바란다.

1994년 10월 10일
사단법인 전통문화연구회
회장 안 병 주

머 리 말

우리 사회의 유구한 문화전통에 지진이 일어나고 大地의 뿌리에서
부터 동요가 일어나기 시작한 것은 19세기 후반부터였다. 이 지진의
震央은 서쪽으로, 서양의 종교·과학 및 제국주의 침략세력이 잇달아
공격하면서 마침내 유고문화의 孤高한 질서는 끝내 버티지 못하고 허
물어지기 시작하여 결국은 나라가 멸망하기에 이르렀다.

이러한 대파국의 상황 속에서 당시 지식인들의 대응방법은 다양하
게 일어났다. 衛正斥邪論을 표방하며 전통의 확고한 수호를 위해 서양
의 종교와 과학기술에 대한 이론적 비판을 하기나 일본의 침략세력에
비장하게 항거하기도 하였고, 서양종교와 문화의 충격을 받아 동요하
는 유교전통을 직시하면서 전통사상을 새로운 논리의 사유체계로 개
혁을 시도하기도 하였으며, 내부로부터 개혁을 위해 특히 종교적 관심
에서 유교의 종교개혁론을 전개하기도 하였고, 유교전통의 事大의식을
극복하기 위해 우리 역사에 대한 새로운 자주적 해석을 추구하기도
하였다.

또한 유교체제를 벗어나서도 이 격변기에 대응하는 다양한 사회운
동이 일어났다. 새로운 종교지도자들이 출현하여 다양한 민족종교운동
을 전개함으로써 근대적 질서에 적응을 적극적으로 도모하기도 하였
고, 대중의 계몽운동을 벌이면서 의식개혁을 주창하기도 하였다. 日帝
의 고통스럽고 오랜 식민지 지배기간에도 이에 저항하는 유교인의 독
립운동은 문화적 自尊의식과 민족적 自主의식을 각성하였으며, 해방
이후에도 근대화를 지향하면서 자유와 인간해방을 추구하였던 것이다.

당시에 지식인들이나 종교지도자들이 헌신하였던 사회문제는 오늘
의 우리에게도 아직 유효한 문제라 할 수 있다. 우리는 전통문화의 체

제와 현대 서구문명의 체제 사이에는 아직 조화를 이루지도 못하고, 새로운 일치의 방향을 찾지도 못하고 있다. 이러한 부조화의 상황이 우리 시대의 사회적 혼란과 사상적 혼돈의 원인이 되는 것을 부정하기는 어렵다. 우리 시대를 이끌어가는 지식인이나 종교지도자들은 너무 西歐化에 치우쳤거나 너무 전통의식에 사로잡혀 있다. 우리 시대의 사상이나 종교가 너무나 다양하고 복잡하여 서로 충돌하는 상황을 적극적으로 해결하기 위한 노력이 아직 너무 미약한 것이 사실이다.

근래에 우리 사회의 다원화 현상 내지 多宗敎 상황을 대화와 화합으로 극복하자는 목소리는 상당히 여러 곳에서 들리고 있다. 그러나 우리가 밖으로 화합을 외치면서 안으로 한 발짝의 양보도 못하고 대결의 긴장 속에 놓여 있는 현실을 해결하고자 한다면, 우리 모두는 이 문제가 발생하게 된 원천을 찾아가야 한다. 그리고 처음 시작한 갈등의 쌍방으로부터 경청하고 그 전개과정을 관찰할 필요가 있다. 근대화의 문제가 던져진 이래 이 시대의 문제를 적극적으로 도전했던 지식인의 목소리를 들어보면, 우리가 처한 현실의 사상적·종교적 상황이 왜 일어났는지, 그리고 그 문제점이 무엇인지, 나아가 바른 방향으로 흘러가고 있는지를 이해할 수 있으리라 생각한다. 바로 여기에서 우리 시대의 새로운 도전이 시작되는 기반을 찾아야 할 것이다.

필자는 이 작은 책에서 문제의 윤곽을 탐색한 것일 뿐이지 충분히 그리고 친절하게 대답한 것은 아니다. 앞으로 더욱 분명하게 규명하기 위해 노력할 것을 기약해 본다.

이 책이 나오도록 힘써주신 전통문화연구회 안병주 회장님과 이계황 부회장님께 감사 드린다. 아울러 꼼꼼하게 교정을 해준 서울대 종교학과 대학원생 임부연 군에게 고마움을 표한다.

1995년 10월 일
潛硯齋에서 琴章泰 적음

목   차

1. 重菴 金平默의 韓末道學

2. 海鶴 李沂와 佛人神父의 儒·西論辨

3. 東武 李濟馬의 四象철학

4. 曙宇 全秉薰의 精神哲學

5. 眞菴 李炳憲의 儒敎改革思想

6. 中山 朴章鉉의 經學과 歷史인식

7. 한국유교사상과 少太山사상

8. 改革運動과 島山의 人間改造思想

9. 한국사상사에서 艮齋學의 위치

10. 日本强占期 儒敎의 獨立運動

11. 한국 근세사상에서 본 인간해방

1. 重菴 金平默의 韓末道學

(1) 생애와 學脈

重菴 金平默(1819~1891)은 조선사회 말기의 급변하는 시대를 살아가면서 도학이념의 정통성을 천명하고 유교문화전통을 수호하는 데 강인한 자세를 보여주었던 인물이다. 그만큼 그는 근대로 넘어가는 開化期에서 守舊論을 대표하는 중추적 역할을 맡았다. 동시에 그는 性理說과 義理論의 문제에서 독자적 이론을 일관되고 철저하게 추구함으로써, 韓末道學에서 매우 큰 비중을 갖는 인물이기에 주목받을 만하다.

김평묵은 서울에서 멀지 않은 포천군 花山面 時雨村에서 출생하였다. 그의 평생을 따라다녔던 시련의 하나는 극심한 빈곤이었다. 그의 집안은 원래 가난하여 18세 때 부친의 장례를 마치자 남은 재산이라고는 하나도 없었다 한다, 그래서 그는 쟁기질이라도 해서 먹고살아야겠다고 의논을 드리니, 그의 모친은 "비록 만 가지 곤란이 닥친 위태로운 형세를 당하더라도 어찌 배를 채우는 일을 하려고 도리를 낚는 일을 폐지할 수 있겠는가"라고 엄격히 꾸짖었다 한다. 극심한 빈곤을 견디고서 그가 끝내 학문을 할 수 있었던 것은 오직 모친의 엄중한 훈계에 가장 크게 힘입었던 것으로 보인다.

또한 그가 韓末道學의 猛將으로 성장하게 되었던 것은 당대의 석학인 華西 李恒老의 학통을 이어받음으로써 가능하게 된 일이다. 그는 24세 때 양평의 화서 이항로와 서울의 梅山 洪直弼 두 문하에 차례로 나아가 배웠다. 이때 그는 홍직필의 위엄있는 풍채에 감복하였지만,

義理의 방향을 친절하고 깊이 있게 분석해주는 이항로를 스승으로 선택함으로써 자신의 학문적 성격을 결정하게 된 것이다.

그는 정통성을 매우 중시하였다. 당시 憲宗의 아저씨뻘[叔行]이 되는 哲宗이 憲宗의 뒤를 이어 왕위를 계승했을 때, 친족적인 서열을 중시하는 홍직필의 견해를 거부하고, 왕위계승자는 先王의 子息의 위치에 놓이게 된다는 承統의 義理에 따른 서열을 내세움으로써, 이항로의 입장을 지지하였다. 그는 淸代의 도학자인 熊賜履의 저술인 『學統』에서 제시된 학문적 정통성을 더욱 엄격하게 검토하여, 『學統考』(1884)를 저술한 것도 도학의 정통성을 엄정하게 확립하고자 하는 그의 일관된 관심을 보여준다. 이처럼 그는 이항로의 문하에서 도학적 정통의식을 형성하였던 華西학파의 正脈으로서, 한말 衛正斥邪論의 주축을 이루었다.[1]

그는 大院君 집권하의 당시 정치를 논하면서, "천하의 국가는 마땅히 먼저 정치를 바로잡아야 하니, 임금은 스스로 명덕을 밝혀 공손하게 南面하여 정치를 주장하고, 대신은 모든 관료를 바르게 이끌어 좌우에서 정치를 보좌하는 것이니, 그 밖에는 비록 친척과 존귀한 자라 하더라도 나와서 간섭할 수 없는 것이다. 이를 일컬어 정치의 大體(治體)라 한다"라 하여 왕권의 확립과 戚族세력의 배제를 요구하는 정치의 기본원리를 확인시키고 있다.

그러므로 나아가 그는 척족이 정치에 불참하였던 역사적 사례를 들고, 또한 척족이 정치에 관여하는 폐단을 지적하여, "瞽瞍도 舜임금의 정치에 간섭하지 않았고, 太公도 漢나라 정치에 간섭하지 않았으니 임금의 부친도 이러한데 하물며 私親은 더욱 불가하다. 부녀자가 국정을 맡아보고 외척이 권력을 잡으며, 사친이 정권을 맡아보는 것은 모두 나라를 망치기에 족하다. 私親의 재앙은 더욱 심하니 임금을 낳은 분

---

1) 『省齋集』 卷2, 6, '除司憲府持平後陳情疏', "恒老平生講道, 以斥洋爲第一大義, 上告下諭, 無非此說, 而其臨終惓惓, 亦在於此, 臣與平默謹守旨意, 不敢失墜."

이므로 비록 극악한 죄가 있다 하더라도 임금이 형법으로 다스릴 수 없기 때문이다"라고 밝힘으로써, 유교적 정치원리의 역사적 교훈에 따라 당시 대원군이 집정하는 정치현실을 예리하게 비판하였다. 이러한 그의 입장은 崔益鉉에 의해 대원군의 집정을 중단하고 고종의 親政을 요구하는 상소로 올려졌으며, 이를 계기로 고종이 정치를 직접 담당하게 되었다.

최익현이 벼슬길에 나간 뒤 김평묵에게 의견을 물었을 때, 김평묵은 답장에서 "정치의 大體를 바로잡는 것으로 大義를 삼고, 또 정부에서 書院을 폐지하며 청나라 돈을 통행시키고 서양 오랑캐가 출현하게 된 것을 정치가 변질하고 윤리가 쇠퇴할 조목으로 제시할 것"을 언급하였다. 이에 최익현은 김평묵의 제자인 친우 柳基一과 함께 김평묵의 말을 따라 상소를 올렸다가, 최익현은 제주도에 圍籬安置되고 유기일은 서울 감옥에 갇혔던 사건이 일어났다. 이처럼 당시 그의 영향은 최익현 등을 통하여 강력하게 정부에 제시되었던 것이 사실이다.

김평묵은 뒷날 그와 함께 華西 문하의 쌍벽을 이루었던 省齋 柳重敎를 비롯한 華西학파의 상당수 후배들을 한동안 그 자신이 가르침으로써, 이항로에 이어 김평묵도 스승으로 받들어졌다. 따라서 김평묵은 이항로를 계승하여 華西학파의 학문적 입장을 밝히고 학맥을 정립시키는 데 결정적인 역할을 맡았던 인물이었다.

김평묵과 유중교는 1866년 36편으로 분류된 『華西先生雅言』을 편찬했는데 그것은 宋代 道學의 교과서적 역할을 하는 『近思錄』에 비교될 수 있을 만큼 이항로의 사상을 체계적으로 분류하여 정리한 것이다. 또한 그는 이항로의 語錄, 곧 『華翁語錄』(3편)을 편집하기도 하였다. 이처럼 이항로의 언행을 정리함으로써, 화서학파의 학통을 수립하고 그 학설을 천명하였다.

그는 곤궁한 생활 속에 사방으로 표류하다시피 이곳저곳으로 무수히 이사를 다녔지만, 68세 때(1886)의 만년에 永平 白雲山(현 抱川郡

二東面) 속에 雲潭精舍를 짓고 평생의 학문을 정리하였으며, 이곳에서 心說논쟁을 벌이기도 하였다. 그는 1891년 운담정사에서 73세를 일기로 생애를 마쳤다.

(2) 道學의 集成

韓末道學의 학풍 속에서 특히 華西학파는 성리학·수양론·의리론 등 여러 영역에서 지금까지 축적되어온 지식을 종합하고 집성하는 편찬작업을 수행함으로써 한국 유학사에 중대한 업적을 이루었다. 이항로의 지시에 따라 김평묵이 수행하였던 道學문헌의 편집은 크게 두 영역으로 구별될 수 있다.

첫째 程子와 朱子의 저술에 대한 종합적 정리작업으로서, ① 먼저 槐園 李峻의 책임 아래 宋代 道學의 집대성자인 朱子의 저술을 전체적으로 분석하고 의문점을 제기하여 검토함으로써 『朱子大全箚疑輯補』(70책) 및 『朱子大全集箚』(20책)를 방대한 규모로 편집하였는데, 김평묵도 이 편찬작업에 주도적으로 참여하였다. 이 편집작업은 이항로의 핵심적인 제자들이 동원되어 朱子연구의 종합적 집성을 이룬 것으로서 중요한 업적으로 평가될 수 있다. ② 다음으로 역시 이항로의 지시에 따라 김평묵은 33세 때(1852) 尤菴 宋時烈이 편집한 『程書分類』의 의문점을 종합적으로 검토한, 『程書分類集疑』(30권)를 이루었다. 宋時烈은 宋代 道學의 기본, 古典인 程明道·程伊川의 저술인 『二程全書』를 분류하여 『程書分類』를 편집하였는데, 그는 이 『程書分類』로 다시 정밀하게 분석한 것이다. ③ 또한 그는 37세 때(1856) 『近思錄附註』(14권)를 완성하였다. 『近思錄』은 朱熹가 呂祖謙과 함께 송대 도학의 선구자인 周廉溪·張橫渠·程明道·程伊川의 저술에서 道體와 爲學, 修己와 治人, 異端과 道統의 문제를 중심으로 분류 정리한 것으로, 송대 도학의 기본교과서가 되고 있다. 김평묵은 葉采의 주석을 기초로 朱子를 비롯한 중국과 우리나라 학자들의 해석을 수집하여 가장 정밀하고 방대한 『近思錄』주석을 이루었다. 특히 이 저술은 그가 春城郡(新東面 甑甲)의 궁벽한 산골에서 훈장노릇을 하며 떠돌다가 한때 움막생활을 하던 극심한 곤궁 속에서 朱子學의 체계적 정리를 위한 학문적 정열로 이룬 力作이라는 점에서 더욱 소중하다.

이러한 체계적이고 방대한 편찬작업은 程朱學의 기본 고전을 깊이 연구하여 그 근본정신을 밝히기 위한 것으로서 韓末의 도학파가 성취하였던 심화된 학문적 수준을 보여주는 것이라 할 수 있겠다.

둘째 義理史觀을 확립하기 위한 역사편찬으로서, 『宋元華東史合編綱目』(33책)의 편찬을 완성하였다. 이항로의 지시에 따라 유중교가 편찬하다 중단된 것을 1864년 김평묵이 완성한 것이다. 이 책은 주자의 『資治通鑑綱目』이후 中華를 높이고 오랑캐를 물리치는[尊華攘夷] 春秋義理에 따라 중국과 우리나라의 역사를 통합하여 서술함으로써 華西學派의 義理史觀을 체계화시켜 전개한 것이다. 이러한 역사인식은 당시 중국의 淸朝에서는 불가능한 것이었으며, 그는 이 義理史觀에 입각한 역사서술을 통하여 조선사회의 정통성을 재확인하였다.

그는 여기서 몽고족의 元나라에 벼슬을 하였던 許衡(호 魯齋)과 吳澄(호 草廬)에 대해 지조를 잃은 죄로 꾸짖고, 벼슬을 거부하여 지조를 지켰던 金履祥(호 仁山)과 許謙(호 白雲)에 대해, "온 천하가 오랑캐가 되어도 이 두 분은 중화문화를 지킨 자요, 온 천하가 금수가 되어도 이 두 분은 人類이다"라 칭송하였다. 이처럼 그는 '높이고 낮추는 의리'[抑揚予奪之義]와 '중화와 오랑캐 및 사람과 짐승을 구분하는 명분'[華夷人獸之分]을 밝힘으로써 『춘추』와 『자치통감강목』의 편찬체제에 일치시켰다.

許衡은 元나라 초기에 集賢太學士와 國子祭酒에 올라 朱子의 학풍을 元代에 정착시켰던 업적이 있는 인물이다. 당시 元 世祖의 부름에

응하여 벼슬에 나가는 許衡에게 劉因이 "그대는 한번 부르자마자 일어나서 벼슬에 나아가니 너무 빠르지 않은가"라고 묻자, 許衡은 "그렇게 하지 않으면 道를 행할 수 없다"고 답하였다 한다. 그 후 元의 조정에서 劉因을 벼슬에 불렀으나 그는 나가지 않았는데, 어떤 사람이 그에게 "그대는 부름에 응하지 않음이 너무 고집스럽지 않은가"라고 묻자, 劉因은 "그렇게 하지 않으면 道가 존귀해지지 않는다"라고 답하였다 한다.

여기서 許衡의 현실주의적 行道의 자세와 劉因의 굳은 절개를 추구하는 尊道의 자세를 상호보완적인 것으로 인정하는 입장도 있지만, 김평묵은 허형이 道學의 확산에 끼친 엄청난 업적에도 불구하고 지조를 잃은 죄를 꾸짖음에 용서를 두지 않는 의리론적 엄격성을 밝혔다. 그는 이러한 華夷論的 의리론을 자신의 시대에 관철함으로써, 서양의 침략 위협 앞에서 中華의 정통을 지키고 역사의 정의를 회복한다는 확고한 신념을 실현하였다.

(3) 斥邪論의 관철

김평묵은 스승 이항로의 학문적 관심을 '신속하게' 받아들임으로써. 이항로를 철저히 계승하고 있다. 그 가장 뚜렷한 사실은 衛正斥邪論과 도학의 유산에 대한 종합적 정리작업에서 찾아볼 수 있다.

韓末 衛正斥邪論은 한편으로 당시에 대두된 기독교[異敎]와 압박을 가해오는 서양세력[夷狄]을 邪敎로 비판하고 배척하는 斥邪論을 전개하며, 다른 한편으로 도학의 정통을 수호하고 정립하는 衛正論을 정립하고자 하였던 華西학파의 기본과제였다. 이항로에 의해 西學에 대한 비판이 강화되자 김평묵도 29세 때(1847) 「闢邪辨證記疑」(1866년에 개작)를 서술하여 李正觀의 「闢邪辨證」에 나타난 李瀷·安鼎福 등의 西

學비판 이론을 기초로 더욱 엄격한 척사론의 입장에서 재비판하고 있다.

정통에는 이처럼 도학(진리)의 정통과 왕조(국가)의 정통으로 분별하여 볼 수 있지만 근본적으로는 정과 부정[邪]을 分辨하는 보편적 기준을 전제하여야 한다. '正'은 곧 도학의 궁극개념인 道·天·理 등으로 제시되고 있다. 화서학파가 理主氣客 내지 理尊氣卑의 주리론을 강조하는 것은 이러한 '正'의 근거를 확립하여야 한다는 시대정신의 요청에 일치하는 것이라 하겠다. 그러나 '正'은 보편적이고 원리적인 개념이기보다는 구체적이고 당위적인 이념이다. 그것은 天命이요 人道요 所當然의 원리로 나타난다.

김평묵은 사람이 사람 될 수 있고 나라가 나라 될 수 있으며 천하가 온전하게 扶支될 수 있는 근거를 '人道'라 하며, 그 조목으로 四端之德과 五品之倫과 禮樂刑政之教를 제시하였다.[2] 그것은 정통의 도를 인도로 천명하는 것이다. 그리고 서양의 教를 '禽獸之道'라 하여 '人道'와 구별하고 있다. 이 인도를 결여하거나 상실하면 곧 오랑캐나 금수가 되는 것이다. 그는 또한 예법이 시대에 따라 변해가는 것을 인정하지만, '三綱五常'은 천지의 經緯요 인간의 본성으로서 영원히 바뀔 수 없는 궁극적 준칙으로 언명하고 있다.[3] 나아가 김평묵은 송시열이 숙종에게 進言한 "성인이 수도하고 立教하는 것은 오상과 삼강에 불과하며, 절의라는 것은 바로 이것을 扶植하는 것이라" 하였던 말에서, 삼강오상을 도학의 핵심이라는 주장을 받아들였다. 그는 또한 "절의와 도학은 양분될 수 없다"라는 송시열의 언급을 빌려, 삼강오상의 도를 위한 절의를 자신의 신념으로 밝히고 있다.[4]

---

2) 『重庵集』 卷38, 1, '禦洋論', "四端之德·五品之倫·禮樂刑政之教, 人之所以爲人, 國之所以爲國, 天下之所以扶持全安也. ……此則人道也, 若西洋之所謂教則禽獸之道也."
3) 『重庵集』 卷34, 22, '讀三綱五常說志感', "三綱五常, 天經地緯, 生民之彝, ……雖窮天地互萬世, 可因而不可革者也."
4) 同上, 24, '節義說', "華陽宋夫子, ……曰聖人之修道立教, 不過曰五常也三綱也節義者所以

이항로는 丙寅洋擾(1866) 때 西洋의 武力침략을 당하자 강경한 저항과 배척론을 제시함으로써 韓末衛正斥邪論의 모범을 보여주었다. 이에 비해 김평묵은 日本의 무력위협으로 丙子修好條約(1876)이 맺어지는 역사적 전환기에서 척사론을 이론적 근거로 하여 '禦洋論'과 '斥洋大義' 등 일련의 斥洋대책을 제시함으로써 더욱 강경한 排斥 입장을 천명하였다.

그는 서양인이란 인류가 아니라 禽獸요, 毒蟲이므로 같이 어울릴 수 없음을 강조하며, 동시에 서양문명의 우수성이란 벌이 꿀을 만들거나 말이 길을 아는 것처럼 금수의 뛰어난 기능에 불과하다고 단정하였다.5) 당시 서양문명을 받아들이려는 입장의 인물이 그에게 "사람이 집안에 가축을 길러 이용하는 것처럼 서양인의 기계나 기술을 쓸 수 있지 않겠는가"라 반문하였다. 이에 대해 그는 "서양인은 금수 가운데서도 승냥이나 짐새이어서 사람을 해칠 뿐이라" 단정하여 서양과는 어떠한 타협도 거부하고 있다.6) 그는 서양선교사를 '西士'라 일컬어왔던 사실조차 비판하여 '西胡'라 부를 것을 주장함으로써 적대적인 태도를 강하게 나타내고 있다.7)

그는, 『춘추』의 정신에 따르면 한번이라도 오랑캐의 도리를 따르면 오랑캐로 대하는 것처럼, 한번이라도 서양 풍속을 행하고 서양인을 돕는 말을 하면 곧 洋賊이 되는 것이라 하여, 단호한 거부로 일관하고 있었다.8)

扶植此物者也, ……曰臣未聞舍節義而爲道學者也."

5) 『重庵先生別集』 卷5, 13~14, '闢邪辨證記疑', "彼之靈明, 一於形氣之私, 而其入用者, 亦不過一技一能之長. ……設或有中國人所不及之技, 譬如蜂之造甘. 易牙不能, 馬之識路, 管仲不能"

6) 『重庵集』 卷38, 6 '斥洋大意', "或問, 人家何以畜牛馬犬猫也, ……洋人以資器用何不可之有, 曰洋人謂之禽獸, 以其類豺狼鴟鴞耳, 豈謂其類牛馬犬猫乎, 牛馬犬猫利於人者也, 可以家畜豺狼鴟鴞害於人者也, 可以家畜乎."

7) 『重庵先生別集』 卷5, 16, '闢邪辨證記疑', "順庵開口便稱士何也, 以四民言之, 則講大人之事者謂之士, 業小人之事者謂之農工商賈, 利胡所講者果大人明德新民之事乎, 抑小人工技形氣之事乎, ……."

8) 『重庵集』 卷34, 43, '海上錄', "春秋之法, 一事有狄道, 則以狄待之, 不少假借, 據此則一事犯洋俗, 一言右洋人, 一念向洋徒, 便是一分洋人."

그는 우리가 한번 서양과 화친하여 함께 섞여 살면, 그들은 우리의 영토와 婦女子와 財貨와 생명을 약탈할 것임을 경계하고, 日本도 洋賊과 한통속으로 바뀌어 있음[倭洋一體]을 증거로 들어 입증하고 있다.

서양인을 금수로 비하시키고 나아가 惡獸로까지 적대시하며, 기독교 신앙을 利害와 禍福에 치우쳐서 인심을 파괴하며 이욕에 빠뜨리는 사학이라 규정하는 강경한 배척의 비판이론이 화서학파에서 철저히 계승되어 갔다. 이들의 척사론은 도학적 전통의 가치관을 정도로 보고 또 이를 정통으로 계승하는 것이었다. 그러나 이 비판이론은 正과 邪의 근거를 재반성하는 이론적 논쟁이 아니라, 정통의 옹위라는 지상명제에서 서학의 전면적인 거부라는 입장을 확립하고 있었던 것이다. 사실상 이들의 척사적 이론이나 태도가 서양에 대한 올바른 이해를 위한 객관적 냉정함을 잃었다고도 할 수 있고, 또 그만큼 시대상황이 위급했다고도 할 수 있을 것이다. 여기서 화서학파의 척사론에 대한 정당한 평가를 하고자 한다면, 먼저 척사의 동기요 목적이 되는 위정에로 눈을 돌려서, 전통사회가 옹위하는 바 正의 의미와 가치를 올바르게 파악할 필요가 있다.

1876년 병자수호조약 때 일본이 서양의 앞잡이가 되어 군사를 거느리고 강화도에 와서 우리 정부에게 통상조약을 요구하자, 당시에 김평묵과 홍직필 문하의 동문인 全齋 任憲晦는 상소를 하는 일에 대해서 송시열이 언급한 "아직 시집가지 않은 처녀는 남편의 집안일의 잘잘못을 말해서는 안 된다"는 말을 인용하여 거부하였다. 당시 벼슬에 있지 않은 선비는 상소를 할 수 없다는 명분의 근거는 공자의 "그 지위에 있지 않으면 그 정치를 도모하지 말라"는 말이나, 선유의 "몸이 벼슬에 나가지 않으면 말도 나가지 않는다"[身不出則言不出]라는 말과 송시열이 "아직 시집가지 않은 처녀는…"라 하였던 말에서 찾아볼 수 있다. 그래서 임헌회의 경우 대사헌의 벼슬에 임명되었지만 그 자신이 직접 부임한 일이 없었다는 사실을 들어, 그의 제자 田愚는 "비록 벼슬이 대사헌에 이르렀으나 몸이 이미 나가지 않았으니 言事에 참여하는 것은 부당하다"라고 밝힘으로써, 상소하기를 거부해야 한다고 주장하였다.

이에 대해 김평묵은 비록 벼슬에 나가지 않은 자는 말하지 말아야 한다는 그들의 견해를 인정한다. 그러나 큰 일에 관계되는 경우에는 주자·퇴계·우암의 여러 선생들도 유생들이 벼슬길에 나가지 않았다 하여 발언한 사실에 대해 지위를 넘어서고 분수를 벗어났다고 막지는 않았을 것이라고 강조했다. 이에 따라 그의 문인들을 중심으로 상소를 올려야 했던 당시의 상황을 "禮樂이 거름더미에 빠지고 인류가 금수가 되는" 상황이라 규정하였으며 신분을 넘어서는 행동이라는 한쪽의 비난에 대답하기 위해 "顔子가 누추한 마을에 사는 필부였지만 공자가 불행하게 匡 땅의 사람들에게 해침을 당했다면 주자는 안자가 마땅히 천자에게 고하여 토벌하고 복수하기를 청하였을 것이다"라 하여 벼슬이 없는 선비로서도 상소할 수 있는 명분이 있음을 확인하였다.

그는 당시 서양화된 일본이 우리와 통상하는 것을 비판하여, 서양도적을 이끌어다가 우리 땅에서 제멋대로 하는 것이라 하고 이것은 맹자가 말하는 '짐승을 이끌어다 사람을 잡아먹게 하는 것'이라 밝히며, "공자의 도가 소멸하여 남아 있지 않게 될 것이라" 하여 깊은 우려를 표현하였다. 나아가 그는 "공자의 7척도 안 되는 한 몸이 匡 땅 사람들에게 해를 당하면 그 제자들이 신분을 넘어서 임금에게 고하고 성토하는 것이 마땅한데, 하물며 공자가 전해준 만세의 도가 서양도적에게 소멸되는 때를 당한 것은 그 몸이 재난을 당한 것보다 더 중요한 일이다. 그러니 공자의 무리로서 어찌 통분하고 원망하며 눈을 부릅뜨고 담대하게 우리 임금에게 호소하지 않겠는가"라 하여 당시의 도학자로서 외래문물이 공자의 도를 침해하는 데 대한 강한 저항정신을 밝히고 있다. 또한 그는 "지금의 서양도적은 오랑캐 가운데 가장 추악한 자이니, 비록 사람의 모습은 갖추었지만 금수일 따름이다. 또 기묘한 기술과 어지러운 교묘함이나, 요망한 술법과 사특한 敎說은 사람을 신속하게 현혹시켜 깊게 빠뜨리니, 마치 독화살이 한번 피부 속으로 파고 들어오면 온 몸이 썩게 되고 독을 탄 술을 입에 한번 대면 온 몸의 맥이 끓어오르는 것과 같다"라 하여 서양과 서양화된 일본의 종교와 과학이 유교사회에 미치는 위험성을 경고하였다.

그는 또한 우리나라 땅을 세상이 모두 악에 빠진 상태에서 유일하게 남은 선한 자리라 판단, "천지가 모두 陰이 되었는데 우리나라 한 모퉁이는 마치 『주역』 山地 剝卦의 꼭대기에 하나 남은 陽爻의 象처럼 '碩果不食'과 같은 처지이다"라 하여, 우리 땅이 지닌 역사적인 의미의 중요성과 그 문화적 정통성을 거듭 강조하였다. 그는 서양이나 일본과의 통상이 위험함을 역설하면서, "태조가 세운 삼천리 고국이 그 껍질까지 벗겨지고 오백 년 동안 공자와 맹자의 예의로 닦여진 문화가 가시덤불에 빠져들 것이다"라 언급한 데서도 이 시대의 역사적 위기의식과 동시에 전통문화에 대한 자부심을 강하게 표현하였다.

崔益鉉이 제주도에 유배되어 있을 때에도 그는 편지를 보내어, 張魏公과 趙重峯(이름 憲)이 유배지에서도 상소를 하였던 '在謫言事之義'를 들어 상소를 하도록 권고하였고, 최익현도 그의 편지를 받자 눈물을 뿌리며 持斧上疏를 올렸다. 그때 洪在龜를 疏首로 하는 오십여 명이 최익현의 상소에 이어서 상소를 올렸다. 그러나 이 사건에 대한 조정의 대처는 매우 엄중하였으며, 그 결과로 최익현은 섬에 安置되고 다른 유생들은 불문에 붙여졌다.

(4) 守舊論의 논리

1876년 58세 때 병자수호조약이 진행되는 동안 疏首 洪在龜를 비롯한 柳麟錫·柳重岳 등 그의 門人들이 참여하여 올린 경기·강원의 양도 유생의 상소에서는 군왕의 主和정책을 비판하였으며, 그 자신이 이 항의 상소에 직접 참여하였다. 여기서 그는 일본이 서양을 위한 앞잡이 귀신[倀鬼]이요, 서양 도적을 이끌어들여 우리 강토에서 제멋대로 하려는 침략자로서의 조건을 지니고 있음을 일찍부터 간파하고 역설하였다.9) 그 무렵 朝廷에서는 舊倭續好한다는 通商의 명분을 내걸고 修好條約을 맺었지만, 그는 당시의 일본인이 서양배를 타고 서양대포를 쓰는 사실 등을 조목별로 들어서, 일본은 옛날의 이웃나라가 아니라 서양 도적의 앞잡이로서 '일본과 서양이 일체'곧 倭洋一體를 이루어 위협으로 교역을 요구하는 것임을 지적하고 있다.10) 서양이 우리와 通好敎易하려는 목적은 우리의 婦女와 재물에 대한 욕심을 채우려는 것이요, 우리가 약함을 보이고서 화친을 하면 마침내 그들의 횡포를 막을 길이 없게 될 것임을 경계하였던 것이다.11)

그는 긴박한 外勢의 위협에 대해 그 침략적 성격을 인식하면서 나아가 이에 대한 구체적 대응책을 제시하고 있다. 그는 가장 급한 事務로서 '서양의 물건'[洋貨]을 엄금하도록 요청하였다. 서양의 물건은 백성의 재산을 고갈시키고 백성의 心志를 좀먹는 害惡을 일으킨다고 지적하여 경제적 손실과 더불어 정신적 피해를 밝혔다.12) 그리고 이러한 斥洋·斥倭의 신념과 방법이 스승 이항로를 계승하고 있는 것임을 강조하고 있다.13)

1880년 修信使 金弘集이 일본에서 가져온 黃遵憲의 『朝鮮策略』이 문호개방 정책을 제시하였고, 조선정부가 이 계책을 채택하고자 하였

---

9) 『重庵集』 卷5, 1, '代京畿江原兩道儒生論洋倭情迹, 仍請絶和疏'"今倭人爲洋夷之倀鬼, 導洋賊而得志於我境, 則是孟子所謂率獸食人者."

10) 同上, 3, "臣等斷然, 以爲洋賊之前導, 而非復前日之倭也."

11) 同上, 4, "蓋洋賊之於我國通好交易, 欲充其婦女財帛之欲, ……我旣示弱許和於前, 豈能奮氣咈逆於後哉."

12) 同上, 6, "申嚴洋物之禁, 又其最急, 而至切者也."

13) 同上, 8, "臣等竊謂恒老之目, 當不瞑於地下也, 故臣等祖述其道, 而踣襲其緒. 凡於攘斥洋敎, 杜絶禍之方. 未嘗不捨死致水力以竊自附於聖人之徒也."

다. 이때 개화정책을 반대하던 영남유생 李晚孫 등의 「萬人疏」가 올라
오자, 김평묵은 자신이 속한 노론 당색을 넘어서 通商을 하겠다는 主
和的 입장의 노론대가를 비난하고 이만손의 의리를 극찬하는 서한을
보내기도 하였다. 뒤따라 이듬해(1881) 63세로 그는 門人 洪在龜를 疏
頭로 한 斥洋・斥倭・斥和의 抗疏에서 강경한 비판을 하며 앞장섰다.
이 상소로 洪在鶴은 처형되고 자신은 晚年에 新安郡 智島에서 유배생
활을 겪게 하였다. 1882(64세) 7월 壬午軍亂이 일어나 대원군이 재집
권하자 유배에 풀려났으나 대원군이 청나라에 잡혀간 뒤 다시 智島로
유배되었다. 1884년 智島에서 變服令을 들었을 때 "君命이라도 신하로
서 이치에 근거하여 따르지 않는 것은 君王의 과오를 구제해 주는 것
이니 충성이요, 머리를 굽혀 따르기만 하는 것은 君王의 과오를 이루
어 주는 것이니 罪를 짓는 일이다"라 하여 不義한 王命이라면 王命을
거부하고 자신의 정의로운 신념을 지키는 태도를 보여 주었다.

　김평묵을 중심으로 화서학파가 내세운 禦洋論은 서양문물이 경제
적・사회적・문화적으로 大衆에 광범하고 강력한 영향을 미치는 위력
이 있음을 깊이 인식하는 危機意識에서 출발하는 것이며, 나아가 국가
의 주권이 위협당하고 마침내 침략당하리라는 장래에 대한 예리한 洞
察을 내포하고 있다. 그러나 이러한 禦洋의 대책이 의리를 理念으로
하고 있을지라도, 自强의 기반이 마련되지 않았던 현실에서 禦洋이란
실질적으로 최종적인 성공이 불가능함을 그 자신도 알고 있었다. 따라
서 김평묵은 禦洋의 急務로서 內修가 있어야 함을 강조하였고, 그 條
目으로 '士卒을 단련시킬 것, 府庫를 채울 것, 백성의 생업을 안정시
킬 것, 변방의 守備를 군게 할 것'을 제시하였던 것이다.14)

　한말 도학에서 김평묵의 斥邪衛正論이 차지한 위치를 재음미해 볼
필요가 있다. 먼저 한말의 시대상황 속에서 강인한 신념과 용기로 華

---

14) 同上, 6, "至於內修之方, 則鍊士卒, 充府庫, 安民業, 固邊備, 四者是倉猝禦侮之急務."

西의 척사위정론을 제창했던 인물이 이 김평묵이니 華西門下에 그치는 것이 아니라, 道學者의 대다수라 하리만큼 많았다. 그러나 그 행동의 영향력에서 또는 신념의 투철함에서 김평묵을 비롯한 華西門下는 이 시대 斥邪·禦洋의 주도적 역할을 해왔던 것이 사실이다. 이들의 斥邪·禦洋 활동은 정치적 측면에서 본다면 비록 폐쇄적 방어태도에 머물고 있지만, 동시에 강한 위기의식을 통해 국가의 自主의식을 크게 대두시켰던 것이다. 그리고 문화적 측면에서는 전통을 유지하며, 도학의 정통성을 의리론으로 발휘하였지만, 자기극복의 진취성을 살려내지는 못하였다고 하겠다. 또한 斥邪論은 경제적·사회적 측면에서는 自主性을 수호하는 투쟁적 신념을 보였으나, 당시의 내적인 경제적·사회적 모순을 극복하는 데 기여하는 이론이라고 볼 수는 없을 것이다.

(5) 心說의 쟁점

김평묵이 이항로의 철학적 입장을 계승하는 가장 중요한 과제는 성리학에 있어서 心개념의 문제이다. 이 문제에 있어서는 梅山 洪直弼의 입장을 따르는 鼓山 任憲晦와 정면으로 대립하여 梅山이 明德, 곧 本心을 氣라 규정한 데 대해 그는 이항로를 따라 明德·本心은 理를 위주로 파악해야 할 것임을 확인하였다. 그는 任憲晦와는 그 문인인 艮齋 田愚로부터 배척을 받아 논쟁을 벌이기도 한다.

華西학파의 心개념 문제는 1886년 겨울 유중교(1832~1893)에 의해 이항로의 心本體卽理說에 대한 문제점이 제기되어 커다란 논쟁을 불러일으켰다. 柳重敎는 心의 지위와 명목을 따지면 形而下의 사물에 속하는 것이라 하고, 이항로의 心개념이 사물과 법칙의 구분[物則之分]이 애매하다고 비판하며, '理로서 心을 단정한 것'이라 지적하면서, 마음의 當體까지도 理로서 보게 되는 염려가 있다는 입장에서, 이항로의

心說을 조정 보완하는 의견[調補華西心說]을 공개적으로 제시하였다. 그러나 이듬해 김평묵은 유중교가 先師를 배척하였다고 신랄하게 비판하는 長文의 글을 발표하자, 유중교는 포천 雲潭으로 김평묵을 직접 찾아가서 토론하였으나 의견이 일치하지 않았다. 이에 師說을 옹호하는 김평묵과 비판하는 유중교 사이에 입장의 대립이 선명하게 드러났으며, 이때 김평묵을 지지하는 崔益鉉·洪在龜·柳基一과 유중교를 지지하는 柳重岳·李根元·柳麟錫·李昭應 등의 대립이 상당히 격렬한 양상을 띠고 확산되었다.

이어서 김평묵은 이항로의 「華西心說本義」(11조)·『華西雅言心說考證』 등을 지어 이항로의 心개념을 정밀히 고증하면서 明德 내지 本心은 理를 위주로 보아야 心의 능동적 主宰性을 확보할 수 있다는 주장을 관철하여, 心主理說의 성리학적 입장을 명백히 제시하고 정립시켰던 것이다.

김평묵은 "心이란 천지에 있어서는 一陰一陽하여 만물을 생성하는 것이고 인간에 있어서는 한 몸을 착하게 하여 가정을 바르게 하고 나라와 천하에까지 미쳐서 천지가 자리잡고 만물이 배양되는 일을 참여하여 돕는 것이다"라고 밝혔다. 또한 "心의 理는 仁義禮智의 性이요, 心의 발현은 愛恭宣別의 情이고, 心의 시행은 日用彝倫의 사이에 있으며, 心의 稟賦는 堯舜과 匹夫가 같고, 心의 道는 天下古今이 함께 말미암는다" 하여 心이 우주와 인간의 핵심적 문제임을 강조하였다.

2. 海鶴 李沂와 佛人神父의 儒·西論辨

(1) 조선 후기 儒敎와 西學의 交涉史的 이해

천주교 교리가 조선후기사회에 수용되어 전파하는 과정은 곧 18, 9세기의 한국정신사가 지닌 시대사적 문제를 가장 특징적으로 선명하게 드러내고 있는 것이라 할 수 있다. 한편으로 전통적 유교규범이 지닌 사회적 모순을 극복하고 서구로부터 전파해온 근대적 사유방법과 사회질서를 지향하는 개혁적 요구에 상응하는 것이며, 다른 한편으로 유교전통의 사회질서와 규범체계가 동요하는 것을 막아 자기 중심의 안정성을 회복하려는 보수적 요구가 강인하게 추구되었다. 이 시대는 이러한 두 가지 상반된 요인의 힘이 복잡하게 뒤얽혀 긴장된 시기로서 거듭되는 갈등의 진통을 겪어야 했던 것이다.

먼저 이 시기에서 유학과 서학이 교섭하는 사상사의 전개과정을 간략히 살펴보자. 18세기 중엽에 星湖 李瀷을 중심으로 천주교 교리와 서양과학지식에 관한 이해가 깊어지면서, 서학의 문제는 성호 자신에 의해, 한편으로 서양과학에 대한 긍정적 평가와 다른 한편으로 천주교 교리에 대한 비판적 인식으로서 양면적으로 제기되었다. 여기서 성호의 문인들에 이르러 이른바 '성호학파의 서학논변'은 愼後聃·安鼎福 등 攻西派의 철저한 비판적 이론과 權哲身·李承薰·李檗·丁若鏞 형제 등 信西派의 적극적 이해와 신앙으로 양극화하는 양상을 띠게 되었다. 그러나 이를 계기로 서학에 관해서뿐만 아니라 유교와 서학의 비교사상적 인식에 있어서 중요한 진전이 이루어졌으며, 유교와 서학의 문제는 사상사와 정치사의 주요 쟁점으로 부각되었던 것이다.

1784년 이승훈이 북경에서 영세를 받고 돌아와 천주교 신앙집회가 열리면서 조선사회에 천주교 교회 내지 천주교 신앙집단이 발단하였다고 본다면, 이듬해(1785) 이들의 신앙집회가 刑曹에 발각되면서 조선사회의 유교지식인들에 의해 서학배척론, 곧 천주교를 異端邪說로 규정하는 斥邪論이 비등하였다.[1] 이때 斥邪論은 그 서학비판론이 외형상 매우 격렬하고 준엄한 것으로 보이지만, 오히려 星湖學派의 攻西派에서 보여준 비판입장보다도 이론적 분석에 근거한 비판태도는 쇠퇴하고 이념적 공격에 치우친 강경한 배척태도를 보일 뿐이었다.

이와 더불어 초기의 信西派 젊은 유학자들로서 李蘗과 丁若鏞의 서학이해는 유학의 확고한 기반 위에 천주교 신앙을 수용하는 진실의 추구를 위한 깊은 고뇌를 내포한 것이었다. 그러나 유교지식인의 척사론적 비판이 강경해지는 데 상응하여, 천주교도들도 척사론의 비판에 대한 체계적인 이론의 반론을 결핍한 채 북경교회를 통해 제공되는 천주교 교리를 맹목적으로 신봉하고 있었다.[2] 따라서 유교인과 천주교도들 사이에 벌어진 두 사상과 신앙의 갈등은 東西思想이 충돌하는 장면을 그대로 보여주는 것이었지만 신앙적 배타성만 강조되고 사상적 논쟁을 통해 창의성을 발휘할 수 있는 계기를 형성하지는 못하고 말았다.

당시에 국내에서 이루어진 교리서로서 李蘗의 『聖敎要旨』나 丁若鍾의 『主敎要旨』도 마테오 리치(Matteo Ricci)의 「天主實義」에서 제기된

---

1) 초기에 천주교 신앙을 받아들인 信西派나 천주교 교리를 비판하였던 攻西派의 인물들이 모두 畿湖南人 時派에 속하는 星湖學派의 인물들로서 攻西派의 비판은 엄격한 이론적 비판이었으나, 1785년 신앙집회가 발각되어 사회문제화된 이후 성호학파의 攻西派는 침묵을 지키게 되었지만, 반대파의 斥邪論의 배척은 더욱 격렬하게 확대되었다.

2) 초기 信西派는 예수회선교사들의 適應主義 선교정책에 따른 補儒論의 漢譯敎理書로부터 천주교신앙을 받아들였으나, 典禮논쟁의 결과 예수회의 중국선교정책이 교황청으로부터 금지된 이후 祭祀禁止令 등 새로운 선교정책이 북경교회를 통해 조선의 천주교도들에게 지시되었다.

변론을 간략히 끌어쓰면서 교리해설적인 내용을 중심으로 삼은 것이었다. 또한 순교자들의 獄中供辭를 통한 단편적인 신앙의 증언과 고백도 유교사회의 억압정책에 대한 저항적 절규의 반론에 그치고 있다. 1801년 辛酉敎獄을 통하여 드러난 黃嗣永의 『帛書』도 천주교의 신앙적 확신이나 전파방법을 위한 계획은 보이지만 유교를 향한 이론적 반박은 결여되었던 것이라 하겠다.

이에 비하여 1839년 己亥敎獄 때 丁夏祥이 제출한 『上宰相書』에서는 天主의 존재를 논증하고 제사 거부의 견해를 제시하는 등, 비교적 논리적으로 유교집단에 대해 천주교 교리를 설득력 있게 해명하는 護敎論을 전개하였던 것이라 할 수 있다. 이처럼 천주교 신앙운동의 초기에는 유교이념에 대한 천주교측의 체계적 주장이 지극히 희소한 것이 사실이다. 곧 19세기 후반까지 엄격한 금교령이 지속되는 가운데 地下化한 천주교 신앙집단으로서는 지배이념인 유교에 대해 공개적으로 반박하기가 어려운 여건도 있었을 것이고, 동시에 내부적으로 집단의 중심구성원인 서민계층의 신앙심을 강화하는 데 관심을 쏟으면서 유교지식층과 대화나 논쟁의 기회가 단절되었던 것이 이 시기의 유교와 천주교 관계라 할 수 있다.

그리고 유교 쪽에서 본다면 소수의 유학자들이 천주교 교리를 비판하던 단계와 다수의 유학자들이 척사론의 배척을 하던 단계를 지나서, 19세기 초에는 정부가 천주교 신앙집단에 대해 금교정책을 강화하여 刑律로 다스리면서 敎獄을 일으키자, 유학자들의 타성화된 배척태도는 쇠퇴하는 듯하였다. 그러나 엄혹한 刑律로 禁壓하는데도 불구하고 지하신앙화한 천주교의 교세가 계속 확장되어 갔으며, 더구나 밖으로 서양선박이 沿岸에 출몰하면서 외세의 압력이 가중되자, 조선왕조의 대응능력이 미약함을 드러내었고, 국내적으로도 民亂의 발생을 비롯하여 東學 등 대중신앙운동이 일어나 사회의 기본질서가 동요하는 데 이르게 되었다. 이러한 상황에서 19세기 중엽부터 당시의 유학자들은 새로운 위기의식에 부딪치게 되고 이와 더불어, 천주교 신앙운동에 대한 이론적 비판의 요구가 다시 대두하고 있었다.3) 바꾸어 말하면 19세기 말엽에는 천주교 신앙집단의 성장과 서양의 무력적 압력이 급속히 증가되어 국가존립과 사회질서의 유지에 심각한 위기의식이 심화되면서, 유학자들은 異端排斥論을 중요한 당면의 기본과제로 받아들이면서 이론적 비판을 통하여 비판론의 이념적 인식을 강화하고자 추구함으로써 이른바 韓末 衛正斥邪論이 형성되었던 것이다.4)

그러나 유학자들의 척사론이 격렬해지는 반면에 조선왕조의 말기가 점점 가까워갔다. 조선정부는 마침내 丙子修好條約(1876)과 더불어 문호를 열었고 韓佛修好條約(1886) 이후 傳敎의 자유가 신속하게 확보되어감에 따라 斥邪論은 시대조류의 大勢에서 점차 소외되지 않을 수 없었다. 이때에 한편으로 유학자들은 천주교에 대한 배척 입장에서는 굽힘이 없었지만 천주교의 교세와 그 배경인 서양세력을 실감하기 시작하였으며, 다른 한편 천주교 교단에서는 地下化되어 내부결속만 유지하던 단계를 벗어나 훨씬 자유롭게 조선사회와 유학자들을 향하여 자신의 입장을 공개적으로 주장할 수 있는 여건이 마련되었다. 그렇지만 실제로 이 시기에 유학자들과 천주교인들의 대화나 논쟁이 활발하지는 않았고 서로에 대한 부정적 태도로 각각의 울타리만 높이 쌓고 있었던 것으로 보인다.

이제는 위치가 뒤집어져서 유학자들이 시대조류의 대세에 몰리어 고수하는 입장이 되고, 천주교 교단은 서양세력의 배경 아래 사방으로 뻗어가는 입장이 되자, 또 한번 상호 관심 속에 교류할 수 있는 실마

---

3) 이 시기 서학비판논저로서 李恒老의 『論洋敎之禍』(1836), 李正觀의 『闢邪辨證』(1839), 金平默의 『闢邪辨證記疑』(1847), 金致振의 『斥邪論』(1857) 등이 보인다.

4) 한말 척사위정론은 서학전반과 일본 및 서양의 침략세력에 대한 배척론이며 유학이념의 재건론이라 할 수 있는 것으로, 華西 李恒老(1792~1868)학파와 蘆沙 奇正鎭(1798~1876)학파, 寒洲 李震相(1818~1885)학파, 鼓山 任憲晦(1811-1876)학파, 淵齊 宋秉璿(1836~1905)학파 등 당시 성리학자의 대표적인 학맥이 대부분 이에 속한다고 할 수 있다.

리를 찾지 못하고 말았던 것이 사실이다. 한국 근세사상사 속에서 유교와 천주교 사이는 서로가 상대편을 관심 깊게 직시하면서 문제점을 이론적으로 제시하여 공개적으로 학문적인 토론을 전개할 수 있는 기회가 너무나 결핍되었던 것이다.

바로 이 시기에 海鶴 李沂(1848~1909)는 유학전통의 입장에서 천주교 교리를 비판하면서 동시에 그 비판이론을 처음으로 서양신부에게 직접 제시하였다. 그리고 그의 비판이론에 대한 대답으로서 佛人神父 로베르(Achillee Paul Robert, 1853~1922, 金保祿)의 반박이론이 제기됨으로써 19세기 말의 개화기에 극히 한정된 敎理論辨이 일어났던 것이다. 이 논변은 금교령하의 논변이 아니라 信敎自由라는 새로운 시대적 조건과 더불어 조선사회 안에서 최초로 유학자와 佛人神父 사이에 벌어졌던 논변이라는 사실에서도 의미깊은 사건이라 할 수 있다.

이 논변은 비록 작은 사건이지만 한국사상사 속에 중요한 의미를 가질 수 있다. 곧 첫째로 18세기 중엽 교리논쟁의 초기에 한문본 천주교 교리서를 직접 보고 비판한 이후 천주교 교리서가 금서가 됨으로써 비판이론도 직접적으로 교리서를 근거로 하지 못한 것이었으나 이제 모처럼 다시 교리서를 직접 인용하는 비판이론을 보여주는 것이라는 점이요, 둘째 19세기 말에 예수회의 補儒論的 교리서인『聖敎理證』의 내용을 토론함으로써, 補儒論的 입장에 대한 이 시기의 인식태도를 엿볼 수 있는 기회를 제공해준다는 점이다.

(2) 李沂와 로베르의 論辨에 관한 문헌과 성격

유학자 李沂와 로베르 神父와의 사이에서 韓末에 일어났던 교리논변은 역사적 사건으로 잘 알려져 있는 것도 아니고 중요한 영향을 미친 것이라 할 수도 없다. 단지 한 유학자가 천주교 교리를 전통적 방법으로 격렬하게 그러면서도 조목별로 비판하여 그 내용을 서한의 형식으로 佛人신부에게 보냈던 사실과, 이에 대한 답장으로서 두 건의 단편적인 문헌이 남아 있는 것이 전부이다. 하나는 「李碩士旅軒下-法人謹謝」('李碩士'로 略稱)로 표제가 적혔고, 다른 하나는 「答嶺南儒者李沂書」('答嶺南'으로 略稱)로 표제가 적혀 있는 서한 형태의 것이다.5)

먼저 이 두 件의 서한이 같은 사람[佛人 神父]의 저작이고 같은 사람[李沂]에게 보내는 내용임을 확인할 수 있다. 두 서한은 '李碩士'와 '李沂'로 호칭이 다르지만 둘 다 李沂란 인물을 가리키며, 예수회 선교사 沙守信(Emericus de Chavagnac)이 저술한 『理證』(聖敎理證)6)이라는 천주교 교리서를 비판한 데 대해 로베르 신부가 반박하고 있다는 공통점을 갖고 있다. 『理證』은 天主의 존재를 해명하고 儒·佛·道를 중심으로 타종교의 교리를 반박하기 위해 저술된 것임을 엿볼 수 있다. '李碩士'는 직접 보내는 답장의 형식이 뚜렷하고 '答嶺南'은 같은 문제에 대해 더욱 치밀하게 분석하여 공개하는 반박문의 성격을 보여주고 있지만, 내용으로 보아 서로 일관되는 한 인물의 문헌임을 단정할 수 있을 것 같다.

다음으로 저작연대가 명기되어 있지 않으나 1880년대에서 1890년대 사이에 저작된 것으로 보인다. '李碩士'에서는 "천주교가 전래한 지 100여 년 되었다" 하고, 丙寅敎難(1866) 사건까지 언급하고 있으며, "서양인이 모두 조선국왕과 왕자의 얼굴을 보았다"고 기술하고, 조선이 개화하여 외국사신이 오고 있음을 지적하였다.7) 이러한 사항들을

---

5) 2件의 문헌은 한국교회사연구소가 소장하고 있는 필사본이다.

6) 『聖敎理證』은 徐宗澤의 『明淸間耶蘇會士譯著提要』(1958, 臺北, 125쪽)에서 眞敎辯護類에 소引을 收錄하고, 그 내용을 "是書言天地有主宰, 將天主之實有性體, 闡解詳明, 然後駁斥儒佛道等之種種迷信, 而歸本於歸依聖敎之緊要"라 소개하였다.

7) 「李碩士旅軒下-法人謹謝」(다음부터 '李碩士'로 略稱), "惟我聖敎之來 今纔百有餘年矣, …… 繼當丙寅之擧, 傷損人命其數甚多, ……吾西國之人, 皆見貴國王之面聞士之言, 至於貴國王子亦已見聞矣, 吾人嘗言曰, 朝鮮國王, 以天繼之資, 見今在上, 洞開化, 敦德柔遠, 諸國率賓, 熙熙, 已至太平矣."

종합해보면 1886년 韓佛수호조약이 맺어지는 시기 이후에서 1897년 국호를 大韓으로 고치고 고종이 황제로 즉위하였던 이전의 기간에 이 서한들이 저작된 것으로 보인다. 특히 李沂의 傳記的 기록에 의하면, 그는 '영남유학자'라 일컬어졌지만 全北 金堤 출신으로 1891년 대구지방을 유랑하는 동안에 그곳 聖堂을 방문하여 그곳 로베르 신부로부터 『理證』을 빌려 읽고 토론을 벌이게 되었던 것이며, 이때 李沂가 질문서로 제출한 저술은 「天主六辨」이라 확인된다.[8]

또한 이 서한들의 저작자인 로베르 신부는 그 시기에 조선에서 활동하던 20명 내외의 서양신부들 가운데 한 사람으로서, 로베르 신부 자신이 그 서한을 직접 한문으로 지은 것이라기보다는 그 주위에 있던 한학에 능통한 敎人의 도움을 받았을 가능성이 매우 크다. 또한 '李碩士旅軒'이란 호칭에서도 旅軒이 旅舍를 뜻하는 말인 점으로 보아 그가 객지에 있었음을 짐작할 수 있다.

李沂의 활동시대가 근 백년의 개화기에 속하며 그는 유학자로서 출발하여 개화사상가로 변모하는 사상적 전환을 보여주었던 인물이다. 여기서 李沂가 로베르 神父에 보낸 서학비판서는 구해 보지 못하였으나 로베르 신부가 반박한 '答嶺南'에서는 李沂의 비판서를 인용하면서 반박하고 있으므로 단편적이나마 李沂의 주장을 엿볼 수 있다. 로베르 神父의 두 件 반박서의 체제를 보면 '李碩士'에서는 로베르 神父가 李沂와 약간의 面識이 있음을 언급하였고, 받은 편지에 대한 개인적 답장으로서 李沂의 비판태도를 힐난하였으며, 후반에 '略辭'라는 題名 아래 반박이론을 전개하였다. 그리고 '答嶺南'은 '李碩士'를 보낸 이후에 李沂의 비판서에 제시된 天主名目・不敬父母・天堂地獄・神魂不散의 4항목에 따라 조목별로 체계적인 반박이론을 전개하는 공개서한 형식의 저술이라 볼 수 있다.

---

8) 鄭景鉉, 『韓末 儒生의 知的 變身―海鶴 李沂의 경우』, 서울대 대학원 석사논문, 3~14쪽 참조.

여기서는 로베르 神父가 남긴 2편의 반박서한을 중심으로 교리론변의 쟁점과 이론을 검토해 보고자 한다.

(3) 論辨의 爭點과 理論

1) 天主의 명칭

천주라는 명칭은 천주교의 궁극적 主宰者에 대한 칭호이며 동시에 교단의 칭호이므로 천주라는 명칭의 성립과 의미규정은 유교와의 논쟁에서 항상 근본문제이자 출발점이 되어왔다.9)

李沂와 로베르의 교리논변도 먼저 천주라는 명칭이 성립하는가에 대한 문제에서 출발하여, 천주의 實在 여부와 그 속성에 대한 논쟁으로 이어지고 있음을 볼 수가 있다. 그리고 이러한 논쟁 속에서 유교의 전통적 天觀念과 천주교의 천주개념이 날카롭게 대립하는 양상을 띠고 있음을 지적할 수 있다.

천주의 명칭과 속성 문제를 둘러싼 李沂와 로베르의 논변은 그 내용에 따라 첫째 천주라는 명칭 자체에 대한 논쟁, 둘째 유교의 천개념과 천주교의 천주개념의 同異 문제 및 이와 관련된 천주의 實在性을 둘러싼 논쟁, 그리고 셋째 天主(하느님)와 耶蘇(예수 그리스도)의 관계를 중심으로 천주의 속성을 논변하고 있는 三位一體 논쟁의 세 가지 항목으로 크게 나누어 볼 수가 있다.

첫째, 천주라는 명칭 자체에 대한 논쟁에 있어서 李沂는 천주라는 칭호는 유교고전에 없는데 갑자기 나온 것으로 정당한 근거가 없는

---

9) M. Ricci의 『天主實義』는 全 8篇 가운데 제1편과 제2편을 천주의 개념을 밝히는 데 할애하였고, 정하상의 「上帝相書」(1839)와 憲宗의 「斥邪論音」(1839 趙寅永 製)도 천주 내지 天의 해명을 통해 주장의 논거를 세우고 있다.

것이라 주장하고. 또 『理證』에서 천주를 하늘도 땅도 아니고 사람도 귀신도 아니며 형상이 없는 것이라 설명하고 있음을 들어 형체가 없으므로 호칭도 있을 수 없다고 주장함으로써 유교의 입장에서 천주교의 천주 개념을 정면으로 비판하고 있다.10) 李沂의 이러한 비판은 처음부터 천주교에 대한 배척의 입장을 전제하고 유교와 천주교의 이질성을 강조한 것이라 할 수가 있다.

　李沂의 이와 같은 비판에 대해 로베르 신부는 기본적으로 補儒論的 입장을 전제로 하여, 유교와 천주교가 근본적으로 공통의 주재자 개념을 갖고 있다는 접근적·合儒的 태도와 함께, 천주는 보편적이고 절대적인 주재자이므로 반드시 유교에 의해 그 명칭이 승인을 받아야 할 이유가 없다고 하는 초월적·超儒的 태도의 두 가지 입장에서 이를 반박한다.

　우선 그는 접근적 태도에 따라 "천주라는 칭호와 儒家의 上帝라는 주재자의 칭호는 글자는 다르지만 뜻은 같다"11)고 언명한다. 또한 나라마다 말이 다르지만 말의 이치[語理]가 같고, 글자가 다르지만 문장의 이치[文理]가 같아서 의사를 소통할 수 있는 것처럼 천주는 천하가 共知하는 존재이므로 유교의 문자로서 천주를 설명할 수도 있음을 지적하고 있다.12) 앞의 李沂의 비판이 천주라는 호칭이 유교경전에 없다는 사실에서 출발하여 이를 유교인의 용어가 아니라고 배척하는 것으로서 대화의 자세가 결여된 것임에 비해, 이와 같은 로베르의 논변은 유교와의 공통기반을 마련하고 유학자의 의식내용을 확장시켜 천주교에 대한 이해를 이끌어 내려는 관심을 지니고 있는 것이라 하겠다.

---

10) (答嶺南儒者李沂書」(다음부터 '答嶺南'로 略記), "天主之稱, 古書無有. 聖教理證書旣曰: '天主非天非地, 非人非鬼, 無形無像' 則不能自道其名, 自諭其敎."
11) '答嶺南', "天主之稱, 與儒家所稱上宰上帝, 字異而義同."
12) '李碩士', "各國之人, 有事相通, 則各以其國之言語文字也, 而言雖然別矣, 語理則同, 書雖異矣, 文理則同故也. 此亦天下之所共知者也. 西人雖以前用貴經文字,座下由是以責辱莫甚."

나아가 로베르는 천주의 호칭을 쓰게 된 문자적 의미를 해명하면서 "온갖 사물 가운데 오직 天이 크고 온갖 명칭 가운데 오직 主가 존귀하니 至大至尊의 뜻을 취하여 천주라 하였다"[13]고 언급하였다. 따라서 그는 천주란 愚夫愚婦가 하늘을 우러러 호소할 때 일컫는 보편적 호칭인 '하느님'을 일컫는 것이요, 유교인의 命名 여부에 따라 그 자격이 인정되는 것이 아니라고 주장한다.[14] 또 유교인이 그 호칭이 경전 속에 없다는 점에 구속되어 주재자를 인정하지 않는 것은 자신에만 국한되어 보편적인 것을 이해 못하는 편협성이라 비난하고 있다.[15] 이러한 반박은 호교론적인 입장에서 천주교를 유교보다 우월한 것으로 주장하는 초월적 태도라 할 수 있을 것이다.

둘째, 유교와 천주교 양자의 天개념의 同異에 대한 논변은 유교의 '天'·'帝'개념과 천주교의 天主개념을 중심으로 전개되고 있음을 볼 수가 있다. 李沂는 유교의 天·帝의 개념에 대해 이 양자는 각각 形體와 主宰를 일컫는 것으로, 서로 완전히 일치하는 관계임을 주장한다. 곧 인간에 있어서 몸이 형체가 되고 마음이 주재가 되어 양자가 합쳐져 사람을 이루듯이 天과 帝도 결코 서로 분리될 수 없는 관계라는 것이다.[16] 이러한 논리에서 그는 "天地 밖에서 다시 천지를 창조한 천주를 찾는 것은 불가하다"[17]고 하여, '天主의 개념을 형체와 속성이 일치하지 않는 것이라 하여 부정하고 아울러 천주에 의한 천지창조를 부인하고 있다.

---

13) '答嶺南', "萬物之中, 惟天爲大. 萬名之中, 惟主爲尊, 故取其至大至尊之義,稱之以天主也."

14) '答嶺南' "以常言解之, 則仰天而呼冤者, 無不稱天主, 此則愚夫愚婦之所共稱者也. 取其常言易曉. 而稱之曰天主, 豈必孔孟之徒名之諭之, 然後始知有天主乎?"

15) '答嶺南', "子誠齊人也, 不知孔孟之上, 又有孔孟乎, 何必拘於古書所無, 而不遵時人所稱乎."

16) '答嶺南', "吾儒之言天言帝者, 以體形爲天, 以主宰爲帝. 帝則天也, 天則帝也.譬之, 人身是形體, 心性是主宰, 而人身心性幷以成一人."

17) '答嶺南', "今於天地之外, 別求一造天地之天主, 是猶於人身之外, 別求一造人身之心性, 吾恐求之愈難."

이와 같은 李沂의 비판에 대해 로베르는 "이는 천주가 만물을 창조한 전말과 인간의 영혼의 유래를 모르는 데서 빚어진 混淪之說"이라고 일축하고, 몇 가지 측면에서 조목별로 반박하고 있다.

우선 그는 天과 帝가 동일한 대상의 형체와 속성을 각기 나타내는 일관된 개념이라는 주장에 대해, 사물로서의 天과 主宰者로서의 帝를 구분하고, 帝는 만물을 창조한 큰 주인이지만 天은 帝가 창조한 한갓 피조물에 지나지 않는 것이라고 해석함으로써 李沂의 논리를 공박한다. 곧 天과 帝의 관계는 인간의 몸과 심성의 관계처럼 불가분의 일치 관계가 아니라, 대궐과 국왕의 관계와 같이 천국과 천주의 관계로 보아야 한다는 것이다.[18] 로베르의 이 같은 주장은 유교의 고전적인 上帝개념을 끌어들여 천주교와 유교의 주재자 개념이 일치하고 있음을 논증하는 것으로서 이미 마테오 리치의 『大主寶義』에서 논의되었던 것으로서 보유론적 논리의 일단을 제시하고 있는 것이라 하겠으며, 또한 여기서 그의 유교에 대한 접근적 태도를 재차 확인할 수가 있다.

이와 같이 帝가 주재자로서의 天主를 의미하는 개념이라고 하는 자신의 해석을 바탕으로, 로베르는 천주의 실재성과 천지창조를 논증하는 것으로서 李沂의 주장에 대한 비판이론을 제시하고 있다. 로베르의 논리에 의하면 천지가 시작되기 이전에는 오직 천주만이 존재하였으며, 천주가 천지와 만물을 창조함으로써 비로소 천지가 있게 된 것으로 인식된다.[19] 그래서 그는 "천지 밖에 별도로 천주가 있을 수 없다"고 한 李沂의 비판에 대해, 천지는 "靈도 없고 心도 없는 사물에 불과한 존재"라고 전제한 다음, 李沂의 주장대로라면 "사물을 主로 삼는 것이니 해와 달, 흙과 나무에 경배하는 것이나 무엇이 다른가 하고 반문함으로써 천지만물의 주인으로서 천주의 존재를 인정할 것을 촉

---

18) '答嶺南', "天自天, 帝自帝也. 天不過主宰所造之一物, 帝乃爲造化萬物之大主. 今曰'主宰與形天, 合以爲帝, 譬猶人身與心性, 幷以爲人云'者, 語不成說, 又何 愚也! 譬於國王, 大闕如天國, 王如帝."

19) '答嶺南', "未有天地之前, 惟有一至靈至神者, 始造天地萬物, 而天地始有矣."

구하고 있다.[20] 따라서 그는 천주는 人命의 생사를 오로지 하고 人事의 禍福을 주관하는 존재일 뿐 아니라, 하늘과 땅으로써 덮어주고 실어주며, 해와 달로 밝게 비추어주고 오곡백과로써 사람을 生養하는 존재이므로 천하의 어떤 사람도 그의 명령에서 벗어날 수 없다고 주장한다.[21] 이와 같이 로베르의 비판논리는 한편으로는 유교의 天개념을 통해 천주의 존재를 설명하는 접근적 태도를 취하면서도, 다른 한편으로는 유교의 천개념과 관계없이 천주교의 교리에 따라 천주의 전지전능함을 주장하는 교조적 태도도 동시에 보여주고 있는 것이 사실이다.

천주의 명칭문제와 관련한 세 번째 논점은 天主와 耶蘇의 관계 문제를 중심내용으로 하는 三位一體 논쟁이다. 앞의 두 가지가 유교와 천주교 사이에 주재자의 명칭 및 성격의 차이를 중심으로 하고 있음에 비해, 삼위일체 논쟁은 천주교 자체의 교리에 대한 논쟁의 성격을 띠고 있는 점에서 이채를 띠는 것이다.

먼저 이 문제에 대한 李沂의 비판논리는 『理證』의 첫머리에서 천주가 降生한 해를 적고 있는 사실을 들어서, 이는 천주를 無終無始한 존재라고 하는 주장과는 상호 모순되는 것임을 지적하고 있다. 곧 천주가 원래부터 있었던[無始] 이는 降生한 존재라면 원래부터 있던 천주가 아닐 것이요, 강생한 천주는 또한 원래부터 있었던 천주가 아닐 것이니 결국 천주가 둘이 되는 것이 아니냐는 것이다.[22]

이에 대해 로베르는 "천지에 主가 한 분인 것은 국가에 국왕이 하나이고 가정에 가장이 하나인 것과 같은 이치이니 어찌 하나의 천지에 두 분의 천주가 있을 수 있겠는가?"[23]라 하여 천주가 유일무이한

---

20) '答嶺南', "又曰 '天地之外, 別無一天主', 子所謂主者, 天乎地乎? 天地, 無靈無心之物也. 以物爲主, 與拜日月・敬土木之類, 何異哉?"
21) '答嶺南', "嗟乎, 能專人命之生死者, 誰也? 能制人事之禍福者, 誰也? 仰觀俯察,天地以覆載之, 日月以照明之. 五穀百果以生養之, 一草一木一禽獸無不爲吾人所需. 試問, 天下何人, 不資天主之物, 而能保一日者, 誰也? 敢逃天主之命, 而能享百年者, 誰也?"
22) '答嶺南', "理證書, 首載天主降生之年. 旣曰天主無始, 則降生者非始天主也; 無始者亦非降生天主也. 于是乎, 有兩天主."

존재임을 재확인하는 데서부터 출발하며, 李沂의 비판은 천주의 속성[性理]을 알지 못한 데서 비롯된 것이라고 재비판한다. 나아가 로베르는 천주교의 교리에 의거하여 三位가 '同有·同立'하는 하나의 천주임을 논변하고, 삼위일체의 개념이 나타나게 되는 교리상의 경위를 천지창조, 인간의 原罪, 耶蘇의 代贖 등 『聖經』의 내용에 따라 자세히 설명하고 있다. 결국 로베르에 의하면, 야소는 속성상 천주이면서 사람이요, 사람이면서 천주이니, 야소와 천주의 관계는 태양과 빛의 관계처럼 하나이면서 둘이요 둘이면서 하나인 불가분의 관계임을 논증함으로써, 李沂의 비판에 대해 철저히 천주교 자체의 교리에 입각하여 반박하는 모습을 보여준다.24)

이와 같이 천주의 명칭과 속성을 둘러싸고 李沂와 로베르 사이에 일어난 논변은 유교와 천주교 간의 궁극적 실재(Ultimate Reality)에 대한 문제라고 하는 가장 근원적인 물음과 연관되면서 양자의 입장이 첨예하게 대립하는 양상으로 전개되고 있음을 확인할 수 있다. 특히 여기서 李沂의 입장이 철저하게 유교를 중심으로 천주교의 주재자 개념을 부정하는 배타적 성격을 띠고 있으며, 이에 대한 로베르의 비판이론도 유교의 개념으로 천주교를 설명하려는 시도를 일부 보여주고 있으면서도 결국에는 포용성이 결여된 자기 중심의 인식에서 벗어나지 못하고 있음을 지적할 수가 있다. 李沂-로베르 논변의 이러한 성격은 開港期의 시대상황 속에서 보수적 유학자와 천주교 성직자 사이의 상호인식 정도와 서로에 대한 접근태도가 여전히 斥邪衛正論의 闢異端論的 천주교 배척과 이에 대한 천주교의 호교론적 대응이라고 하는 상호관계의 연장선상에 있음을 보여주는 것이라 하겠다.

---

23) '答嶺南', "理證書, 首載天主降生之年. 旣曰天主無始, 則降生者非無始天主也; 無始者亦非降生天主也. 于是乎, 有兩天主."

24) '答嶺南', "救世主耶蘇. 正是人而主, 主而人也. 主性之合乎人性, 譬如太陽光射于人, 非太陽自下射人, 所射者太陽之光也. 太陽之元體, 自在其處, 則太陽與光.一而二, 二而一也."

2) 崇祖儀禮

崇祖의례 곧 祭祀의 문제는 일찍이 1791년에 尹持忠과 權尙然이 제사를 폐지하고 조상의 위패를 불사름으로써 온 나라에 충격을 주었던 珍山事件에서 단적으로 표출되었듯이 천주교의 전래 초기부터 유교와 첨예한 대립을 야기하였던 문제이다. 제사문제를 둘러싼 兩敎의 이념적 대립은 18, 9세기 조선사회에서 유교의 禮敎주의와 천주교의 唯一神觀이 날카롭게 대치하는 하나의 경계로 작용한 문제라 할 수가 있다. 따라서 이 문제는 정부적 차원의 천주교 탄압정책의 빌미로 작용하였으며, 로마 교황청 내부의 교리해석논쟁과도 관련되면서 복잡한 전개양상을 보여 온 것이 사실이다. 그런데 천주교의 제사금지 교리에 대한 유교측의 거센 반발은 무엇보다도 그것이 유교윤리의 중심이라 할 수 있는 孝관념의 부정으로 받아들여진 데서 기인한 것이라 할 수가 있다.

19세기 최후반의 李沂와 로베르의 논쟁에서도 제사의 문제는 윤리적 측면, 곧 유교의 전통적인 孝관념을 중심으로 전개되고 있음을 볼 수가 있다.

곧 李沂는 천주교에서 "나를 낳은 이는 부모요 부모를 낳은 이는 조상[祖宗]이지만 조상을 낳은 자는 결국 천주이므로 천주를 공경하는 것이 부모를 공경하는 것이라"고 하는 주장에 대해, 이는 천주만 공경할 뿐 부모를 공경할 줄 모르는 것으로 천하로 하여금 인륜을 저버리고 금수의 지경으로 나아가게 하는 것이라 통박한다.[25] 이러한 관점에서 李沂는, 유교의 제사는 부모가 참으로 음식을 먹을 수 있기 때문에 음식[酒肉]을 차리는 것이 아니라, 비록 드시지는 못하더라도 부모가

---

25) '答嶺南'. "天主敎之不敬父祖, 其亦有說歟! 生我者父母也, 生父母者祖宗也, 生祖宗者天主也, 故其敬天主. 卽是敬父母也, 不敬天主, 卽是不敬父母. 嗚乎! 此將使天下去人倫而就禽獸耳."

그것을 드시기를 바라는 자식 된 마음의 발로요 돌아가신 이를 섬기기를 산 이와 꼭 같이 하는 의리에서 나온 것이라 하여 제사의 문제를 孝의 문제와 결부시켜 이해하는 모습을 보여주고 있다.26) 李沂의 이러한 태도는 그가 유학자로서 제사를 인륜의 대사로 인식하는 전통적 관념에 철저히 입각하고 있음을 여실히 나타내는 것이라 하겠다.

이에 대해 로베르는 천주교의 부모를 섬기는 도리는 "부모가 살아계실 때는 유교와 같으나 돌아가신 뒤에는 다르다"27)고 하여 숭조의 례에 대한 천주교와 유교의 차이성을 명확히 인식하고, 유교의 제사에 대해 첫째 虛僞, 둘째 僭濫, 셋째 混雜의 세 가지 조목으로 나누어 비판을 가하고 있다.

먼저 유교의 제사가 허위임을 주장하는 근거로서 로베르는 사람이 죽으면 육신은 흙으로 돌아가고 영혼은 천당이나 지옥으로 가게 되어 영원히 이 세상으로 다시 돌아올 수 없는데도 자손들이 虛位를 설치하고 虛拜를 행하는 것은 부모가 계신 곳을 알지 못한 소치임을 주장한다.28) 다음으로, 온갖 禮 가운데 제사가 가장 존귀하고 모든 존재 가운데 오직 천주가 존귀하므로 천주가 아니면 가장 존귀한 禮인 제사의 대상이 없다고 하여 유교의 제사가 참람된 것이라는 논리를 제시한다.29) 마지막으로 로베르는 제사에서 흠향하는 것은 조상이 아닌 조상을 가탁한 마귀라고 주장함으로써 유교의 제사는 결국 조상에 대한 효성이 아니라 마귀를 섬기는 잡스러운 것이라고 공박하고 있다.30)

유교의 제사에 대해 이같이 비난하는 한편, 로베르는 천주교의 돌아

---

26) '答嶺南', "且人之祭父祖必以酒肉者, 非謂其父祖能飮食之也, 雖不飮食, 吾心則猶欲其飮食也. 此固事死如事生之義耳."

27) '答嶺南', "事生之節, 與儒敎無異; 但事死之節, 與儒敎不同."

28) '答嶺南', "人之去世也, 肉身歸于土 善者之魂, 賞以天堂, 惡者之魂, 罰以地獄,兩處大定, 永不還世.子孫之設虛位, 而行虛拜, 父母之所不知, 故曰虛僞也."

29) '答嶺南', "百禮之中, 惟祭獨尊, 萬有之上, 惟主獨尊, 非獨尊之主, 不能當獨尊之禮, 故曰 僭濫."

30) '答嶺南'. "此魔極巧, 乘人祭祀之時, 從傍代享, 如臨如在. 則名雖爲先, 實是事魔, 故曰. 混雜."

가신 부모를 섬기는 방법은 부모의 영혼이 빨리 승천하도록 주야로 기도하는 것이며 이것이야말로 참된 효도임을 주장한다. 곧 부모가 생전에 지은 죄가 있으면 煉獄에 머물면서 그 죄를 모두 補贖한 다음에야 천당에 갈 수 있으므로, 부모가 돌아가시면 부모의 영혼이 속히 죄의 사함을 받아 천당에 갈 수 있도록 교우들과 함께 밤낮없이 천주에게 기도하는 것이 돌아가신 부모를 올바르게 섬기는 일이 된다는 것이다.31)

이와 같이 로베르는 유교의 孝관념은 부정하지 않으면서도 제사에 대해서는 우상숭배라는 관점에서 격렬히 비판하는 태도를 보여주고 있다. 그의 이러한 태도는 앞서 천주의 명칭과 속성에 대한 논의에서, 천주교와 유교의 天개념의 유사성을 강조하는 접근적 태도도 일부 보여주고 있는 것과는 달리 천주교의 교리에 입각하여 유교의 조상숭배를 비타협적으로 공박함으로써 철저히 배타적인 호교론으로 일관하고 있는 것이다. 이러한 사실은 제사문제가 이 시기까지도 여전히 유교와 천주교 사이의 대화를 가로막는 가장 첨예한 쟁점이 되고 있음을 극명하게 나타내는 것이라 할 수가 있다.

3) 天堂 · 地獄

천주교의 천당지옥설에 대한 논란은 천주의 명칭문제, 제사문제와 함께 유교와 천주교의 논쟁 속에서 빠짐없이 등장하는 해묵은 논쟁의 하나이다. 그러나 이 논쟁이 천주교의 전래 이후에 새롭게 등장한 것이라 할 수는 없다. 곧 천당과 지옥이라는 사후세계에 대한 논란은 유교의 입장에서 보면 전혀 새로운 것이 아니라 불교와의 논쟁 속에서

---

31) '答嶺南', "蓋父母生時, 未必盡善, 或有微罪, 未及補贖, 則必歸煉獄, 隨其罪之輕重, 幾月幾日練其罪補其缺, 然後可以升天. 故父母終命之後, 通計於各處教友, 請以企圖於天主, 欲使亡靈速速升天. 近居教友, 終命前後, 齊會于喪家, 晝夜虔禱, 朝夕不廢, 終身不怠, 奚特三年而已哉? 爲父母計者, 寧無益之祭祀乎? 寧有 助之祈禱乎?"

이미 일찍부터 경험하였던 문제인 것이다. 따라서 유교와 천주교 사이의 천당지옥설에 대한 논쟁 또한 불교의 천당지옥설과의 同異 여부가 논란의 초점이 되는 경우가 많은 것이 사실이다. 곧 유교를 옹호하는 입장에서는 천주교의 천당지옥설이 불교의 천당지옥설과 본질적으로 같다고 주장하는 반면, 천주교를 변호하는 측에서는 천주교에서 말하는 천당과 지옥은 유일무이한 주재자로서 천주의 의지의 작용이라는 점을 들어 윤회설을 근거로 하는 불교의 천당지옥설과는 전혀 다른 것임을 주장해왔음을 볼 수가 있다. 이러한 배경으로 인해 천당지옥설을 둘러싼 유교와 천주교의 논쟁은 천주교의 독자성 확보라는 문제와 맞물리면서 더욱 첨예한 양상으로 전개되어 왔다고 할 수가 있다.

천주교의 천당지옥설에 대한 李沂의 비판이론은

첫째 천당과 지옥이 존재하지 않는 것은 명백한 사실로서 논할 가치조차 없다고 하는 존재 자체에 대한 회의,

둘째 설혹 천당과 지옥이 있다고 해도 세상의 교화에 도움이 되지 않는다고 하는 효용성의 부정,

셋째 천주교의 천당지옥설이 불교의 그것과 본질적으로 같다고 하는 논리에 의한 闢佛論的 배척,

넷째 군자가 선을 행하고 악을 물리치는 것은 천당·지옥의 보상과 징벌을 두려워해서가 아니라 단지 자신의 직분에 마땅히 해야 할 바이기 때문이라는 명분론적 비판,

다섯째 천지가 만물을 화생하는 것은 필연적 법칙인 '理'와 우연성인 '數'에 의한 것이지 天이 직접 손발을 놀려 견책하는 것은 아니라고 하는 天의 無意志性에 근거한 비판 등 다섯 가지 주장으로 요약된다.

이에 대해 로베르는 천주교의 입장에서 조목조목 반론을 제기하고 있다. 먼저 '천당과 지옥이 존재하는 것이 어불성설이라'는 주장에 대해서 로베르는 이는 천지의 주재자인 천주를 모르는 까닭에서 나온

망발이라고 공박한다. 천주가 없다면 모르되 천주가 있다면 반드시 화복을 주관하고 상벌을 관장할 것인데, 이것이 인간세상에서 완전히 실현되는 것은 불가능하므로 천당과 지옥을 두어 來世에서 심판할 것임은 이치로 미루어 쉽게 알 수 있는 일이라고 반박한다.32) 다음으로 로베르는 사람들이 지극히 엄한 천주가 있고 지극히 공변된 상벌이 있음을 안 뒤에라야 비로소 선을 행하는 데에 기틀이 잡힐 수 있을 것이라 하여, "천당지옥설이 세상의 교화에 도움이 되지 않는다"는 李沂의 주장에 대해서 정면으로 비판하고 있다.33) 세 번째 비판항목으로 천주교의 천당지옥설이 불교의 그것과 같다"고 하는 비판에 대해서, 로베르는 천당과 지옥은 인간이 생겨나기 이전에 이미 천주가 설치해 놓은 것이고 석가모니는 천지가 창조된 지 3,000년 뒤에 탄생했으니 불교가 있기 전에 이미 천당과 지옥이 있었음이 분명하다고 주장한다. 따라서 불교의 천당지옥설은 천주교의 천당지옥설을 참람되게 훔쳐서 윤회설과 결합시킨 것이라 하여 천주교의 불교에 대한 우월성을 변론하고 있다.34) 네 번째 비판항목에서 "군자가 선을 행하고 악을 물리치는 것은 유교의 명분에 합당하기 때문이지 천당·지옥을 두려워해서가 아니라"는 李沂의 주장에 대해, 로베르는 보상과 징벌에 관계없이 선을 행하고 악행을 저지르지 않는 자는 말만 들었지 본 적이 없다고 꼬집고, 보상과 형벌로써 선을 권하고 악을 징치하는 것은 동서고금의 大法이니 지극히 엄하고 지극히 공변된 상벌과 죽지도 없어지지도 않는 영혼이 있음을 알아서 부지런히 힘쓰고 삼가고 공경하여야 허물을 줄일 수 있을 것이라 하여 천당지옥설의 논리로 유교의 현세주의적

---

32) '答嶺南', "人雖不見天堂地獄, 以理考之, 可知其必有矣. 如無天主則已, 旣有天主, 則福善禍淫, 宜乎否乎? 筆耕禍福在所不已, 而旣不在於今世, 則必在於身後者, 明矣,"

33) '答嶺南', "且人知有至嚴之主, 有至公之賞罰, 然後作善有基矣. 子所謂無補於世教者, 何其無知也?"

34) '答嶺南', "天堂地獄, 於生民之先, 天主之所布置者也. 佛祖釋迦牟尼, 生乎造成天地三千年之後, 以中曆考之, 周昭王末年也. 有佛之前, 堂獄賞罰權, 在誰手?" 僭竊天堂地獄之論, 雜以輪廻六度之說, 爲此可欺之方, 何足深究?"

성향을 비난하는 태도를 보여주고 있다.[35]

이와 같이 李沂와 로베르의 천주교의 천당지옥설을 둘러싼 논쟁은 전능한 주재자로서 천주의 실재 여부, 불교적 天堂地獄說과의 同異, 인간 영혼의 有限-無限性, 善惡의 응보 등의 문제와 연관되면서 복잡하게 전개되고 있음을 볼 수가 있다. 그러나 이 문제가 유교인의 입장에서는 이해할 수 없는 사후세계에 대한 문제로서 애초에 접근점을 찾기 어려운 주제인 데다가 또 서로를 이해하고 포용하려는 노력 또한 결핍됨으로써 각자가 자신의 주장만을 내세웠을 뿐 논쟁의 합일점을 끝내 찾지 못한 것이 사실이다.

4) 死後靈魂

이 논쟁은 사람이 죽은 뒤에 영혼이 불멸하느냐 아니면 사라져 없어지느냐 하는 문제를 둘러싼 것으로, 동양적 종교상황 속에서 일찍부터 논란이 되어 온 해묵은 주제의 하나이다. 불교가 중국에 처음 전래되면서 '神滅論'과 '神不滅論' 사이의 논쟁이 일어난 이래 이 문제는 유교와 불교, 또는 도교와 불교 사이에 중요한 논점으로서 부단히 지속되어 왔으며 천주교의 전래와 함께 그 영역이 천주교에까지 확대된 것이라 알 수가 있다.

영혼불멸 문제에 대한 李沂와 로베르의 논쟁이, 李沂가 유교적 인식에서 사후의 영혼의 존재를 부정하고 있음에 대해 로베르는 천주교의 교리에 근거하여 영혼의 불멸성을 긍정하고 있는 양상을 띠고 있음이 물론이다. 그리고 그 구체적 내용에 있어서는 형체 없이 영혼만이 독립적으로 존재할 수 있는가 하는 문제와, 유교의 이기론의 논리 속에

---

35) '答嶺南', "慶賞以勸善, 刑罰以懲惡, 通天下亘萬古不易之大經大法. 旣知有至嚴至公之賞罰, 又知有不死不滅之靈魂, 念念玆玆乾乾㦤㦤戒愼恐懼, 猶難保其無咎. 況不希不畏, 而自然爲善, 自然不爲惡, 果誰也? 只聞其言, 而未見其人也."

서 영혼 문제를 어떻게 적용시킬까 하는 문제의 두 가지 측면에서 다루어지고 있음을 확인할 수 있다.

먼저, 영혼불멸론에 대한 李沂의 비판이론을 살펴보자. 李沂는 우선 형체 없는 영혼이 있을 수 있는가 하는 문제에 대해서, 사람이 생겨남에 있어서 형체가 생겨남으로 해서 영혼도 그것에 따라 존재할 수 있게 되는 것이니 형체가 없어지면 영혼도 그에 따라 흩어지고 말 것이라 하여 유교의 生死觀에 입각하여 육체에 대한 영혼의 독립성을 명확히 부정한다.36) 나아가 그는 영혼은 氣에 속하는 것이라 인식하고, 氣란 오늘의 氣가 어제의 氣와 다르고 내일의 氣가 또 오늘의 氣와 다른 것이니 그것이 만물에 부여되는 경우에도 마찬가지여서 한번 흩어지면 다시는 돌아올 수 없다고 함으로써 유교의 理氣論의 논리로써 영혼불멸설을 비판하고 있다.37)

李沂의 이러한 비판에 대해 로베르는 천주가 인간을 창조하였다고 하는 천주교의 교리로써 재비판한다. 곧 그는 사람이 생겨난 것이 애초에 천주에게서 비롯되었음을 안다면 사람이 죽으면 마침내 천주에게로 돌아감을 알 수 있을 것이라 하여 인간의 영혼이란 천주에게서 부여받은 것으로 육체가 없어진 후에도 여전히 독자적으로 존재함을 언명하고 있다.38) 또 로베르는 영혼이 氣에 속한다는 李沂의 주장을 비판하고, 영혼은 곧 유교에서 말하는 性이니 바로 '天命之性', '天賦之性'과 같은 것이라고 주장함으로써, 유교의 전통적인 理氣論의 논리를 차용하여 유교의 영혼불멸설에 대한 비판을 재반박하고 있다.39) 또

---

36) '答嶺南', "夫人之生, 形體具則神魂亦隨以存, 形體解則神魂亦隨以沒."
37) '答嶺南', "神魂繫於理乎? 繫於氣乎? 必曰繫於氣, 然則其亦有能外形體而自立者乎?夫天地之所以稟施萬類者, 莫非一氣. 今日之氣, 已非昨日之氣. 明日之氣, 又 非今日之氣. 其於物也. 亦然."
38) '答嶺南', "若知人之生始自天主, 則必知人之死終歸天主. 蓋人之靈魂, 乃天主之所賦與我者. 肉身全賴靈魂而生. 靈魂不賴肉身而生."
39) '答嶺南', "性卽是魂, 魂卽是性. 或曰 '天命之性', 或曰 '天賦之性', 或曰 '天地所以賦與我者, 仁義之性也, 此豈非以性謂魂者乎?"

그는 '魂'이라는 말은 비록 유교경전에 없지만 온 세상 사람들이 늘 말하는 것이니 어찌 그 존재를 부정할 수 있겠는가라고 하여 유교의 승인에 관계없이 영혼불멸설이 보편적 진리임을 강조하는 모습을 보여준다.[40)

그러나 로베르의 유교에 대한 이러한 접근적인 태도에도 불구하고 양자의 견해는 근본적으로 일치될 수 없는 차이점을 나타내고 있는 것이 사실이다. 이와 같은 양자의 타협할 수 없는 견해 차이는 기본적으로 인간의 생명을 氣의 凝聚로 보느냐 천주의 창조로 보느냐 하는 근본적인 인식 차이에서 기인하는 것이지만, 이에 따르는 양자의 영혼 개념 자체가 다른 데서 비롯된 것이라 지적할 수도 있다. 또 여기서 李沂와 로베르의 영혼불멸 문제를 둘러싼 논변이 유교와 천주교의 교리적 차이의 차원에만 머무는 것이 아니라, 靈魂과 肉體를 구분하지 않는 동양적 세계관과 양자를 서로 분리하여 이해하는 서양적 사고의 충돌이라는 측면에서 접근해 볼 수도 있는 성격의 것임을 확인할 수 있겠다.

(4) 맺음말

李沂와 로베르 神父의 짧은 교리논변은 그 성립배경에서 특징이 드러난다. 곧 李沂가 토론의 대상으로 삼은 교리서인 『聖敎理證』(理證)은 예수회 선교사의 補儒論的 입장에서 제시된 것이요, 그 논쟁이 벌어진 시기는 19세기 말로서, 이미 예수회의 선교정책과는 상당히 거리가 먼 파리外方傳敎會의 선교사와 논쟁을 벌였다는 사실이다. 여기에 이 시대 조선사회의 유교지식인은 아직도 예수會의 漢譯西學書를 통

---

40) '答嶺南', "魂是普世人人之常言常道者. 而魂一字雖不槪見於儒經, 豈不知人魂有無, 而置之勿論乎?"

해 천주교 교리에 대한 이해를 도모하고 있었음을 알 수 있다. 그러나 서양선교사의 敎理문제에 대한 토론의 태도는 이미 유교와의 접근을 통한 설득이 아니라 유교를 넘어서 천주교 교리의 보편성을 확인시키고자 하는 것이다. 물론 유학자인 李沂의 도전에 따라 '合儒' 내지 '補儒'의 논리를 일부 이용하고 있는 것은 사실이지만, 오히려 '超儒'의 논리를 강력하게 제시하고 있다.

또한 논변의 쟁점으로서 '天主'의 개념과 성격문제, 崇祖와 祭祀문제 및 天堂地獄문제와 死後 영혼의 존재문제들이 다루어지고 있는 것은 儒敎와 天主敎의 논쟁에서 부각될 수 있는 문제의 초점이라는 특징을 보여준다. 이 쟁점들은 요약하면 天主의 문제와 靈魂의 존재문제로 집약될 수 있다. 死後 祖上의 영혼에 대한 의례문제와 사후 靈魂의 존재 여부나 死後 영혼의 세계로서 天堂地獄의 문제이다. 그것은 유교사상과 천주교가 공통적 만나는 핵심적 문제의 소재가 어디에 있는지를 드러내 주는 것이다.

그 쟁점에서도 '천주'문제는 유교의 '天' 혹은 '上帝'와 상관성을 발견하면서 그 천주의 속성에서 중요한 차이를 드러내고 있으며, 특히 유교경전이 이미 진리판단의 기준으로 인정되지 않고 있다는 점에서 로베르 신부는 예수회의 보유론을 벗어나고 있는 것이다. '영혼'의 문제에서는 제사에 대한 전면적 금지태도에서 丁夏祥의 「上宰相書」에 나타난 자세가 여전히 계속되고 있음을 보여준다. 특히 魂을 氣로 규정하는 성리학적 입장의 비판에 대응하여, '영혼'의 개념을 유교의 성품[性] 개념과 연결시키고 있는 것은 번역어로서 '영혼'이 실재에서는 한자어에서 '魂'이 아니라 '性'임을 밝혀 토론을 통해 개념적 정확성을 드러내 주고 있다.

李沂와 로베르 신부와의 작은 논변이 19세기 말에 전개된 매우 드문 논쟁이요, 『理證』이라는 특정 문헌을 통한 논쟁이라는 점에서 특별한 의미가 있으며, 나아가 이 논변이 비록 연속된 토론의 과정을 통해 유교와 천주교 사이의 교리적 이해를 더욱 심화시켜주지는 못했으나, 서로의 차이를 분명히 드러내주고 서로의 입장을 정확하게 이해할 수 있는 기반을 마련해 주었으며, 동시에 각자의 입장이 지닌 폐쇄적 한계를 엿볼 수 있게 한다는 점에서 중요한 의미를 지니는 것이라 하겠다.

3. 東武 李濟馬의 四象철학

(1) 문제의 의미

전통 道學은 강한 道統論의 권위를 요구하였으나 조선시대 후반기를 통하여 이를 극복하기 위한 여러 가지 사상적 모험이 시도되었다. 먼저 實學의 여러 유파가 부분적이거나 전반적으로 도학의 성리학적 세계관을 비판해왔고, 19세기 말에 오면 도학을 거쳐서 온건개화사상으로 전환하는 움직임도 나타났다. 이들은 경전에로 돌아가 재해석함으로써 도학의 성리학적 세계관을 벗어나거나 새로운 서양문물을 수용함으로써 도학의 배타적인 정통주의를 벗어났다는 공통점을 지니고 있다.

李齊馬는 19세기 말 개화사상이 활발하게 일어나던 시기에 등장하여, 서구문물에 별다른 관심을 보이지 않았지만, 그 반면에 성리학적 자연관이 기초하고 있는 陰陽五行의 복합구조를 탈피하고 있다. 그는 易學的 四象의 4元構造를 새롭게 제시함으로써, 도덕론과 四象醫學의 체계를 독특하게 구성하였다. 이런 의미에서 이제마는 실학파의 말기에 속하는 인물로 분류될 수 있다. 그러나 그가 일관하게 추구하는 도덕적 수양론적 관심과 독특한 구성에서나 사상의학의 창의성에서나, 그는 실학사상에서도 독자적 위치를 차지할 것이다.[1]

---

1) 崔南善이 李濟馬에 대하여 "開化의 創을 成하는 발명적 독창력을 이론적 방면에 縱橫히 발휘한 자"라 하였다 하나, 그의 창의성을 인정하지만 그를 개화사상에 소속시킬 수 있는 '개화'의 이해도 주장도 찾기 어렵다.

(2) 생애와 시대

이제마(1837∼1900)의 일생은 그의 출생에서 상당한 제약을 받고 있다. 그는 함흥[咸州郡] 서천면의 어느 주막에서 주모의 못생긴 딸과 진사 李攀五의 기연으로 출생한 庶出이었다. 그의 어머니가 그를 본가에 데려왔을 때 조부가 마침 제주도 망아지를 갖다주는 꿈에서 깨어났으므로, 그의 이름을 '제주도 말'이란 뜻으로 '濟馬'라 지었다는 일화가 있다. 그의 父系는 함흥 일대에서 학식과 명망이 있었기에, 그는 소년 시절 큰아버지 아래서 한학수업을 받았으며, 경전과 역사를 널리 읽어, 그의 예리한 재주도 일찍부터 드러났다 한다. 그러나 그는 조선시대 사회에서 庶蘖의 中人적 신분제약을 벗어날 수 없었나 보다. 그래서 젊어서 무예를 닦아 武科로 나갈 준비를 했었던 것 같다.

그의 청년기에 관한 기록은 없으나, 젊어서 병이 많았던 것 같다. 유문협착증[•膈反胃症]과 하체에 다발성신경염[解]을 오래 앓으면서 치료에 효험이 없자, 자신이 본격적으로 의학을 연구하기 시작했던 것으로 보인다. 30세 전후하여 함흥 출신인 韓錫地(호 芸菴, 1709∼91)의 저술 『明善錄』을 우연히 발견하고 이를 매우 존숭하였던 사실에서 그가 이 책의 영향을 받았음을 짐작할 수 있다. 한말 성리학의 거장인 호남의 蘆沙 奇正鎭으로부터도 얼마간 영향을 받은 것으로 전해진다. 그와 교유를 맺은 당시의 인물로서, 國學연구의 선구적 인물인 李能和는 그에 의해 안질치료를 받고 그의 略傳을 남겨주고 있으며, 함흥 출신의 천도교 지도자요 민족운동가인 崔麟(호 如菴)은 그의 문하에 출입하며 사상의학을 배우기도 하였다.

그는 서울을 왕래하면서 將臣인 都統使 金箕錫과 친교를 맺고 그의 추천을 받았으나, 相臣 앞에 나가서 "조정에 간신배들이 가득한데, 우선 이를 숙청하지 않으면 도저히 난국을 타개할 수 없으니, 소인에게 이 직책을 맡겨주시면 소임을 다하겠습니다"라 하여, 듣는 이를 실색하게 하였다 한다. 이처럼 그는 구애받지 않는 호방한 성품을 지녔으며, 동시에 한말의 퇴락한 시대를 걱정하고 세상을 바로잡아 보겠다는 기개를 지녔었다.

그 후 50세(1886)에 다시 김기석의 추천을 받아 別選武科에 올라 武衛將을 거쳐 1892년 진해현감에 나갔다. 그는 진해에서 왕조말기의 해이된 기강을 바로잡았으며, 한편 사람들을 만났을 때 기질을 관찰하고 질병을 치료하면서 사상의학을 궁구하는 데도 힘썼다. 이듬해 여름 사직하고 서울로 올라오자, 그는 그동안 오래도록 연구하면서 자득한 학문적 체계를 저술로 남기는 데 평생의 정열을 기울였다.

李濟馬의 저작은 그의 도덕·수양론과 심성론을 전개한 『格致藁』와 四象철학을 의학에 응용한 『東醫壽世保元』으로 대표된다. 그 저작순서를 보면, 『격치고』의 중심내용으로서 46세 때(1882)의 「獨行篇」을 비롯하여, 1890년의 「儒略」, 1892년의 「反誠箴」이 있으며, 갑오경장이 나던 1894년 『동의수세보원』을 완성하였고, 이어서 저술한 1895년의 「遺藁抄」와 1897년의 「濟衆新篇」은 『격치고』의 부록으로 수록되어 있다. 이 저술들은 주로 진해현감 시기를 전후로 한 50대에 이루어졌다.

1895년 그는 고향에 내려가 노모의 병구완을 하는 한편 의원으로 활동하였다. 그때 마침 강원도 평강의 召募軍官이던 崔文煥이 함흥에 와서 원산의 일본 수비대를 공격한다는 명목으로 군사를 일으켜 모반하자, 그는 喪中에 나와서 智謀로 최문환을 사로잡았다. 이 소요를 평정한 공로로 정3품의 宣諭委員에 제수되고, 이듬해 高原郡守로 나갔지만 곧 사직하고 물러났다.

그는 만년에 고향 함흥의 萬歲橋 부근에 保元局이라는 한약방을 경영하면서 가난한 사람에게는 무료로 치료해주고 사례는 좁쌀 한 되밖에 받지 않으며 인술을 폈다. 1900년 64세로 생애를 마치고 고향 栗洞에 묻혔다. 그의 사후 제자들이 栗洞契를 조직하여 그를 祭亨하고, 그의 저술과 한석지의 『명선록』을 간행하며 사상의학을 보급하였다.

⑶ 經學의 재구성

1) 物・身・心・事 - 四元구조의 존재론

이제마의 철학사상은 먼저 『격치고』를 통해서 살펴볼 수 있다. 그는
이 세계의 모든 존재를 사물[物]・육신[身]・마음[心]・사무[事]의 네
가지 영역으로 제시하고 있다. 이러한 존재영역의 4원론은 대상의 존
재로서 사물과 사무를 들고 인간존재로서 육신과 마음을 들었다. 그것
은 이제마의 철학체계를 관철하고 있는 4원구조의 대표적 형식이며,
그것은 『周易』의 四象구조를 근거로 한 것이며, 자신의 四象의학으로
응용하고 있다. 이러한 4원구조는 『주역』(繫辭傳)의 太極-兩儀(陰陽)-
四象-八卦의 차례로 발생하여 나오는 2분화 과정을 끌어들여, 그는 '태
극'에 마음이 상응하고, '양의'에 육신과 마음이 상응하고, 四象에 사
물・육신・마음・사무가 상응하며, '팔괘'에 本・末：物/先・後：身 /
緩・急：心 / 始・終：事이 상응하는 것으로 파악하고 있다.[2] 나아가
'마음'에서 육신과 마음을 구분하고, 다시 사물・육신・마음・사무로
갈라지는 이분화 과정은 각 단계에 마음이 기준을 이루고 있는데, 그
것은 『주역』의 전개과정에서 兩儀(乾・坤)에 乾이 있고, 八卦와 64卦
의 각 단계에 乾卦가 있는 것에 상응하는 것으로 해명한다.[3] 『주역』
과 이제마의 전개과정을 대비하면 다음의 표가 된다.

---

[2] 『格致藁』 권2, 56b, "太極, 心也, 兩儀, 心身也, 四象, 事心身物也, 八卦, 事有事之終, 物有
物之本末, 心有心之緩急, 身有身之先後."
[3] 같은 책, 권2, 57, "易繫辭之乾坤, 以兩儀之乾坤言之也, 八卦之乾坤, 以八卦之乾坤言之也,
六十四卦之乾坤, 以六十四卦之乾坤言之也, 中央之心, 兩儀之心, 四象之心, 亦類此也, 統而
言之, 則六十四卦皆太極也. 六十四卦之三十二卦. 皆乾也, 八卦皆心也."

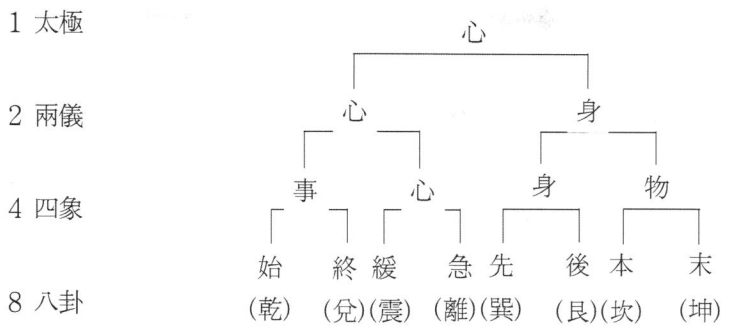

1 太極				心				
2 兩儀		心				身		
4 四象	事		心		身		物	
8 八卦	始 終		緩 急		先 後		本 末	
	(乾) (兌)		(震) (離)		(巽) (艮)		(坎) (坤)	

이처럼 이제마는 『주역』의 발생과정에 견주어 4원적 존재의 근원과 전개과정을 제시하고 있지만, 형이상학적 궁극존재로서 '태극'을 설정하고 理・氣 개념으로 파악하는 성리학의 입장과는 달리, 인간존재의 '마음'을 모든 존재영역의 중심으로 확인하는 점에서 중요한 차이점을 보여준다. 그러나 그가 '마음'을 태극에 대비시켜 제시하였다고 하여 양명학의 유심론적 입장과 일치하는 것도 아니다. 그의 존재론은 '마음'에서 점차 2분화되어 나오는 발생과정을 의미하는 것이 아니라, 4원구조의 존재영역을 일차적으로 받아들이고, 그 중심 내지 기준의 위치에 '마음'을 둠으로써 대표화시킨 것이다. 따라서 그는 '太極 → 兩儀 → 四象'으로 전개해 나오는 『주역』의 우주생성론에서 자신의 존재론을 이끌어낸 것이 아니라, 자신의 4원존재론을 四象을 비롯한 『주역』의 체계로 해명하였을 뿐이라 할 수 있다. 따라서 그의 관심은 관념적인 궁극존재에서가 아니라 구체적인 현실존재에서 출발하고 있음을 볼 수 있다.

동시에 그는 이 4원의 존재들 사이에 의존관계를 주목하여, "사물은 육신에 깃들고, 육신은 마음에 깃들고, 마음은 사무에 깃든다"는 연관성의 사슬이 성립하는 것으로 파악한다.[4] 이러한 4원의 존재들은 마치

---

4) 같은 책, 권1, 1, "物宅身也, 身宅心也, 心宅事也."

계단처럼 사물이 가장 아래 있는 첫 계단이 되어, 그 위에 육신·마음·사무를 차례로 싣고 있으며, 둘째 계단인 육신은 그 위에 셋째 계단인 마음과 넷째 계단인 사무를 싣고 있다.

이제마는 특히 4원의 존재영역이 상호연관된 질서를 중시한다. 그는 "마음은 사무에 상응하고, 사무는 마음에 모여들며, 육신은 사물에 시행되며, 사물은 육신을 따른다"5) 하여, 마음과 사무의 연관성과 육신과 사물의 연관성을 주목하였다. 그것은 인간존재를 구성하는 육신과 마음이 각각 밖으로 사물과 사무를 향하여 관계를 맺는 것을 의미하는 것이다. 곧 인간[心·身]과 대상세계[物·事]의 관계로 압축될 수 있으며, 육신은 사물과 대응하고 마음은 사무와 대응한다는 상응관계가 성립한다.

여기서 그는 '사물'과 '사무'는 무수하지만 '육신'과 '마음'은 하나임을 지적하여,6) 가장 아래에 있는 사물과 가장 위에 있는 사무가 넓고 가운데의 육신과 마음이 한 점으로 모여들어, 인간개체를 중심으로 사물과 사무의 세계가 상하로 넓게 펼쳐진 모양의 층구조를 보여주고 있다. 또한 이러한 존재영역 사이에는 나의 마음은 하나이지만 온갖 사무를 포함하는 수렴의 관계와, 가장 가까운 나의 육신에서 멀리 대상의 사물에로 나아간다는 확산의 관계를 설정하고 있다.7)

그는 또한 마음이 사무에 상응할 때는 넓게 하고 두루하며[博·周], 사무가 마음으로 모여들 때는 살피고 공손하며[察·恭], 육신이 사물에로 나갈 때는 바로 서고 공경하며[立·敬], 사물이 육신을 따를 때는 실어주고 본받아야[載·效] 한다는 인간과 대상세계 사이에 서로 관계를 맺는 방법을 제시한다.8)

---

5) 같은 곳, "心應事也. 一事湊心也, 一身行物也,一物隨身也, 一"
6) 같은 곳, "物萬也, 身一也, 心一也, 事萬也."
7) 같은 곳, "萬事大也, 一心小也, 一身近也, 萬物遠也."
8) 같은 곳, "心應事也, 博而周也, 事湊心也, 察而恭也, 身行物也, 立而敬也, 物隨身也, 載而效也."

類	數/大小	八卦	대응/관계
物	萬/遠	本·末	物→心 : 載.效
身	一/近	先·後	身→物 : 立.敬
心	一/小	緩·急	心→事 : 博.周
事	萬/大	始·終	事→心 : 察.恭

2) 心性論과 道德論

이제마는 인성론에서 성품[性]과 생각[意]의 관계를 특히 주목한다.
그는 "생각은 성품의 주재요, 성품은 생각의 집이며, 생각은 날로 얻
는 것이고, 성품은 날로 쌓는 것이다"9)라 정의함으로써, '성품'은 생
각이 깃들어 있는 곳이요 생각에 의해 지배되는 것이며, 생각을 통해
얻은 것을 축적한 것이라 해석한다. 이러한 그의 성품개념은 성리학에
서 '성품이 곧 이치'[性卽理]라 하여 인간의 보편적 본질을 의미하는
것과 상반하여, 인간의 생각이 활동하면서 형성되고 배양되는 것으로
본다.

그는 특히 『大學』에서 말하는 '생각을 진실하게 한다'[誠意]는 것은
'중용을 선택하고 성품을 거느릴 수 있는 것'이라 하고, 『周易』에서
말한 '성품을 다한다'[盡性]는 것은 '좌우에서 근원을 만나 스스로 생
각을 참되게 하는 것'이라 하여 성품과 생각이 서로 긴밀하게 연결되
어있음을 확인한다. 또한 『맹자』의 '마음을 다하는 자는 성품을 안
다'[盡其心者, 知其性]는 구절에서, '마음을 다하는 것'은 생각을 무궁
하게 쓰는 것이요, '성품을 아는 것'은 성리(性理) 곧 문왕(文王)의 易
象(역상)을 나의 지각 속에 모두 갖추는 것이라 해석한다.10) 여기서

---

9) 『格致藁』, 1~17b, "意, 性之主宰也, 性, 意之宅室也, 意, 日有所得也, 性, 日有所積也."
10) 같은 책, 권1, 17~18, "誠意, 則擇乎中庸, 而能率性也, 盡性, 則左右逢原, 而自誠意也, 盡
其心者, 知其性, 盡其心者, 無窮用意也, 知其性者, 盡得性理也, 性理者, 文王易象, 渾然全
備於吾之知覺中, 曰盡性."

'성리'는 '성품을 다하는 것'[盡性]이요, 생각의 지각능력 속에 세계의 무한한 변화를 형상화한 문왕(文王)의 易象을 깊이 깨닫는 것이라 하여, 지각능력을 통하여 얻게 되는 모든 존재의 법칙을 의미하는 것임을 확인할 수 있다.

그는 인간의 심성에 선한 도덕성과 더불어 악한 반도덕성을 정밀하게 분석해갔다. 이에 따라 그가 인간의 성품을 선악의 양면으로 파악하고 있는 것이 아닌가를 의심스럽게 한다. 이에 대해 그는 객(客)의 질문에 대답하는 형식으로, "인성은 선하고 인욕은 악하다, 성품은 욕망이 흰 것이고, 욕망은 성품이 검은 것이다. 그 욕망을 적발해내면 그 성품은 더욱 희게 되고, 그 성품을 공허하고 거짓되게 하면 그 욕망은 더욱 검게 된다"11) 하여, 성품과 욕망을 선악으로 상대시키면서, 동시에 성품과 욕망이 서로 출입하고 서로 영향을 주는 동일존재의 양면적 관계로 파악하는 독특한 견해를 보여주고 있다. 이런 의미에서도 그의 성품개념은 선의 근거로서 순수한 선[純善]이 아니라, 선과 악의 사이에서 선을 실현해 가야 하는 과제로 받아들이고 있는 것이다.

이제마는 4원의 존재가 지닌 각각의 작용이나 상태를 통하여 경험적이고 구체적인 성질을 인식하고 있다. 그것은 그가 성리학에서 각존재의 성품을 보편적인 본성으로 파악하는 입장을 거부하고 있는 것이다. 그는 이러한 존재의 성질을 전제로 이에 대응하는 인간의 태도로써 도덕규범을 제시하여 자신의 독자적인 도덕론을 전개하였다.

그는 각 존재의 성질을 해명하면서,

먼저 '사물'의 성질은 그침[止]과 머무름[居]의 상태에서 드러나며, 부지런함[勤]으로써 그치고 인자함[仁]으로써 머무르는 것이라 본다. 곧 사물의 성질을 실현하는 덕목으로 부지런함과 인자함이 요구된다.

'육신'의 성질은 행동[行]과 무리지음[群]의 동작으로 드러나고, 그

---

11) 같은 책, 권3, 69, "人性善也, 人欲惡也, 性晋慾之白, 慾者性之黑, 摘發其慾, 則其性益白, 虛僞其性, 則其慾益黑."

실현 덕목으로 능력[能]과 의리[義]가 지적된다.

'마음'의 성질은 깨달음[覺]과 모이들임[聚]의 동작에서 드러나고, 그 실현 덕목을 슬기로움[慧]과 예법[禮]으로 제시한다.

'사무'의 성질은 결정됨[決]과 흩어짐[散]의 동작으로 보고, 그 실현을 위한 덕목으로 정성[誠]과 지혜[智]를 요구한다.[12]

이러한 각 존재의 성질은 五行說에 의한 성질과 뚜렷한 차이가 있다. 五行說은 五行[金木水火土]의 각 성질과 그 相生・相剋 작용을 모든 사물과 그 변화에 적용시키고 있다. 이에 비해 이제마는 4원의 존재가 드러내고 작용하는 모습에서 대상세계인 사물사무와 인간존재인 육신・마음 사이에 대응하는 형식을 주목하고 있다. '사물'의 그침과 머무름은 정적인 데 비해, '육신'의 행동하고 군집함은 동적인 것으로 대조되고, 사무'의 결정됨과 흩어짐은 확산적인 데 비해, '마음'의 깨달음과 모아들임은 수렴적인 것으로 대조된다. 그것은 인간존재와 대상세계 사이의 상응관계를 가능하게 하는 근거로 볼 수 있다.

또한 그는 4원의 존재에서 각각 네 가지 작용 내지 태도를 四端으로 분석하고 있다.

곧 '사무'의 사단은 공경하는 모습[貌-敬], 진실한 언어[言-忠], 정성스런 시각[視-誠], 믿음 있는 청각[聽-信]으로 인간이 사무를 인식하

---

12) 같은 책 권1, 1, "一物止也, 一身行也, 一心覺也, 一事決也. 勤以止也, 能以行也, 慧以覺也, 誠以決也. 萬物居也, 萬身群也, 萬心聚也, 萬事散也. 仁以居也, 義以 群也, 禮以聚也, 智以散也."

는 태도이다.

'마음'의 사단은 분변·사유·의문·학습[辨思問學]으로 마음이 작용하는 양상을 보여준다.

'육신'의 사단은 굽힘·풀어놓음·거둬들임·폄[屈放收伸]으로 육신의 작용양상이다.

'사물'의 사단은 구제하려는 의지[志-濟], 정리된 담략[膽-整], 조화로운 사려[慮-和], 두루 펼쳐진 의사[意-周]로 사물을 경험하는 인간의 태도를 보여준다.[13] 그만큼 그는 인간의 능동성과 대상세계의 수동성을 전제하고 있으며, 곧 육신과 마음을 안에 두고 사물과 사무를 밖에 두고 있는 것이다.

여기서 그는 孟子가 인간의 성품으로 제시한 四端을 응용하여, 4원의 존재가 그 성질을 드러내는 네 가지 계기를 제시하였다. 그것은 '사단'이란 본체로 거슬러 들어가는 실마리[端緖]를 의미하는 것이 아니라 실천을 통해 성취해가는 첫머리[端初]를 의미한다는 丁若鏞의 견해와 접근하는 것이라 할 수 있다. 그도 역시 '사물'의 머무름에 仁의 德, '육신'의 군집함에 義의 덕, '마음'의 모아들임에 禮의 덕, '사무'의 흩어짐에 智의 덕을 해당시키고 있다. 물론 그의 4德(仁義禮智)은 각 존재의 작용을 실현하는 데 요구되는 인간의 덕목으로 대상과의 관계 속에서 성립하는 것이다. 이런 점에서 그의 4덕은 내재하는 성품의 덕목으로 제시한 성리학의 입장과는 큰 차이가 있다. 4원의 존재와 연관된 인간의 태도 및 도덕규범을 도표화하면 다음과 같다.

---

13) 같은 책, 권1, 6, "人皆志也, 志皆濟也, 人皆膽也, 膽皆整也, 人皆慮也, 慮皆和也, 人皆意也, 意皆周也. ……人皆貌也, 貌皆敬也, 人皆言也, 言皆忠也, 人皆視也, 視皆誠也, 人皆聽也, 聽皆信也."

類	作用-德	作用-德	四端	8條
物	止-勤	居-仁	志膽憲意	修齊
身	行-能	群-義	屈放收伸	誠正
心	覺-慧	聚-禮	辨思問學	格致
事	決-誠	散-智	貌言視聽	治平

이제마의 도덕론은 덕의 실현을 위해 '마음'의 자세에 매우 깊은 관심을 기울이면서, 특히 마음의 부정적 양상들 곧 악한 마음을 4원의 형식에 맞추어 세밀하게 분별하고 있다.

먼저 4원의 존재양상에 대응시켜 잘못된 마음의 양상 네 가지를 들고 있다.

嗇心―사무를 결단하는 데 인색한 마음

邪心―사물의 정지함에 의지하여 속이는 마음

侈心―마음의 깨달음에 지나쳐서 사치스런 마음

懶心―육신이 행동함에 못 미쳐서 나태한 마음

다음으로 마음의 자기실현에서 잘못된 마음의 양상 네 가지를 들고 있다.

私心―배움에 흐려져 사사로운 마음

慾心―분변하는 데 어두운 마음

放心―질문에 막혀 풀려 있는 마음[窒問]

逸心―생각하지 않아 달아나는 마음

그는 여기서 『대학』의 8조목과 정성[誠]·부지런함[勤]·지혜[慧]·능력[能]의 4덕목을 잘못된 마음의 인색함[嗇]·속임[詐]·사치스러움[侈]·나태함[懶]을 극복하는 방법으로 제시하였다.14)

---

14) 같은 책 1~3a. "以其治國平天之誠, 爲學所得之也, 故其私已得之嗇, 莫之蔽也. 以其修身齊家之勤, 爲辨所得之也, 故其欲人有之詐, 莫之礙碍也. 以其格物致知之慧, 爲問所得之也, 故其放縱好之侈, 莫之陷也. 以其誠意正心之能, 爲思所得之也, 故其安逸願之懶, 莫之迷也."

또한 경박한 자[薄夫]의 마음은 항상 근심[憂患] 속에 있지만, 돌이켜 성실하면 우환이 없고, 욕심 많은 자[頑夫]의 마음은 항상 두려움[恐懼]에 있지만, 부지런하면 두려움을 벗어나고, 겁 많은 자[頑夫]의 마음은 항상 분노[忿懥]하는데, 지혜를 넓히면 분노를 벗어나게 되고 비천한 자[鄙夫]의 마음은 항상 즐기기를 좋아하는데, 능력이 두루 미치면 즐기기를 좋아하는 데서 벗어나게 된다고 밝힌다.15)

나아가 그는 '사물'의 四端(志·膽·慮·意)을 각각 天心과 人心에 따라 惻·隱, 羞·惡, 辭·讓, 是·非로 각각 兩端으로 구분하여 天理·人欲의 '사단'으로 확인하였으며, '사무'의 四端(貌·言·視·聽)을 각각 대중을 대할 때[對衆]와 자신을 지킬 때[守己]에 따라 肅·恭, 乂·從, 哲·明, 謀·聰의 兩隅로 2분하여 人心·道心의 사단을 제시하고 있다.16)

---

15) 같은 책, 권1, 2 참조.

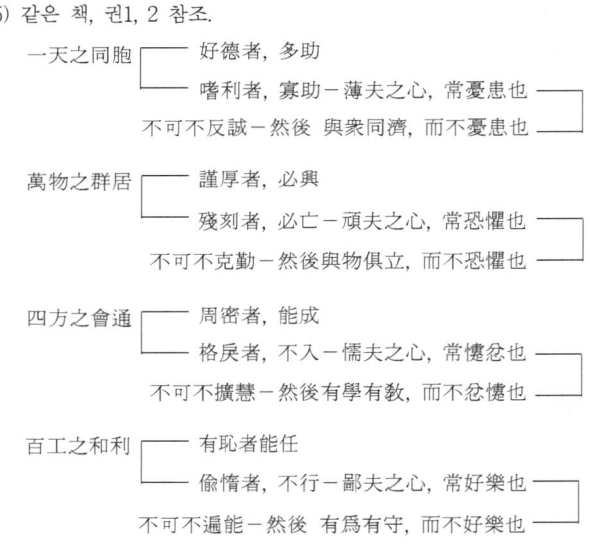

16) 같은 책, 권, 7~7.
　　사물[物]의 四端을 각각 兩端으로 분석:
　　　A天心·B人心·C天理·D人欲의 '八端'

이처럼 '사단'을 다시 '양단' 혹은 '양우'로 2분한 것은 四象에서 '八卦'로 분화되는 형식으로서, 이제마는 이 역학적 2분법을 이용하여 미세한 분석을 해나가고 있다. 또한 천리와 인욕을 대립된 것으로 보고 '천리를 지키며 인욕을 억제할 것'[存天理遏人欲]을 요구하는 성리학적 수양론과는 달리, 천리와 인욕의 양면을 통하여 인간의 도덕성이 실현되는 것으로 본다. 그것은 욕망을 반도덕적인 것으로 보는 입장이 아니라 도덕을 실현하기 위한 동력으로 파악하는 것으로서, 정약용의 욕망론과 친근성을 보여준다. 그는 천리와 인욕을 천심과 인심에 상응시키면서, 인심과 도심을 대중을 대한 자세[對衆]와 자신을 지키는 태도[守己]에 상응시킴으로써, 하늘과 인간의 관계 및 사회와 자아의 관계를 대비시키고 있다.

A天心
B人心 ┐ 志 ┌ 恒欲濟－惻
                不欲奪－隱 ┐ 兩端 ┌ C天理
                                    D人欲 ┐ 志

A天心
B人心 ┐ 膽 ┌ 恒欲整－羞
                不欲欺－惡 ┐ 兩端 ┌ C天理
                                    D人浴 ┐ 膽

A天心
B人心 ┐ 慮 ┌ 恒欲和－辭
                不欲妬－讓 ┐ 兩端 ┌ C天理
                                    D人欲 ┐ 盧

A天心
B人心 ┐ 意 ┌ 恒欲周－是
                不欲竊－非 ┐ 兩端 ┌ C天理
                                    D人欲 ┐ 意

사물 [事]의 四端을 각각 兩隅로 분석:
  E對衆 · F守己 · G道心 · H人心의 '八隅'

E對衆
F守己 ┐ 貌 ┌ 皆欲敬－肅
                不欲狂－恭 ┐ 兩隅 ┌ G道心
                                    H人心 ┐ 貌

E對衆
F守己 ┐ 言 ┌ 皆欲忠－艾
                不欲僭－從 ┐ 兩隅 ┌ G道心
                                    H人心 ┐ 言

E對衆
F守己 ┐ 視 ┌ 皆欲誠－哲
                不欲豫－明 ┐ 兩隅 ┌ G道心
                                    H人心 ┐ 視

E對衆
F守己 ┐ 聽 ┌ 皆欲信－謀
                不欲急－聰 ┐ 兩隅 ┌ G道心
                                    H人心 ┐ 聽

3) 天・天命과 학문론

이제마는 구체적 존재에 일차적 관심을 지녔지만 天 혹은 人命의 문제에 대해 진지한 관심을 내포하고 있다. 그는 "이 세상의 모든 목숨이 태어날 시초에 각각 하늘에서 밝은 천명[哲命]을 받고 있으며, 또한 죽음을 당하여도 각각 하늘에 그 이루어진 천명을 바친다"[17]고 밝혔다. 그것은 인간을 비롯한 모든 생명 있는 존재는 태어나서 죽을 때까지 천명 곧 생명을 부여받아 살아가며, 그 생명을 온전히 실현하는 것을 끝맺음으로 삼아야 한다는 것이다. 그는 '천명'을 신앙적 대상으로서가 아니라 인간이 받들어 실현시켜야 하는 주어진 생명으로 이해한다. 따라서 하늘은 초월적 존재가 아니라 인간에게 주어진 객관적이고 필연적인 세계를 의미한다.

나아가 그는 '천'을 '천명' 이외에도 天機・天勢・天時 등의 개념으로 언명하기도 한다. 그는 『동의수세보원』에서 '천기'를 天時・世會・人倫・地方의 4원구조로 제시하고 있다.[18]

여기서 '천시'는 世會・人倫・地方과 더불어 인간의 삶을 규제하는 가장 기본적인 객관적 조건으로 받아들여지고 있으며, 특히 "'천시'는 모두 같고[大同], '사무'는 각각 성립한다[各立]"[19] 하여, 하늘이란 개별적 존재인 인간에게 주어진 공통의 조건임을 지적하였다.

그는 성품과 사물을 대비시키면서, "성품을 실현함은 하늘을 알고 하늘을 섬기는 것이요, 사물을 실현함은 사람을 알고 사람을 다스리는

---

17) 『격치고』 권2, 42, "天下億兆之命, 在厥初生, 莫不各受哲命於天, 而考其終也, 亦莫不各供成命於天也, 無曰,高高在上, 視之而不見, 聽之而不聞, 體物而不可遺."

18) 『격치고』 권1, 11에서는 '天勢・世會・人倫・地方'으로 제시하여, 天時와 天勢의 차이를 제외하고는 일치함을 보여준다. 또한 '天機・世途・人身・地址'(『격치고』 권1, 11), 혹은 '天時・世財・人才・地利'(같은 책, 권1, 15)로 구성하기도 한다.

19) 『東醫壽世保元』(『四象醫學原論』, 홍순용・이을호 譯述, 壽文社, 1973에서 인용) 19쪽, "天時大同也, 事務各立也, 世會大同也, 交遇各立也, 大同者天也, 各立者人也, 博通者性也, 獨行者命也."

것"이라 언급하였다. 인간은 마음에 갖춘 성품을 통하여 하늘과 만나고 육신이 접하는 사물을 통하여 다른 인간과 교류하는 두 방향이 있음을 확인한 것이다.[20]

그는 천명의 '도'와 인성의 '덕'은 인간이 한 순간도 떠날 수 없는 것임을 강조한다.[21] 또한 그는 가고 오며 내려오고 서 있는 것[往·來·立·臨]이 바로 '천명'이고, 이에 따른 슬프고 즐겁고 노엽고 기쁜 것이 '인성'이라 언명한다. 곧 인간에게 주어지는 객관적 현실성은 천명이요, 그 현실성에 따라 일어나는 감정의 표출은 인성이라는 것이다. 천명을 인성에 다르게 하면 천명의 성품이 되고, 인성을 천명에 따르게 하면 率性의 道가 된다.[22] 나아가 그는 하늘을 알아야 인간의 감정이 발동하여 법도[節]에 맞게 되고, 사람을 알아야 감정이 발동하기 이전의 속마음[中]을 이루게 된다 하여, 하늘을 객관적 법칙으로 보고 인간을 인격적 성품에서 확인한다. 따라서 그는 하늘을 알고 사람을 아는 것은 聖人이 가능하다 하여, 성인의 조건으로 하늘과 인간의 두 양극적 방향을 인식하는 포괄적 인격을 제시한다.[23] 그는 이러한 성인을 哲人으로 지적하기도 하고, "철인이 머무는 집은 천하보다 크고, 천하를 집으로 삼아 머물며, 욕망이 없는 곳에 머문다."[24] 이러한

---

20) 『격치고』 권1, 17, "何謂能性, 知天事天, 何謂能物, 知人治人, 何謂能天下, 知立能立, 何謂能國, 知欲安欲."
21) 『격치고』 권2, 32, "道也者, 天命之道也, 天命之道, 孰可須臾離於斯乎, 德也者, 人性之德也, 人性之德, 何不類沛,必於是乎."
22) 같은 곳.

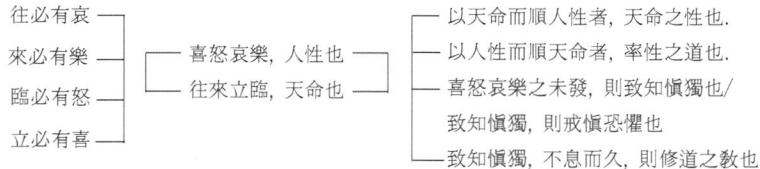

23) 같은 곳, "知天, 然後喜怒哀樂已發而節也, 知人, 然後喜怒哀樂未發而中也, 知天, 知人, 聖之所能也, 抑其次者, 雖賢也能之乎."
24) 같은 책, 권2, 41~42, "哲人之住, 大於天下, 哲人之住, 住於天下, 而住於無慾. 哲人之遊, 大於天下, 哲人之遊, 遊於天下, 而遊於無逸. 哲人之觀, 大於天下, 哲人之觀, 觀於天下, 而

그의 이상적 인격론은 그 인격을 실현하기 위한 수양론 내지 학문론을 요구한다.

그는 『중용』에서 제시된 學·問·思·辨·行(博學·審問·愼思·明辨·篤行)에서 '行'을 제외한 '知'의 4단계를 학문의 기본방법으로 강조하면서, "학문의 방법은 나의 생각을 찾는 것일 따름이요, 사변의 방법은 나의 성품을 간직할 따름이다"25)라 하여, 맹자가 학문을 '풀어진 마음을 찾는 것일 따름'이라 언급한 것보다 한 걸음 더 나아가서 그는 생각을 깊이 해나가는 窮理공부로 제시하였다.

또한 사변은 성품 곧 생각으로 얻어진 지식을 간직하는 것으로서 體得공부에 해당한다 하겠다. 그것은 바로 공자가 학문과 사변을 병존시키도록 요구하는 것과 일치하며, 그는 학문과 사변이 병존시키면 時中을 잡게 된다고 강조한다.26) 그는 『중용』에서 '學-問-思-辨'의 단계로 전개시키고 있는 것과는 달리, "진실하게 사유하면 진실하게 변론되고, 진실하게 의문을 갖으면 진실하게 학업한다"27) 하여, '問-學/思-辨'의 단계로서 학·문과 사·변을 2원적으로 제시하며, 특히 의문이 학문의 첫출발이 됨을 강조한다.

이제마는 학문의 목적을 지식의 획득에만 두는 것이 아니라 밝은 지혜를 사모함[慕哲]이며, 삶을 통해 부딪치는 역경의 근거인 하늘을 섬김[事天]임을 강조한다.28) 따라서 그의 학문론은 궁극직으로 인간의 지혜를 닦는 지적 수련인 동시에 하늘의 명령을 깨닫는 수양론의 과제이기도 하다.

觀於無放. 哲人之動, 大於天下, 哲人之動, 動於天下, 而動於無私."
25) 『격치고』 권1, 17, "學問之道, 無他, 求之吾意而己, 思辨之道, 無他, 藏之吾性而已."
26) 『격치고』 권2, 47~48, "'學而不思則罔, 思而不學則殆', 學人之知勇淸優, 而得之則執中也, 思己之汚拙, 而改之則執中也, 學而又思, 則執中也, 思而又學, 則執中也."
27) 『격치고』 권1, 19, "若能實, 思, 自然實辨, 若能實問, 自然實學."
28) 『격치고』 권1, 9, "學之所在, 有時窮焉, 問之所在, 有時因焉, 學問, 哲也, 窮因, 天也, 慕哲事天, 抑何疑乎."

4) 四象구조의 의학적 응용

그는 『동의수세보원』에서 四象醫學을 체계화하면서 2년 전에 완성된 『격치고』의 4원구조를 계승하고 있다. 여기서 그는 인간이 생활세계에서 만나는 4원구조를 天機(天時・世會・人倫・地方)와 人事(事務・交遇・當與・居處)의 8조목으로 제시하며, 이를 인간의 신체적 감각에 상응시키고 있다.29) 청각-천시(耳聽-天時)・시각-사회(目視-世會)・후각-도덕(鼻嗅-人倫)・미각-풍토(口味-地方)으로 신체의 기능과 세계의 양상을 상응시키며,30) 나아가 "나쁜 소리는 肺에 거슬리고, 나쁜 빛깔은 脾에 거슬리고, 나쁜 냄새는 肝에 거슬리고, 나쁜 맛은 腎에 거슬린다"31) 하여, 감각대상의 존재와 신체 내의 장기가 서로 연관되어 있음을 강조한다. 따라서 그의 四象철학은 의학으로 확산할 수 있는 길이 열린다.

신체의 장부는 전통적으로 5臟을 들고 있는데, 그는 이 5장에서 心[心臟]을 중앙의 '태극'에 배당하고, 폐・비・간・신의 4장을 四象에 해당하고 있다.32) 그는 臟器의 성질과 기능을 해부학의 과학적 지식을 기초로 하지 않았다. 그것은 인간의 체질을 형성하는 요인들을 각 장기에 배당하고 있는 것이다. 따라서 그는 "폐는 내뿜고 간은 빨아들여 간과 폐는 氣液을 호흡하는 문호이며, 비로는 받아들이고 신으로는 내보내니 신과 비는 출납하는 창고라"33) 하여 인체의 대사기능을 호흡

---

29) 『東醫壽世保元』 「性命論」 "天機有四, 地方・人倫・世會・天時, 人事有四, 居處・黨與・交遇・事務."

30) 같은 곳, "耳聽天時, 目視世會, 鼻嗅人倫, 口味地方. ……肺達事務, 脾合交遇, 肝立當與, 賢定居處."

31) 같은 곳, "惡聲逆肺也, 惡色逆脾也, 惡臭逆肝也, 惡味逆賢也."

32) 『동의수세보원』 「사단론」, "五臟之心, 中央之太極也, 五臟之肺脾肝腎, 四維之四象也. 中央之太極. 聖人之太極, 高出於衆人之太極也, 四維之四象, 聖人之四象, 旁通於衆人之四象也."

33) 같은 책, 「사단론」, "肺而呼, 肝而吸, 肝肺者, 呼吸氣液之門戶也, 脾以納, 腎以出, 腎脾者, 出納水穀之府庫也."

과 출납작용으로 이해하고 있다. 또한 "폐의 기운은 곧게 뻗고(直-伸), 비의 기운은 밤톨처럼 감싸고(栗-包), 간의 기운은 너그럽고 느리며 (寬-緩), 신의 기운은 따뜻하고 쌓인다(溫-畜)"34) 하여, 장기의 성질을 대비시켜 해명하였다.

따라서 그는 이러한 장기의 성질과 작용에 인간의 감정까지 상응시킴 으로써 인간의 체질을 유형화하고 있다. 여기서 그는 폐·비·간·신의 크고 작음에 따라 인간을 네 가지 유형의 체질로 구분한다. 곧 太陽人 (肺大-肝小)·太陰人(肝大-肺小)·少陽人(脾大-腎小)·少陰人(腎大-脾 小)이다.35) 그 체질로서 "태양인은 항상 전진하려 하고 물러나려 하지 않으며, 소양인은 항상 시작하려 하고 그만두려 하지 않으며, 태음인은 항상 고요하려 하고 활동하려 하지 않으며, 소음인은 항상 들어앉으려 하고 나오려 하지 않는다"36) 하고, "태양인은 소통하기를 잘하고, 교제 에 능하며, 소양인은 군세고 날래고 사무에 능하며, 태음인은 성취하기 를 잘하고 머무르는 데 능하며, 소음인은 단정하고 침착하여 무리를 이 루기를 잘한다"37) 하여, 四象人의 성질과 재능을 제시하고 있다. 그것은 陽(태양인·소양인)은 동적이고 陰(태음인·소음인)은 정적이며, 太는 적 극적이고 少는 소극적이라는 네 기준의 체질이 조합된 것으로 볼 수 있다.

이제마는 인간의 체질을 유형화하여 四象人을 제시하면서 질병에 대한 처방에 이를 적용하여 사상의학을 정립하였던 점에서 큰 업적을 이루었다. 그는 한의학의 전통을 종람하면서,38) 자신의 입장이 지닌

---

34) 같은 책, 「사단론」, "肺氣直而伸, 脾氣栗而包, 肝氣寬而緩, 腎氣溫而畜."
35) 『동의수세보원』 「四端論」, "人稟臟理有四不同, 肺大而肝小者, 名曰, 太陽人; 肝大而肺小者, 名曰, 太陰人, 脾大而腎小者, 名曰, 少陽人,腎大而脾小者. 名曰 少陰人."
36) 같은 책, 「擴充論」, "太陽之性氣, 恒欲進而不欲退, 少陽之性氣, 恒欲擧而不欲措, 太陰之性氣, 恒欲靜而不欲動, 少陰之性氣, 恒欲處而不欲出."
37) 『동의수세보원』 권2, 「변증론」, "太陽人性質, 長於疏通, 而材幹能於交遇, 少陽人性質, 長於剛武. 而材幹能於事務, 太陰人性質, 長於成就, 而材幹能於居處, 少陰人性質, 長於端重, 而材幹能於黨與."
38) 李濟馬는 『동의수세보원』 권2, 「醫源論」에서, 『神農本草經』·『黃帝內經·素問』을 비롯 하여, 後漢代 張仲景의 『傷寒論』과 남북조·수·당을 거쳐 宋代의 朱肱을 비롯한 元· 明代의 여러 저명한 醫員들을 포함하는 중국 漢醫學의 역사적 변천과 조선조 중엽 許

독특성을 드러내준다. 곧 고전 한의학의 대표적 업적인 張仲景의 『傷寒論』에서 病證을 太陽병증·少陽병증·陽明병증·太陰병증·少陰병증·厥陰병증이라는 6조의 음양론으로 해석하고 있음을 지적한다. 여기서 그는 장중경의 견해는 인간 감정이 치우치고 집착되는 데서 오는 병의 현상을 이해하지 못하고 있음을 비판한다.[39]

　따라서 그는 병의 현상은 그 원인이 밖에 있는 것만이 아니라, 또한 안으로 인간의 체질과 감정에서 발생되는 측면이 있음을 중시한 것이다. 따라서 서로 다른 사람의 체질을 잘못 판단하여 같은 증세에 대해 같은 처방을 내리면 도리어 해를 끼칠 수 있음을 경계하였고, 전통의 한의학이 지닌 경험적 지식을 계승하면서 동시에 자신의 독자적인 사상의학체계를 통해 각 체질에 따른 새로운 처방을 제시하였다.[40] 이러한 그의 사상의학은 易學의 四象구조를 병증에 까지 연역해낸 것은 아니다. 그는 오랜 세월에 걸쳐 인간과 질병을 관찰하고 경험한 것을 이론화하는 과정에서 사상론을 응용한 것이라 할 수 있다. 사상론의 4원구조를 체질의 분류와 병증의 진단에 형식적으로 적용하는 것은 무리가 있을 수 있으나, 체질과 심리적 요인을 도입하였다는 점에서는 한의학의 발전과정에 새로운 영역을 개척하였던 것이다.

(4) 맺음말

　이제마는 개화사상이 주도하던 19세기 말의 사회적 격동 속에 살았지만, 근대적 개혁보다 전통의 새로운 해석에 창의적 능력을 발휘하였다, 易學의 四象개념을 끌어들인 그의 四象(物·身·心·事)철학은 17

　浚의 『東醫寶鑑』에 이르는 漢醫學史를 성찰하고 있다.
39) 『동의수세보원』 권2, 「의원론」, "蓋古之醫師, 不知心之愛惡所欲喜怒哀樂偏着者爲病."
40) 이제마가 제시한 새로운 처방으로는 『동의수세보원』 권3에 소음인의 병에 24방문, 소양인의 병에 17방문, 태음인의 병에 24방문, 태양인의 병에 2처방이 수록되어 있다.

세기 말 西學을 수용하여 4元說(氣·火·水·土)을 주장한 실학자들과 5행론에 근거한 성리학의 자연관을 극복하는 데 공통의 4원구조를 지니고 있으면서 물질만이 아니라 인간(마음과 육신)도 포함하고 있는 점에서 매우 특징적인 것이다.

사실상 그가 역학의 四象을 끌어들인 것도 자신의 존재론과 도덕론 및 의학이 지닌 4원구조를 확고하게 뒷받침하기 위한 것일 뿐이다. 따라서 그의 四象철학은 경전의 주석체계가 아니라 독자적 철학을 경전으로 입증시킨 것이다. 그는 『주역』뿐만 아니라 사서를 중심으로 풍부하게 경전 구절과 개념을 끌어들이고 있지만, 어느 것도 경전의 해석을 위한 시도가 아니라 자신의 철학을 경전과 연결시키는 작업이다. 그러나 결과적으로 그가 인용한 경전구절은 四象철학으로 조명된 새로운 의미를 갖게 되며, 따라서 그의 창의적인 경학세계도 구성될 수 있을 것이다.

그의 四象철학이 4원구조를 모든 현상에 대한 인식에 관철하고 있는 것은 5행론의 경우보다도 더욱 강화된 것으로 보인다. 이러한 획일적 수리체계는 역학의 논리와 일치하는 것으로 지나치게 형식화하고 억지로 짜맞출 위험이 있다. 이런 점에서는 정약용이 5행설을 비판하면서 일정한 수리에 의해 세계를 설명하는 것이 무의미함을 비판한 점을 고려하면 그가 전통의 '수리'적 사고에 사로잡힌 점을 지적하지 않을 수 없다. 그럼에도 불구하고 그는 4원구조를 통해 미세하게 분석하고 서로의 연관성을 구명하여 하나의 새로운 질서로 세계를 확인하고자 한 점에서 중요한 의미가 있다.

그는 인간과 사물, 인간과 하늘, 개인과 사회의 연관성을 해명하면서, 사회와 백성의 문제에 관심을 담고 있다. 그러나 그의 사상이 지닌 실학적 성격은 인성론의 측면에서 욕망을 긍정하는 점에서나, 사회적 측면에서 그가 인격적 차이는 주목하지만 신분적 차별을 배제하는 점에서도 지적할 수 있다.

그의 四象의학은 오늘에도 한의학에서 상당한 지위를 차지하고 있는 만큼, 그의 四象철학에도 한국철학사에 적절한 자리매김이 필요한 것 같다.

4. 曙宇 全秉薰의 精神哲學

(1) 인물과 활동

　全秉薰의 행적에 관해서 지금까지 알려진 사실은 매우 희소하다. 그의 대표적 저술인『精神哲學通編』등에 흩어져 있는 단편적인 기록을 모아서 구성해볼 수 있을 뿐이다.

　전병훈의 관향은 旌善이고, 평안북도 출신으로 정확한 고향은 전하지 않으며 그가 태어나고 죽은 해도 아직 밝혀지지 않았으나, 1860년 이전에 출생하고 1926년 이후에 사망한 것은 확실하다. 그의 호는 曙宇 혹은 醉堂이요, 精神哲學士·玄牝道人 등으로 자칭하기도 한다. 그의 家系로는 麗末鮮初에 節義를 지킨 杜門洞 72人의 한 사람인 全五倫(號 採薇軒)이 그의 傍祖요, 그의 祖父는 全翼廈(字 廣甫)이고 伯父는 全其之요 父는 全璟(字 子仲)으로, 이들은 약간의 學行이 있었으나 초야에 묻혀 뚜렷한 행적을 남기지는 않아 세상에 알려지지 못하였던 것 같다.

　전병훈은 청년시절 한말 성리학의 거장 華西 李恒老의 문인으로 평북 泰川 출신인 雲菴 朴文一의 문하에 출입하면서 수업을 받았으니, 그의 학문은 道學-性理學의 온상에서 배양된 것임을 알 수 있다. 그러나 한말의 개화정국에 참여하여 갑오경장 이후 대한제국 정부에서 監理署 監理(奏任官)와 中樞院 議官 및 都事 등 관리생활을 하였던 사실로 보아 그는 일찍부터 도학파의 폐쇄적 守舊論을 벗어나 신문물에 접하였던 것 같다.

1907년경 대한제국이 일본의 침략에 무너지는 과정을 지켜보면서 중국에 망명하였다. 이 무렵 그는 도학전통의 학문에 좌절하여, 유교에서 도교로 사상적 전환을 하여 1910년 이전인 50세 무렵에 중국의 남쪽 끝인 廣東으로 건너가 10년 남짓 도교수련을 닦은 후에 北京에 올라가 본서를 편찬한 것으로 보인다. 따라서 그가 1910년 이전에 광동으로 건너갔으며 1860년 이전에 출생한 것은 확실하다.

그는 광동에 가서 처음에는 『周易參同契』를 연구하다가 1910년 봄부터 葛洪(호 抱朴子)이 煉丹한 곳으로 알려진 廣東省 增城縣에 있는 도교의 전설적 명산인 羅浮山에 들어가 沖虛觀에서 道士 고공섬(古空蟾)을 스승으로 모시고 수련하면서 현빈(玄牝)의 참뜻을 탐구하였다 한다. 그러고 나서도 의문이 남아 2천여 권의 道藏을 10년 동안 연구하고 실험한 끝에 61세에 비로소 神凝玄關의 깊고 오묘한 도를 체득한 후에 세상에 다시 나오게 되었다는 것이다.

그러나 전병훈은 도교 수련기간 동안 나부산에만 머물렀던 것이 아니라, 1914년에는 북경에 올라와 활동하였던 자취를 확인할 수 있다. 이때 그는 북경에서 당시 중국에 망명하여 만주지역 동포를 대상으로 孔敎운동을 전개하던 한말 영남성리학의 석학인 韓溪 李承熙를 만났으며, 그는 이승희에게 자신이 지은 『獻議書』의 교정을 부탁하였던 일이 있다. 이 무렵 그는 한편으로 많은 중국 명사들과 교류를 하였으며, 다른 한편으로 이에 앞서 '道學'(道敎를 의미) 내지 '神仙學'이라 분류하면서 곧 精神哲學이라 명명하는 체계에 속하는 명언들의 내용을 정선하여 『道眞粹言』(10권)을 편찬하였다. 1916년 강남육군통제로서 淸江提督으로 남경에 있던 徐紹楨으로부터 자기 저술에 서문을 받았는데, 그 책명이 분명하지 않으나, 『도진수언』의 서문이 아닌가 짐작해본다.

1917년 봄 그는 이미 북경 順治門 밖에 精神哲學社를 설립하여 그가 깨우친 도리 곧 정신철학을 전파하였으며, 이때 于藍田(호 養眞軒)

이 그를 찾아와 문인이 되었다. 그 밖에도 그는 북경에서 西邊宣諭使 丁夢利과 육군중장 江壽琪(호 紹儀) 등 상당수의 명사들을 문인으로 받아들였다. 1918년『정신철학통편』의 저술을 마쳤으나, 이듬해 조선 인 유학자 尹孝定으로부터『天符經』을 얻어보자 이를 주석하여 이 책 의 첫머리에 싣고, 북경의 정신철학사에서 간행하였다. 이 책의 저작 권은 1920년 전병훈의 제자인 우남전과 정몽찰의 공동소유로 허가를 받았다. 그가 국내와 중국의 명사들로부터 받은 편지를 묶은『錦文繡 書帖』에는 曲阜의 孔廟를 방문하는 조선인의 집회에 관한 程淸의 1926년 8월자 편지를 받은 사실 이후의 행적은 알려진 바가 없다.

(2) 『精神哲學通編』의 체제와 성격

1) 刊行經緯와 體制

이 책은 일명『精神心理道德政治哲學通編』이라는 제목을 갖는 것으 로, 1920년 중국 북경의 精神哲學社에서 발행되었다. 이 책의 編者인 전병훈은 자신이 체득한 道를 秘傳으로 私有하지 않고 宇內의 社會同 胞에게 전파하겠다는 하늘에 맹세한 祈願[質天願力]을 밝혔으니, 그가 曙宇라 自號한 것도 宇內之新開曙光이라는 뜻과 관련된 것 같다.『정 신철학통편』의 간행에는 그의 문인들인 丁夢利이 교정하고 于藍田이 印布하였다. 또한 于藍田은 1917년 봄에 북경의 精神哲學社에서 전병 훈을 처음 만났다고 한 언급을 통해 보면 정신철학사는 본서를 출간 하면서 만든 출판사의 명칭이 아니라 1917년 당시 전병훈이 자신의 정신철학을 전파하면서 운영하던 조직이나 기구였던 것으로 짐작된다. 이러한 사실은 그가 당시 북경을 중심으로 활동하던 양상의 일면을 엿볼 수 있는 것으로 주목할 필요가 있다.

이 책의 諸論 또는 序文 등에 밝혀진 日字를 보면 卷1의 精神哲學 通編 緒論은 1918년 11월로 기록되었고, 卷1의 東韓神聖檀君天符經 註 解緒言은 1919년 11월로 기록되었으며 卷5의 政治哲學緒論에는 1918 년 11월과 1919년 여름으로 각기 기록되어 있다. 이러한 편찬자의 緖 言에서 밝힌 日字에서 본서의 기본내용은 1918년 11월까지 완성되었 으며, 檀君天符經을 이 무렵 입수하자 이를 註解하여 첫머리에 보충하 고 본문 곳곳에 설명을 수정하게 되었고 따라서 내용의 최종적인 완 성은 1919년 11월이라 할 수 있다. 또한 于藍田의 序文이 1919년 暮春 이고 張紹曾의 序文이 1919년 仲夏인 것으로 보아 이들 序文은 檀君 天符經註解가 보충되기 이전의 원고를 보고 붙여진 것이다. 그리고 본 서의 끝에 실린 出版認許公文이 1920년 2월 7일로 밝혀져 있으니 인 쇄와 발행은 1920년 2월 7일 이후임을 알 수 있다.

본서의 體制는 上中下 3編 6卷 2冊으로 편집되었다. 이를 圖示하면 다음과 같다.

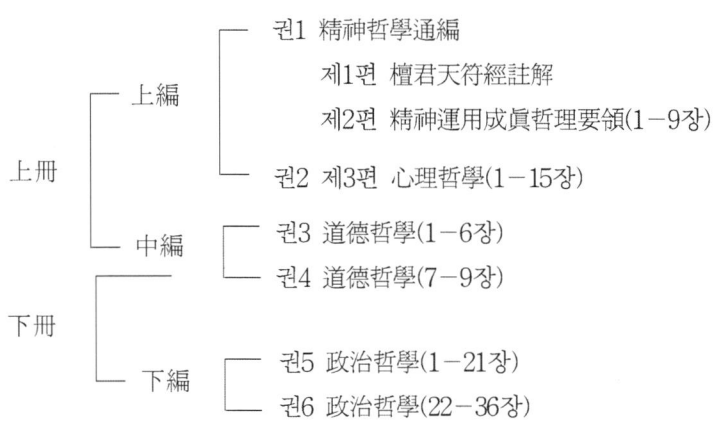

본서의 체제로 보아서 于藍田의 序文 제목에 보이는「精神心理道德政治哲學通編」이라는 題名이나 凡例의 제5조에 보이는 '心理道德政治諸說, 皆有科學'이라는 말에 비춰보면 본서는 精神哲學・心理哲學・道德哲學・政治哲學의 네 영역으로 구성되어 있다고 할 수 있다. 그러나 목차의 분류 체계에 따르면 上編의 精神哲學에 檀君天符經(제1편)・精神運用成眞哲理(제2편)・心理哲學(제3편)이 포함되고, 中編의 道德哲學과 下編의 政治哲學으로서 3영역으로 구성되었다고도 볼 수 있다. 여기서 본서의 내용 체계를 존중한다면 前者의 네 영역으로 이해하는 것이 좀더 자연스러울 것으로 생각된다.

　그리고 본서가 전병훈의 독자적인 사상 체계를 강하게 보여 주는 것임에도 불구하고 著述이라기보다 編纂書로 인정할 수 있는 것은, 그 자신도 編者임을 밝혔지만 다양한 문헌을 引用하면서 引用文을 기본으로 하고 編者의 의견을 按說로 附記하는 형식을 취하고 있다는 사실 때문이다. 그러나 본서의 체계에 전반적으로 編者의 입장이 강하게 부여되어 있고 按說과 緒論 및 結論의 비중이 크다는 사실을 고려한다면 단순히 編纂이라 하기보다는 編著라고 하는 것이 더욱 실제에 가까울 것으로 보인다.

　한 가지 주목할 것은, 于藍田의 序文 속에 수록하고 있는 본서에 대한 諸家의 論評에서 보이는 評者는 당시 중국의 대표적인 지성인들이라는 사실이다. 서양사상의 명저들을 번역하여 당시 중국 지식인에게 중대한 영향을 끼친 嚴復(1853~1921)이나 變法運動의 중심인물이요 公羊學派의 宗匠인 康有爲(1858~1927)를 비롯하여 張騫(前兩廣總督)・王樹枏(前布政使)・蔣式芬(前正卿)・林世壽(前翰林院編修) 등 翰林 출신을 포함하는 당대 명사들이 나열되어 있다.

2) 사상적 성격과 意義

전병훈은 20세기 초에 이미 60대에 이른 인물이었지만 진취적인 開化思想家였으며, 儒家·佛家·道家와 서양철학 등을 종합하여 中外古今을 會通하려는 포부와 開放的 정신을 소유한 인물이었다. 그가 韓末에 쇠망해가는 조국을 떠나 중국으로 갔던 사실에서 그 과정과 원인을 충분히 알 수는 없지만 자신의 사상적 편력을 종합체계화하여 세계를 향해 제시하려는 야심을 엿볼 수 있다. 그러면서도 그의 사상적 핵심은 道家的인 데 기반을 두고 있으며, 또한 자신이 성취한 道의 경지와 이념을 뒤늦게 발견한『檀君天符經』에서 확인하고 있는 사실과 한국사상의 전통을 근본적인 기초로 삼고 있다는 점에서 그가 비록 중국에서 활동하고 세계를 지향하였다 하더라도 한국사상의 맥락 위에 확고하게 자리잡고 있음을 뚜렷하게 보여준다.

그가 자신의 학문적 근본 성격을 精神運用成眞哲理·精氣神運用之哲理·玄牝大道眞傳至理神秘·凝精神住性命之學·養精凝神之學 등으로 지적하고 있는 사실은 곧 道家的 仙學의 입장에 있음을 말해준다. 그러나 그는 개인적 化仙을 목표로 하는 데 머무르지 않고 사회적 대중 救援의 원리로서 仙學을 승화시키려고 시도하였다. 따라서 그는 成仙之精神學을 濟事入聖之精神學으로 전환시키려는 입장을 밝혔으며, 이것이 곧 그의 정신철학이 지닌 기본과제요 성격이라 할 수 있다.

또한 그는 궁극존재를 元氣라 하여 太極도 그 속에 있는 것으로, 儒家에서 太極을 理라 규정하여 無爲·無能力한 데 빠지는 것을 반대하였다. 그리고「玉皇心印經」에서 上藥三品으로 제시한 神·氣·精 및「太淸篇」에서 爲人之三寶라 제시한 精·氣·神을 인간 존재의 기본 구성이요 우주와 통하는 것으로 보는 精氣神論을 제시하고 있다. 이 精氣神은 곧 精神이기도 하다. 그는「精氣神圖」를 통하여 두뇌 속에 元神을, 臟腑와 心 속에 元氣를, 腎臟에 元精을 배당함으로써 인간의

두뇌와 신체를 구성하는 精氣神을 修養 運用하여 인간의 삶을 충족시키고 실현하는 원리로 삼았다.[1]

또한 神을 性에, 氣를 命에 상응시켜 神氣가 儒家의 性命과 일치함을 확인하고, 道藏의 온갖 隱語도 神이 火요 氣가 藥임을 지시하는 데 귀결됨을 밝혀 火로써 煉藥하여 丹을 이루는 것도 神氣의 문제임을 간명하게 제시해 준다. 그것은 곧 道家의 전통을 精氣神, 즉 精神의 문제로 수렴하여 현대적인 인식과 체계화의 이론적 기초를 확보하는 것이기도 하다.

心理哲學에서도 精神·心理·道가 일치함을 밝히면서, 정신이 수양의 內功에 속한다면 心理는 內外를 통일하고 聖眞과 日用人事를 결합하는 확대양상으로 해명하였다. 心理哲學·道德哲學·政治哲學에서는 儒家와 道家 및 佛家와 서양사상의 이론을 한국사상과 더불어 소개하였다. 소크라테스·플라톤·아리스토텔레스에서 데카르트·칸트를 비롯하여 루소·몽테스키외·아담 스미스 등 근대 서양사상가들의 입장과 이론을 적극적으로 긍정적 섭취를 하고 있다. 칸트의 世界政府論이나 『永久平和論』을 극찬하며 그 자신 世界一統共和政府憲法 9條를 제시하기도 하며, 서양의 민주주의를 적극적으로 옹호하고 儒家와 道家의 정치원리도 민주주의와 상통함을 해명하기도 한다.[2]

이러한 전병훈의 사상은 전통사상과 서구의 근대사상을 조화시키면서 전통사상의 근대적 재구성을 시도하고 있다는 점에서 한국 근대사상사의 이해에 중요한 의미가 있다. 또한 서양철학과 사상에 관한 초기적 이해과정의 인식내용을 파악하는 데 있어서도 중요한 자료가 될 수 있다. 따라서 한국철학사 내지 종교사·사회사상사에 있어서 근대적 전환과정상의 중요문헌이므로 앞으로 정밀한 연구 검토가 이루어

---

1) 『精神哲學通編』, 明文堂, 1983, 48쪽.
2) 世界政府나 平和의 문제에 깊은 관심을 보이는 사실은 앞서 헤이그에서 萬國平和會談이 열렸으며, 그 후 一次大戰이 끝나고 1919년 파리에서 講和會議가 열리고 國際聯盟이 추진되는 당시의 세계적 조류에 깊이 영향을 받은 것으로 보인다.

진다면 많은 示唆를 받을 수 있을 것으로 기대한다.

⑶ 精神哲學의 과제

『정신철학통편』은 동서고금의 다양한 문헌에서 끌어온 인용문을 줄기로 삼고 자신의 견해 곧 按說을 인용문 뒤에 붙이는 형식적 체제를 갖추었고, 그 자신도 스스로 編者임을 밝히고 있다. 이에 따라 전병훈 자신의 독자적인 사상을 강하게 드러내고 있음에도 불구하고 편찬서의 한계를 지니고 있는 것이 사실이다. 그러나 그는 구성체제와 인용문의 선택에서뿐만 아니라, 각 인용문마다 붙인 '안설'과 각 편마다 붙인 '서론' 및 '결론'을 중심으로 이 책의 전반에 걸쳐 그의 입장을 강하게 부여함으로써, 단순한 편찬을 훨씬 넘어서 창의적인 사상체계를 제시하고 있는 것이다.

한 가지 주목할 것은 이 책에 대해 논평하였던 15명의 인물들은 당시 중국의 대표적인 지성인들이었다는 점이다.[3] 몇 사람만 들어보면, 서양사상의 名著들을 번역하여 당시 중국 지식인에게 중대한 영향을 끼친 嚴復(1853~1921)이나 變法운동의 중심인물이요 公羊學派의 종장인 康有爲(1858~1927)를 비롯하여 張人駿(前兩廣 총독)·王樹枏(前布政使)·蔣式芬(前正卿)·林世燾(前翰林院編修)·王秉恩(安蔡使)·張一麐(前교육총장) 등 당대 명사들의 찬사가 나열되어 있다.

『정신철학통편』에서 '通編'이라는 명칭이 보여주는 것처럼, 전병훈은 이 책을 통하여 이 시대의 격동과 혼란 속에 분열된 다양한 문제들을 통합하여 하나의 통일된 철학체계를 추구한 것이라 할 수 있다.

첫째, 학문영역들의 통합을 도모한다. 『정신철학통편』은 '精神心理

---

3) 『精神哲學通編』1~6쪽, '略附諸家評言序'(于藍田)

道德政治哲學通編'이라 언급되기도 하였듯이, 정신철학·심리철학·도덕철학·정치철학의 네 부분으로 구성되어 있다. 여기서 철학의 기본영역인 '정신'에 비하여 '심리·도덕·정치'는 모두 과학으로 지적하고, 당시에 소개된 이들 근대적 학문영역을 '철학'이라는 이름 아래 철학과 과학을 하나의 체계로 통합하고자 시도한 것으로 보인다. 또한 이 네 영역 가운데도 '정신과 심리'는 내면에서 수양을 통해 진리를 이루는 內聖의 학문이요, '도덕과 정치'는 밖으로 예법과 정치를 병행하고 형벌을 바르게 하는 外聖의 학문이라 대비시켜, 안과 밖을 일관시키고자 한다.

그는 철학·과학·종교의 성격을 비교하면서 철학을 최고의 학문으로 확인하고 있다. 곧 그는 "종교의 敎法은 하늘이 인간에게 경계하는 것이요, 철학의 道法은 먼저 깨달은 자가 사람에게 경계하는 것"[4]이라는 몽테스키외의 비교를 이끌어 종교와 철학의 연관성을 확인한다. 또한 과학이 원소를 발견하여 무신론을 일으켜 철학의 虛靈說을 비난하는 것은 지나친 편견이라 비판하고, "과학에서 보면 철학은 과학원리의 學이니, 과학의 과학이 된다"는 쾨베르의 언급을 인용하여 철학을 과학의 근원으로 확인한다. 따라서 그는 "철학은 최고의 학술이며 원리와 근본의 학이요, 과학은 지엽에 해당하는 것으로, 종교는 철학에서 발원하지 않는 것이 없고, 과학은 종교의 폐단에 자극되어 일어나지 않은 것이 없다"고 언명하여, 철학으로 종교와 과학을 포섭하고 있다. 이러한 그의 '철학'지상론은 그가 활동하던 20세기 초 중국에서 '철학'이 理學·心學 등 전통의 舊학문이나 '과학'등 서양의 新학문을 통합하는 지상의 학문개념으로 자리잡기 시작하였음을 엿볼 수 있다. 나아가 그는 "철학과 과학을 서로 '調劑'하여 치우치지 않게 한 다음에야 學理가 원만하게 될 것"이라 강조한다. 여기서 '조제'는 철

---

4) 같은 책, 134쪽, "宗敎之說起而敎法著焉, 敎法者, 天之所以警人者也, 哲學起而道法立焉,道法者, 先覺之所以警人者也."

학과 과학 및 종교를 균형 있게 종합하는 전병훈의 새로운 철학을 창조하는 기본방법이라 할 수 있다.

둘째, 동양의 전통사상인 유·불·도 3교의 통합을 추구한다. 그는 젊어서 도학의 이단배척론에 익숙하여 불교·도교를 달갑게 여기지 않았음을 밝히고, 그가 도를 깨닫고 난 다음에 『楞嚴經』을 읽고서는 불교의 가르침이 노자의 虛心·無慾과 공자의 克己·無我에 어긋나지 않음을 확신하였고, 불교의 '적멸'에서, 寂은 유교의 寂然不動한 성품과 같고, 滅은 유교의 克己無我와 일치시키고 있다.

또한 隋나라 王通의 '三敎一致論'을 지지하며, "유교의 理와 불교의 法이 둘이 아니다"라는 嚴復의 말을 빌려서 불교와 유교를 일치를 확인한다. 그러나 불교가 세속[五濁世界]을 지나치게 싫어하고 고결한 수행을 하면서, 현실에서 배우는 下學의 길을 버려서 폐단을 낳고 있음을 지적하기도 한다. 나아가 그는 司馬遷이 "道家는 名家와 法家를 통섭하고, 儒家와 墨家를 종합하며, 陰陽을 화합하여, 하는 것이 없으면서 하지 않는 것이 없다. 그러니 道家는 포섭하지 않는 것이 없다고 할 수 있다"[5]라 한 말을 인용한 것은, 그의 三敎통합론이 서로 조화하는 것을 전제로 하면서도, 근원적으로 도교를 통합의 기준으로 삼고 있음을 주의할 필요가 있다. 그는 현세가 法治를 숭상하고 있지만 반드시 禮治에로 돌아오고, 물질문명에서 나아가 정신문명에로 들어갈 것이라 내다본다.

여기서 정신문명의 모범으로서 精을 기르고 神을 응축하며 성인을 이루고 眞人을 이루는 지상의 哲理로서 黃老를 부각시키고 있다. 그러나 그는 도교가 오랫동안 方外의 秘傳으로 내려와서 4천 년 동안의 병폐가 되었던 것은 옛 사람이 잘못 이해하고 잘못 이용하였기 때문인 것으로 확인한다. 곧 그가 최고의 진리로서 찾는 도교는 전통의 도

---

5) 같은 책, 22쪽, "司馬子長云道家統名法, 綜儒墨, 合陰陽, 無爲而無不爲."

교가 아니라 도교의 원형을 재발견하여 제시하는 것이라 하겠다.

셋째, 東西의 조화 곧 新舊의 통합을 지향한다. 그는 학문의 목표를 다양한 요소들을 합하여 원융한 德[圓德]을 이루는 것이라 확인하고, 이를 위해서는 유교·도교·불교·철학 및 新學과 舊學의 여러 학문을 함께 취하여 한 용광로에 넣고 녹임으로써, '天道를 체득하며 聖人에 통하여, 만세에 기준이 되고 폐단이 없게' 될 수 있을 것이라 강조한다, 따라서 자신이 저술한 『정신철학통편』은 '하나의 새로운 철학서적'[一大新哲學書]으로 세계의 大同을 이루는 先河요 曙光이라 자부하였다. 그는 동양과 서양의 성격을 陰陽論에 의해 대비시켜, 동쪽은 陽(動·仁)에 뿌리를 두었으므로 고요함[靜]을 귀하게 여기니 동양은 靜的이요, 서쪽은 陰[靜·義]에 뿌리를 두었으므로 활동[動]을 귀하게 여기니 서양은 動的이라 파악함으로써 상호보완의 논리를 확인한다.

구체적으로는 그는 한편에서 서양이 동양에 대한 우월성으로 진보성과 경험성을 지적하며, 다른 한편으로 동양이 서양을 보완할 수 있는 조건으로서 정신문명과 예법을 제시한다. 곧 그는 학문에 '溫故·維新·進化'와 '실천·경험'이 귀한 것임을 전제하고, 서양철학은 희랍철학의 범위를 벗어나지 않지만 새로운 지식을 확장하고 경험함으로써, 더욱 精進하고 비약적으로 새로워졌지만, 東아시아의 사상은 변혁하지 못하며 옛 것에 어둡고 새 것에 거칠어 천박한 학문이 되고 말았음을 지적하여, 서양[新學]의 진보함에 대하여 동양[舊學]의 낙후함을 반성한다. 또한 그는 "오늘의 서양문명이 法治를 숭상하나 동양문명의 禮治로 돌아올 것이며, 현대의 物質文明은 다시 精神文明으로 들어갈 것"이라 하여, 舊學(동양문명)이 新學(서양문명)을 보완할 수 있음을 지적한다. 따라서 그는 신학과 구학이 각각 서로에 대해 우세한 점이 많으며 서로 결함이 있다고 보고, "新舊를 調劑하고 古今을 절충하여 일치시키면, 진정한 철학이 원만하게 될 것"6)이라 강조하면서, 이러한 양자의 조화와 절충은 안팎과 古今에 통한 사람만이 가능하다 하여, 자신의 위치를 양자의 지양점에 두고 있다. 나아가 그는 至善·愛衆·快樂을 도덕의 體用으로 삼는 데는 동양과 서양이 공통되는 것으로 확인하고, 나아가 그가 '調劑'하는 과제는 서양철학에 동양적 가치인 原天의 이치와 孝親의 절도를 첨가하고, 동양정신에는 서양적 가치인 사회의 단결과 물질의 공익을 힘씀으로써, 원만하고 통달하게 하는 것이라 밝힌다.

그는 嚴復이 번역한 헉슬리의 『天演論』(진화와 윤리)에 의해 소개된 '적자생존'[天擇物競], '우승열패'(優勝劣敗)의 진화론이 학계에서 환영받는 사실을 인정하면서도, 진화론은 功利와 强權을 점차 열어주는 것이라 지적하여, 도덕을 숭상하는 입장에서는 취사선택하고 현혹되지 말아야 할 것을 강조한다. 따라서 그는 精神·心理·正義·公德을 밝히고, 道德을 점차 익숙하게 실천하여 더욱 밝혀나가면, 功利와 强權의 이론이 쇠퇴하게 되고 동아시아의 문약한 폐단도 제거될 것으로 본다. 여기서 신학과 구학을 종합하여, 동양과 서양의 도덕을 극치에까지 끌어올리면, 自由·平等·愛國뿐만 아니라 성인과 일치하여 세상을 구제하고 하늘과 일치하여 사업할 수 있다고 역설한다.

넷째, 민족의식의 적극적 주장을 볼 수 있다. 그가 『정신철학통편』의 첫머리에 실렸던 『天符經』은 뒤에 大倧敎의 경전으로 채택되었던 것이다. 그는 이 『천부경』81자를 바로 조선을 창립하고 다스렸던 檀君이 전해준 經文으로 확신하고, 天人을 포괄하고 道를 다 발휘하며 성인의 덕을 갖춘 것으로서, 「河圖」·「洛書」와 일치하며, 세계가 한몸이 되고 5대주가 한 집안이 되는 天書라고 높였다. 따라서 『천부경』은 그가 추구하는 학문의 극치를 함축하고 있는 것으로 본다. 또한 그는 箕子의 「洪範」에서도 한국이 '天地에서 가장 오래고 신성한 문명의 나라'임을 알 수 있다 하여, 단군과 기자를 통해 우리의 문명이 시원

---

6) 같은 책, 343쪽, "調劑新舊, 折衷今古, 鉤元合致, 撮要爲書, 然後眞哲學理, 始臻於圓滿, 而易以成得通才."

적이고 신성함을 강조한다.7)

나아가 그는 송나라를 이어 조선은 성리학의 융성함에서도 천하에 으뜸이라 하고, "서양인에게 한국에 退溪의 학문이 있는 줄 알게 하면 그 나라의 가치를 더욱 빛낼 것이다"8)라는 일본인 名士 某人의 말을 인용하기도 한다.

(4) 정신의 수련과 심리의 활용

전병훈의 우주론은 도교문헌인 『玉皇心印經』에서 上藥의 3品으로 제시되고 『太淸篇』에서 인간의 3寶라 제시된 '精·氣·神'의 개념에 기초하고 있다. 그가 제시한 우주의 생성과정은 첫 단계로 하늘과 땅이 갈라지기 이전의 혼돈상태에 있던 '한 기운'[一氣], 곧 '元氣'라 파악한다. 이때 그는 '태극'도 원기 속에 있는 것이라 하고, 태극에 '움직이는 능력'[動能力]이 있음을 강조함으로써, 성리학에서 태극을 '이치'[理]로 규정하여 작용도 능력도 없는 데 빠지게 하는 것을 비판한다. 다음으로 하늘과 땅이 막 생겨나면 음과 양의 '元精'이 모여서 해·달·별이 되고, 여기에 다시 음양오행의 '원기'가 작용하는데, 이를 주재하는 '元神'이 인간과 만물을 창조한다는 것이다.

그의 우주론은 인간 존재의 기본구성요소를 '精·氣·神'이라 제시하여 우주와 통하는 것으로 본다. 그가 그린 「精氣神圖」에 따르면 인간 신체의 뇌수에 元神이 있고, 심장[臟腑]에 元氣가 있으며, 신장[腎]에 元精이 자리잡고 있는 것으로 제시하고 있다. 인간에서 '정·기·신'의 상호관계는 精으로 氣를 기르고 氣로 神을 기르는 질서로서, '정·기·신'은 金丹의 원리요, 眞人의 도를 닦는 上藥을 이루는 것

---

7) 같은 책, 30~31쪽.
8) 같은 책, 112쪽.

이라 확인한다. 또한 그것은 精을 단련하여 氣로 변화시키고 氣를 변화시켜 神이 되게 하며, 神을 변화시켜 진인을 이루어 하늘과 합일하는 단련의 과정으로 제시되고 있다.

그는 마음이 신체를 주재하는 것처럼, 생각[意]은 정·기·신을 거느린다 하여, 생각을 수양의 주체로 강조한다. 이 '정·기·신'이 바로 '정신'이며, 그의 정신철학은 인간의 두뇌와 신체를 구성하는 '정·기·신'을 수양하고 운용하여 인간의 삶을 충족시키고 실현하는 원리로 삼고 있다. 정·기·신이 엉겨서 사람의 몸을 이루고 있을 때, 그는 神이 '玄牝'의 안에서 精·氣를 운용하는 것을 道의 진실한 모습으로 확인함으로써, '현빈'의 미묘하고 심원한 이치를 정신철학의 중요과제로 강조한다.

따라서 그는 자신의 학문적 근본과제를 '정신철학'으로 제시하며, 그것은 '정신을 운용함으로써 眞人을 이루는 철학'[精神運用成眞哲理], '정·기·신을 운용하는 철학'[精氣神運用之哲理] 등 여러 가지 도교적 개념으로 명명하고 있다. 따라서 그가 추구하는 정신철학이 도교 곧 仙學에 근거하고 있음을 알 수 있다.

그러나 그는 '정신철학'을 도교에 폐쇄시키기 않는다. 그는 神을 '性에 해당시키고, 精을 命에 상응시킴으로써, '정신'이 곧 유교의 性命과 일치함을 확인한다. 따라서 그의 정신철학은 도교의 범위를 넘어서 '성품을 다 발휘하고 세상을 경륜하는 학문'[盡性經世之學]이라는 유교적 개념으로도 확산시키고 있다.

그는 지금까지 동양철학에서 노자를 '純正철학'으로 이해하기는 하지만 '金丹철학'의 경지로 파악하지는 못하였다고 지적하여, 노자를 '금단'의 仙學的 관점에서 해석하는 것을 의미한다. 여기서 그는 '금단'을 '선천의 태극이 인간에게 부여되어 성명이 되는 이치'라 하고, '丹'을 마음이라 지적한다. 곧 그의 '금단'은 약물을 추구하는 外丹이 아니라 마음-성명-정신의 수련을 추구하는 內丹임을 알 수 있다.

또한 그는 무수한 道藏이 모두 隱語로 이루어져 있다 하여, 도교적 언어를 문자적 해석이 아니라 그 의미의 상징성 내지 지시성을 해석하고 있다. 곧 '납과 수은'[鉛汞], '용과 호랑이'[龍虎], '물과 불'[水火] 등은 '神과 氣'의 다른 명칭일 뿐이라 한다. 또한 神은 불[火]이요 氣는 藥으로, 불로서 약을 달여서 '단'을 이루는 이치를 분석하여, 도가니(머리)에 가득 담긴 精(腦)을 바람(숨)으로 불어서 불[陽氣]을 일으켜 달이는 것이며, 그것은 바로 '정신의 단련'[煉神]이라 쉽고 명석하게 해석한다. 그것은 곧 도교의 전통개념인 '정·기·신'을 '정신'의 문제로 수렴하여 새로운 이론체계로 인식하는 것이기도 하다.

그는 자신의 '정신철학'에 근거하여 도교 사상의 발전과정을, ① 廣成子 → ② 黃帝 → ③ 老子 → ④ 魏伯陽 → ⑤ 呂純陽 → ⑥ 古空蟾의 6단계 진화로 파악하였다. 그러나 그는 전통도교의 仙學을 개인으로서 신선이 되는 것을 목표로 하는 것이라 한계를 규정하고, 여기서 나아가 대중을 신선이 되게 하는 사회적 구원의 원리로서 승화시키고자 하였다. 여기서 그는 '신선을 이루는 정신철학'을 '대중을 구제하여 성인이 되는 정신철학'으로 전환시키려는 입장을 밝혔으며, 이것이 곧 그의 정신철학이 지향하는 근본과제요 특징이라 할 수 있다.

여기서 그는 서양철학이 이미 불멸하는 정신인 '眞我'를 알지만 아직도 '현빈'을 운용하는 오묘함에 투철하지 못하고, 서양 법률의 평등·자유는 욕망에 근거하므로 동양의 성인과 신선이 무욕으로 아무런 제재도 받지 않는 지상의 자유에 못 미친다는 한계를 제시한다. 또한 그는 자신의 시대에서 현세가 서양적 法治를 숭상하지만 반드시 동양적 禮治에로 돌아오고, 물질문명에서 한 걸음 더 나아가 정신문명에로 들어갈 것이라 내다본다. 따라서 그는 정신문명의 모범을 '精을 기르고 神을 응결시켜 聖人과 眞人을 이루는 지극한 원리'라 하여, 도교의 원리를 정신철학의 원천으로 재확인한다. 그러나 동시에 서양철학의 깊이도 인정하여 앞으로 양자를 '조제'하여 온 세계가 동포·형제의 진정한 즐거움을 누리는 이상을 새로운 정신철학으로 표방한다. 또한 그의 정신철학은 하늘과 인간의 원천에 근원하고 우주가 한 마음이 되며, 국가의 경계도 없어지고 온 세계가 형제가 되는 이상을 그려낸다.

그는 '정신철학'에서 주로 도교적 이론을 기초로 전개하였지만, '심리철학'에서는 유교·불교의 심성론 및 서양의 심리현상의 이론들을 균형 있게 다루고 있다. 그는 한편으로 정신이 곧 심리라 하여 양자를 일치시키면서, 다른 한편으로 '정신'이 수양의 內功에 집중된 것인 데 비하여 '심리'는 안팎을 통합하고 성인과 진인을 합하여 '일상의 일'에 응용되는 것으로 구분하였다. 정신보다 심리를 더욱 넓은 개념으로 파악한 것이다.

그는 유교의 道統은 '心學'을 중심으로 계승되어 왔다고 지적하며, 경전과 先賢의 많은 서술에 흩어져 있는 심학적 문제들을 송나라 때 眞德秀가 편집하여 『心經』으로 편찬한 사실을 그 증거로 들고 있다. 여기서 '심학'이란 心性論을 가리키는 넓은 개념이며, 양명학적 심성론을 가리키는 좁은 의미의 '심학'이 아니다.

그는 『書經』에서 제시된 人心과 道心을 만세 심학의 연원으로 중시한다. 특히 '뇌 속에 元神에서 발현하여 天理를 순수하고 온전히 한 것'을 도심이라 하고 '육신의 지각능력[識神]에서 발동하여 形氣와 私慾이 된 것'을 인심이라 정의하여, '인심·도심'을 도교적 의미와 연결시켜 해석하고 있다. 또한 공자가 전수한 심법의 요령을 '마음에 천리를 간직함'이요, '하늘에 근원한 도심'이라 하여, 인간의 마음을 하늘과 연결시켜 파악한다. 한마디로 '욕심을 줄여서 하늘을 섬긴다'[寡慾事天]의 유교의 심학은 서양의 심리철학이 미칠 수 없는 점이라는 것이다. 이처럼 그는 유·불·도 3교에서 寡慾을 중시하고 無慾을 극치로 하는 것을 강점으로 강조하고 있다.[9]

그는 경전과 송대 성리학의 심성론과 더불어, 趙光祖·李滉·李珥의

理氣論의 깊이를 높이 평가하지만, 성리학의 이기론적 심성논변을 도교적 개념인 '元神'·'識神'의 이론을 모르는 데서 발생한 불필요한 논쟁이라 지적한다. 또한 유교의 심학은 마음이 뇌의 신경에 붙어 있음을 모르는 것이다. 그러나 도교는 두뇌가 丹을 맺는 자리요, 腦宮은 '원신'이 머무르는 집이라 파악한다. 불교의 경우 『능엄경』에서 '灌頂'을 말한 것이 뇌수에 해당하는 것이라 보고, 眞空妙有의 성(性)은 유교나 도교와 일치하는 최고의 원리로 인정한다. 이에 비해 서양철학에서는 대뇌와 소뇌가 마음의 작용임을 깊이 인식하였던 것으로 확인한다. 또한 서양철학은 '뇌'에 대한 전문적 인식에도 불구하고 마음이 하늘에 근원하는 이치와 과욕이 마음을 수양하는 요령이라는 점을 모르는 결점이 있다고 지적한다.

따라서 그는 舊學(儒·佛·仙)과 新學(서양철학)의 心理學에 각각 진리의 發明도 많으나 치우친 점도 있음을 지적하고, 양자를 절충하고 조제하여 聖人과 일치하는 원만한 덕을 이루는 자신의 '심리철학'적 목표를 제안한다. 그 절충·조제의 양상은 ① 西學에 下學上達의 방법과 ② 인륜[孝悌彝倫]의 실천, ③ 寡慾에 의한 事天(孝天)을 힘쓰게 하고, 또한 ④ 元神·識神의 구별을 연구하게 하여, 마침내 마음의 수양으로 眞人을 이루는 것이다. 이에 비해 ① 西學의 정신과 우주관을 취하고, ② 신경의 세분과 이용을 취하여, 마침내 한 덩어리를 만들어 합함으로써 '하늘에 근원하는 심리학'[原天心理學]이라 할 수 있는 원만하고 아름다운 것이 될 것이요. 新學과 舊學의 학자가 융통하여 원만한 덕과 성인의 입지를 겸하게 되는 것으로 본다.

---

9) 全秉薰은 儒敎에서도 '無慾'을 극치로 삼는다 하나, 실제로 『孟子』이후 유교에서는 寡慾을 인정할 뿐이요, 無慾은 부정한다.

(5) 도덕의 근원과 정치적 이상

'도덕철학'은 유교의 도덕을 중심으로 하며, 끝에 도교와 서양의 도덕론을 첨부하는 형식으로 구성되고 있다. 그는 먼저 '도덕은 하늘에 근원한다'는 인식을 전제로, 심리와 도덕의 관계를 해명한다. 곧 양자가 모두 하늘에 근원하며 하나의 마음에 근거하고 있다는 공통점이 확인되고, 정신과 심리는 마음속에 간직되고 있다가 밖으로 펴나오는 것이지만, 도덕은 일상의 일에서 실천되어 선을 실현하는 것으로 구별한다.

도덕은 '하늘에 근원한'[原天] 도덕인 만큼 지극한 선이며, 천리의 '公'에 말미암는 것이라 본다. 그것은 하늘이 근원의 道에 따라 만물을 변화시키고 땅이 두터운 德으로 만물을 이루어주듯이, 인간의 도덕은 인간을 변화시키고 이루어주는 것이며, 천지의 도덕과 인간의 도덕이 일치하는 것임을 의미한다. 그러나 심리의 작용이 천리의 '公'에 말미암지 않으면 人欲의 사사로움에 빠지게 되고 나아가 功利의 길로 흘러 들어가는 경우를 지적하고, 이것은 하늘에 근원하는 도덕이 아니라고 구획짓는다. 여기서 그는 '하늘을 체득한 성인이 인도를 권장하여 진보하는 公德'을 유교도덕의 정맥이라 확인한다.

따라서 유교의 도덕론에서 가장 먼저 '공덕'의 개념을 주목하게 된다. '공덕'이란 하늘과 땅과 일월처럼 사사로움이 없이 공공함으로써 천하를 다스리는 것이며, 성인이라야 할 수 있는 능력으로 제시된다. 공자의 일관하는 道인 '忠恕'는 仁과 公의 덕으로 해석된다. 곧 '仁'은 '봄에 화합하고 만물을 낳는 원기'의 생명력이며, '公'은 '사철을 흘러다녀도 그 틈에 사사로운 생각을 허용하지 않는 것'으로 正大함을 의미한다. 또한 유교적 도덕원리로서 '人道'의 의미도 '인간 속에 천지의 도덕을 갖추고 있는 것'이라 확인한다. 마치 물고기가 물 속에 있으면서 물을 모르듯이, 범상한 인간은 자신이 천지에 근원한 줄을 모르더라도 천지 속에 있음을 강조한다.

특히 『중용』에서 성품은 하늘과 함께 인간 도덕이 뿌리내린 근원이라 밝히고, '誠'은 성품의 실체이며, '우주의 중심 동력'이라 규정한다. 곧 도덕성은 인간의 성품 속에 깃들고 있으며, 성품에는 천명이 부여되어 하늘과 일치한다. 여기서 하늘과 인간을 관철하고 있는 도덕성이 발동하는 원천적 힘을 '성'이라 파악한 것이요, 하늘-성품-도덕을 움직이는 힘으로서 '誠'은 바로 우주적 동력인 것이다.

그는 우리나라의 도덕적 전통을 매우 중시하였다. 단군으로부터 그 당시의 인물인 이상설에 이르기까지 상세하게 열거하고, 특히 ① 단군 → ② 기자 → ③ 왕인 → ④ 정몽주 → ⑤ 세종 → ⑥ 조광조로 한국의 도덕철학이 발전하는 5단계의 진화로 제시하였다. 물질문명이 융성한 시기에 한국만이 홀로 禮治문명을 중시하는 것은 성인으로서 단군과 기자의 기풍이 쇠퇴하지 않은 것이라 자부하여 왔던 도학파의 의식을 보여주기도 한다. 동시에 그는 조선왕조 이후 도덕과 예법으로 다스려 5백 년을 내려와서, 문약이 극심하여 維新도 못하고 과학과 물질의 연구도 못하여 국가의 존립마저 불가능하였던 폐단을 지적한다. 당시 부부의 동등의식을 받아들이면서, 한국인의 一夫多妻제도는 하늘의 법칙에도 합당하지 않은 것이라 하고, 우리 풍속에 改嫁를 금지한 것도 심한 일이라 비판한다. 그러나 조광조가 禮治의 제도를 확보하고 『鄕禮合編』을 배포한 사실이나, 율곡의 『聖學輯要』, 유형원의 『磻溪隨錄』 등 경제·도덕의 서적은 온 세계가 大同을 이루는 날에 모범이 될 것이라는 확신을 밝히고 있다.

서양철학의 도덕론으로서 그는 칸트의 도덕철학에서 도덕법령(도덕률), 인심의 자유성(의지의 자유) 등의 기본개념을 해명하면서, 칸트의 학문은 이미 성인의 자리에 이른 것으로, 도교·불교의 극치를 겸한다고 극찬하면서, 동시에 '정신을 응집하여 진인이 되는'[凝神成眞] 오묘한 원리에는 못 미친 것이라 하여 동양사상의 근원성에 대한 확신을 밝히고 있다. 더구나 근세의 서양도덕은 서양철학의 고전인 플라톤이나 칸트의 취지와도 어긋나서 '利己'와 '利他'로 도덕을 잘못 이해하고, 功利의 사사로운 견해를 내세운 것으로 비판한다. 또한 당시 서양도덕에 '자신을 사랑하고'[愛己] '남을 사랑하는 것'[愛他]으로 이해한 것도 취할 점이 있지만 하늘에 근원하는 이치를 모르는 점에서 같다고 본다. 곧 서양에는 물질·기계·화학 등에서 상당한 진보가 있었음을 인정하지만, 도덕을 功利로만 해석하는 것은 진정한 도덕이 될 수 없다는 것이다.

전병훈은 세계문명이 날로 진보하는 그의 시대에서도 守舊論者들은 新學을 업신여기고 신학의 인사들은 옛 경전을 무시하여 내버리는 갈등을 주목하고, 이러한 대립은 신학과 구학의 이론을 모르고 동서양 성인들의 견해가 같은 줄을 모르기 때문이라 지적한다. 따라서 동서의 도덕철학을 조화롭게 종합한 다음에라야 원만하게 되어 세계의 영구평화와 정치의 통일도 가능하다는 '동서상호조제론'을 역설한다. 이 '조제'의 방법은 동서양이 至善·兼愛·快樂을 도덕의 體用으로 삼고, 서양철학의 도덕은 하늘에 근원하는 이치와 부모에 효도하는 절도의 下學에 힘쓰며, 동양철학의 도덕은 단결과 사회의 공익 및 물질의 이용에 힘써서, 원만하게 통하도록 한다는 것이다.

전병훈은 신해혁명 이후 중국이 민주주의와 공화제도를 확립하여가는 과정을 지켜보면서, '민주제와 입헌제'를 가장 공정한 정치제도로 신봉하였다. 이에 따라 그는 유교경전에서 민주제와 공화제의 정신을 찾아낸다. 곧 堯·舜이 백성에 의해 추대된 것은 '민주제'요, 왕위를 선양한 것은 '공화제'이며, 순임금이 어진 재상에게 정치를 맡긴 것은 오늘의 '책임내각제'와 상통하는 것이라 본다.[10] 또한 '자기가 원하지 않는 것은 남에게 베풀지 말라"는 공자의 격언은 '평등'의 원리요, 맹

---

10) 『精神哲學通編』, 254~256쪽.

자는 동아시아에서 '민권'을 말한 유일한 정치가이며, "성인은 백성의 마음으로 마음을 삼는다"는 노자의 언급은 민주제도에 부합하는 것이라 지적한다. 나아가 그는 箕子→世宗→趙光祖→栗谷→柳馨遠→丁若鏞으로 이어진 한국의 정치사상을 지극히 높이 평가한다. 箕子를 동양에서 立憲한 시조로 높이고, 세종은 周나라 이후 至治를 이룬 유일한 군주요, 조광조는 대동의 원리를 실천한 인물로 중시하였다.[11]

그는 동아시아에는 맹자 이후 정치사상을 발전시킨 사람이 없지만, 후세로 갈수록 정치제도를 발전시킨 서양의 진보성을 존중하면서, 呂氏의 鄕約을 루소의 民約說과 연결시키는 등 서양의 정치사상과 관련 있는 동양사상을 찾아간다. 또한 동양의 도덕이 민주주의에 적합하도록 五倫의 君臣有義를 統民有義로 바꿀 것을 제안하기도 한다. 당시 서양은 물질문명과 정치제도가 발달하였으나 동양은 낙후한 현실을 보면서도 그는 동서양의 정치사상을 '조제'한 조화와 통일을 추구하였다. 곧 동양은 서양의 의회와 법률의 정밀한 제도를 받아들이고, 서양은 井田과 禮治의 제도를 받아들임으로써, 동서양의 정치사상을 한 가마에 넣고 조제하여 통일·평화·대동을 발전시킬 수 있을 것이라 강조한다.[12]

그의 정치철학이 추구하는 중심과제의 하나는 영구평화와 大同의 이상사회를 건설하는 것이다. 그는 제1차 세계대전(1914~1918)의 참혹한 재앙을 목도하고서, 서양의 물질문명에 회의를 가졌던 것 같다. 그러나 1차대전의 종전에 따라 평화회담과 국제연맹이 추진되자, 그는 '대동'의 맹아가 열린다는 희망을 갖고 있었다.

물론 그는 헤이그 만국평화회담이 겉으로 공공한 원리[公理]를 의탁하지만 속으로는 강권을 부식해가는 허위성을 유의하면서도, 인도와 정의를 주장하는 미국 대통령 윌슨은 세계의 영구평화를 성취할 수

---

11) 같은 책, 306~313쪽.
12) 같은 책, 340~341쪽.

있을 것이라는 깊은 신뢰를 보이고 있다. 이에 그는 升平世에서 太平世로 넘어가고, 小康에서 大同으로 전환한다는 강유위의 역사발전론을 받아들인다. 곧 공자의 '大同' 개념과 칸트의 『永久平和論』에서 구상하고 있는 바 각 독립국이 하나의 큰 연방을 세우는 세계의 통일과 영구평화의 理想, 그리고 당시의 강유위가 『大同書』에서 더욱 구체적으로 묘사한 대동의 이상세계를 꿈꾸었던 것이다.

따라서 그 자신도 '세계일통공화정부헌법' 9조를 제안한다.[13] 그러나 그는 이러한 이상사회가 공허한 말뿐일 수 있음을 경계하고, 성인과 신선의 위대한 인격에 기초해야 한다는 자신의 이상사회론을 주장한다. 곧 대동과 태평세의 기초에는 도덕이 자리잡아야 하며, 세계의 영구평화와 통일정치는 동서의 도덕이 원만하게 '조제'되었을 때 가능하다는 견해에서도 그의 이상사회론이 잘 드러난다. 이런 의미에서 그는 『정신철학통편』 전체를 세계의 대동을 이루는 先河요 曙光이 되는 '하나의 새로운 철학서적'이라 자부하였다.

(6) 맺음말

전병훈은 20세기 초 우세하게 압도해오는 서구적 근대사상 앞에 동양의 전통사상이 뿌리에서부터 동요하는 근대적 전환과정에서, 어느 한쪽에 몸을 맡기고 안주할 수 없었던 인물이다. 이러한 사상적 격돌의 현장에서, 낡은 동양사상 곧 '구학'으로부터 궁극적 진실성을 찾아내고, 서양사상 곧 '신학'으로부터 그 진보적이고 합리적인 진실성을 받아들였다. 그래서 그가 추구하는 정신철학은 동양사상의 봉건적 낡은 껍질과 서양문명의 물질과 욕망에 치우친 功利의 왜곡을 떨어버리

---

13) 같은 책, 338~340쪽.

고, 양쪽의 진정한 가치를 서로 보완하고 종합하여 하나의 사상적 통일을 실현한다는 야심적인 설계를 하고 있다.

이러한 동서사상의 종합, 곧 그가 말하는 '調劑'는 東道西器論에서 한 걸음 더 나아갔던 것은 사실이다. 그러나 그의 '정신철학'은 도교적 이론 속에 뿌리를 두고 있음으로써, 자신의 도교적 수련의 체험을 최고의 진리로 확신하여 보편화시키는 문제점이 있다. 종파적 확신을 보편적 원리로 적용하는 데는 무리한 해석과 안이한 일치화를 시켜갈 위험이 따른다. 도교를 중심축으로 하여 동서사상의 통합을 시도하는 것은 그가 동양사상의 전통에 애정어린 집착을 하고 있음을 말해준다. 동시에 서양의 근대사상을 일부 받아들여 동양사상의 자기합리화를 추구하는 것으로 비쳐질 위험도 있다.

그럼에도 불구하고 그는 전통사상을 개혁하여 근대적으로 재구성하고자 시도하였던 점에서 한국 근대사상사의 이해에 중요한 의미가 있다. 우리의 근대화는 전통을 전면적으로 포기하고 서양문명을 일방적으로 받아들이는 자기 뿌리의 망각이었다는 점에서 전병훈의 시도는 매우 소중한 노력이다. 서양의 철학·사상에 대한 이해는 매우 단순하고 한정된 것이지만, 그 초기적 인식내용을 엿볼 수 있는 중요한 자료가 될 수 있다. 동서사상을 '조제'하는 그 작업은 거칠게 보이지만 70여 년이 지난 오늘에도 그가 던진 문제는 여전히 숙제로 남아 있기 때문이다.

5. 眞菴 李炳憲의 儒敎改革思想

(1) 시대의식과 유교개혁사상의 발생

20세기 초엽 조선왕조의 붕괴와 일제의 식민지배를 받는 역사적 파국 속에서 유교전통의 제도와 조직도 한꺼번에 무너져갔다. 당시 儒學者들을 크게 세 가지 유형으로 구분해 보면, 그 하나는 柳麟錫·郭鍾錫 등 대다수 보수적 道學者들로서 비장한 기상을 지녔지만, 사회변화를 등지고 다음 시대로 계승시켜갈 논리를 잃게 되자 세월과 함께 시들어갔다. 두 번째는 朴殷植·申采浩 등 극소수 진보적 啓蒙思想家들로서 기상은 강건하였지만 민족의식의 고취와 근대적 변혁의 추구에 열정을 기울이면서 유교적 신념은 갈수록 퇴색해가고 말았던 깃이다. 여기에 세 번째의 입장으로서 李炳憲은 유교사상의 근대적 자기혁신과 유교의 종교적 각성을 도모하면서, 孔敎운동을 전개하고 孔敎의 이념적 체계화를 추구하는 데 일생의 심혈을 기울였던 종교사상가 내지 종교운동가이었다.

眞菴 李炳憲(1870~1940)은 20세기 초 중국에서 康有爲를 중심으로 추진되었던 孔敎운동을 가장 체계적이고 본격적으로 도입하여 실천하였던 한국근대 유교개혁론의 대표적 인물이다. 그의 사상적 형성과정에서 청년기에는 주자학-도학의 정통성을 신봉하는 보수적 학풍 속에서 교육을 받았다. 그는 고향 咸陽에서 수학하면서 27세 때 한말 성리학의 巨匠인 李震相(寒洲)의 高弟로서 당시 영남유학자의 대표적 인물인 郭鍾錫의 문하에서 성리설에 관한 토론을 하기도 하였다.

이병헌은 34세 때(1903) 서울에 올라와 남산 위에서 서울 장안을 굽어보다가 전차와 전선의 연결, 철도와 철교의 가설 등 근대적 개화문물을 보면서 '홀로 그 자신을 선하게 지키는'[獨善其身] 전통도학의 방법이 새로운 시대에 대응하는 데 한계가 있음을 깨닫게 된 것이다.

여기서 그의 사상적 전환을 위한 계기가 열리게 되었다. 남산에서 내려오자 청나라의 戊戌變法 기사를 읽고 淸日전쟁 등에 의한 동아시아의 변화된 정국과 康有爲의 인물됨을 알게 되고, 동시에 옛 것을 지키며 새 것을 배척하는 자세로는 유교가 자립할 수 없음을 절감하였다. 또한『泰西新史』등 서양 근대문물에 관한 서적을 구해서 읽고 그 후 미국인 알렌(Y. J. Allen, 林樂知)이 상해에서 발행하는『萬國公報』를 구독함에 따라, 세계정세에 대한 지식을 섭취하였다.

이러한 과정을 통해 그 자신이 개화사상에로 전환하였으며, 새로운 시대변화에 대응하기 위해 유교의 혁신적 재인식을 자신의 과제로 구체화시켜갔다. 또한 이를 더욱 확고하게 정립하기 위하여 다섯 차례나 중국에 건너가서 康有爲의 문하에 나아가 각별한 지도를 받으면서 자신의 공교사상을 체계화하였으며, 曲阜의 衍聖公府와 협의하면서 孔敎운동에 본격적으로 몰두하였다.

(2) 생애와 유교개혁사상의 형성

이병헌의 생애를 통해보면 공교사상의 형성과정은 3기로 나누어질 수 있다. 제1기는 34세 때(1903)부터 44세 때(1913)까지 문헌을 통해 강유위의 영향 속에 공교의 성격을 인식하던 시기이고, 제2기는 45세 (1914) 4월 강유위를 처음 만난 때부터 56세 때(1925) 다섯 번째 마지막으로 강유위를 만난 때까지 자신의 공교사상을 체계화하고 공교활동을 전개하던 시기이며, 제3기는 57세(1926) 이후 만년에 今文經學을 연구하여 정리하던 시기라 할 수 있다.

41세 때 국권상실의 역사적 파국을 당하자, 그는 교육이 최대의 급무라고 각성하여, 고향의 서당에서 義塾을 세우기 위해 노력하였으나 日帝의 私立學校令으로 난관에 부딪치자, 서울에 올라와 朴殷植과 孫秉熙 등을 만나면서 새로운 활동방향으로 종교운동을 모색하였던 것으로 보인다. 중국의 辛亥혁명 소식을 듣자, 그는 45세 때(1914) 중국에 들어가 강유위를 찾아가는 도중에 이미 유교개혁사상가로서 출발하고 있었다. 먼저 북경에서 孔敎會와 孔道會를 방문하고 당시 북경에서 공교회에 참여하여 활동하던 李承熙를 만났으며, 孔敎會 본부가 있는 曲阜를 방문하였다. 그는 북경에 머물면서 그 자신의 사상적 인식을 정리하여 「宗敎哲學合一論」이라는 작은 논문을 저술하였다.

그는 제1차 중국여행에서 홍콩으로까지 강유위를 찾아가서 가르침을 받았다. 이때 강유위는 민족정신을 고취하는 방법으로 종교의 중요성을 강조하고, 유교를 국가의 생명력으로 삼아 '종교의 구출'[救敎]을 통한 '민족의 구원'[救國]을 역설하였다. 이에 상응하여 儒敎와 민족의식을 결합시킨 이병헌의 해석은 『歷史敎理錯綜談』·『吾族當奉儒敎論』(1921) 등에 나타나 있다. 여기서 그는 『周易』을 인용하여 伏犧가 震方(東方)에서 나왔다 하고, 『孟子』에 근거하여 舜도 東夷族으로 보아, 조선족이 유고문명의 원류임을 주장한다.

또한 女眞의 金과 淸 등이 中原을 점유했던 사실을 곧 우리 민족의 中原 지배로 파악하기까지 하였다. 곧 大民族史觀에 입각하여 중국지배라는 민족의 자주성을 강조하고, 우리 민족의 문화적 근원성을 제시하는 것이다.[1] 이러한 주장의 객관성과 설득력을 논외로 한다면, 亡國民에게 민족긍지를 고양시키고 事大주의에 젖은 전통유교를 뒤집어

---

1) 당시에 大民族史觀의 입장에서 우리 역사를 서술한 경우는 柳寅植의 『大東史』, 李源台의 『倍達族疆域形勢圖』 등 다수가 있으며, 事大主義的 儒敎史觀이나 日帝 아래서 나타난 植民史觀에 대립된 민족주의적 입장을 보여준다.

유교와 민족의식을 결합시킨 새로운 민족사관과 유교관을 음미해볼 수 있겠다.

이병헌은 제2차 중국방문(1916)에서 박은식과 함께 杭州로 강유위를 찾아가 한국유교의 개량문제를 본격적으로 토론하였으며, 曲阜의 孔敎會總會를 방문하여 孔敎활동의 뜻을 굳혔다. 그 후 조선총독부에서 '宗敎令'을 발표하여 유교를 종교에서 제거하고, '공동묘지관리규칙'으로 洞里 단위의 묘지제도를 요구하였다. 그는 이때 '宗敎令'은 한국인이 살아서 유교를 지킬 수 없게 하고, '공동묘지제도'는 죽어서 가족단위의 분묘에 돌아갈 수 없게 하는 것이라 적극적으로 반대의사를 밝혀, 조선총독부를 비롯하여 일본정부와 일본수상에게 유교를 종교로서 승인하도록 호소하는 편지를 보내기도 한다.

1918년부터는 孔敎를 보존하기 위해서 文廟(孔子를 모신 祠廟)를 설립하여 敎祖를 존숭할 것을 결의하였다. 이듬해 그는 『儒敎復原論』을 저술하여 孔敎사상의 기본원리를 체계적으로 제시하고 있다. 그 실천을 위하여 그는 우선 우리나라에서 그동안 모셔졌던 孔子像이 아니라, 曲阜에 소장된 孔子 聖像의 진본을 模寫해 오고, 또한 강유위의 今文經學에 근거하여 지금까지 통용되던 古文經과 달리 今文經의 진본을 구입해오기 위해 제3차 중국여행을 계획한다. 그는 개혁의 기반을 확보하기 위한 이러한 사업을 大同斯文會와 陶山書院의 협조 아래 추진하고자 하였다.

제3차 중국방문(1920)에서 그는 『유교복원론』에 대한 강유위의 논평을 받았다. 강유위는 특히 今文經學의 중요성을 적극적으로 강조하여, "今文과 古文의 분별이 분명하지 않고 『春秋公羊傳』의 이론이 밝지 않으면, 孔子의 三世說과 太平 및 大同의 뜻이 나오지 않아서, 오늘의 변화에 대응하여 용납될 수 없게 한다"하여 반드시 今文에 근거하도록 강조하였다. 이에 따라 이병헌은 今文學 연구에 본격적인 노력을 기울여, 그 자신 "오로지 今文經學과 우리나라 역사에 마음을 써서 현

시대의 대세에 소통하고자 하였다"고 술회하고 있다.

1923년 孔敎會 朝鮮支部라 할 수 있는 培山書堂의 文廟와 道東祠가 차례로 낙성되자, 그는 54세 때 제4차 중국여행에서 靑島로 강유위를 방문하였다. 강유위는 그를 격려하면서, 유럽이 1차 세계대전으로 두려움에 빠져서 벤담(J. Bentham)의 功利主義나 헉슬리(T. H. Huxley)의 天演論(進化論)으로 대중을 안심시킬 수 없게 되었음을 강조하고, 서양에서 공자의 학설을 존중하는 태도가 일어나고 있음을 지적하며, 동시에 중국에서도 공자 존숭의 분위기가 회복되고 있으므로 공교운동이 시대적 요청임을 역설하였다. 특히 그의 저술을 읽어본 강유위는, "오늘날 東邦(한국)에 새로운 유교가 행해지는 것은 마땅히 그대로부터 시작할 것이다"라 극찬의 격려를 하였다.2)

여기서 강유위는 今文經學의 중요성을 설득하며, 孔子의 創敎的 성격으로서 託古改制(옛 일에 假託하여 제도를 개혁함)의 義理를, '온전히 의심하거나 온전히 믿어야 할 것'을 요구하였다. 강유위는 이병헌이 半信半疑하여 도리를 온전히 이루지 못하는 점을 질책하여 今文學의 확신을 요구하며, 주자의 경전주석은 작은 聖人 내지 작은 敎主의 수준으로 규정하였던 것이다.

이병헌은 한편으로 금문경학의 문헌을 구입하며, 다른 한편으로 朴殷植·李始榮·趙琬九·金九 등 임시정부요인들로부터 배산서당의 축사를 받았고, 곡부에서 모사해온 孔子의 聖像을 모시고 귀국하였다. 이때를 맞추어 丹城에서는 培山서당이 완공되었다. 먼저 聖像을 培山書堂의 文廟에 모신 후 석전례(釋奠禮)를 거행하고, 뒤이어 배산서당의 道東祠에 李滉·曺植 두 先賢을 모셨다. 道東祠에 그의 선조인 李源·李光坤·李光友를 配享하자 지방유림들의 항의로 낙성식이 중단되는 변고를 당하였으며, 그 후 보수적인 지방유림의 성토와 배척을

---

2) 당시 康有爲는 朴殷植의 독립운동사에 관한 저술활동보다 李炳憲의 유교개혁론의 저술에 더욱 높은 평가를 하였다.

당하면서 그의 孔敎운동은 좌절당하고 말았다.[3)]

　　그러나 이병헌은 1924년 東京의 帝國圖書館(현 국회도서관)을 출입하며 자료를 모으는 등, 孔敎의 경전적 기초인 금문학연구에로 관심의 방향을 돌려, 『孔經大義考』 등 금문경학을 저술하였다. 56세 때(1925) 제5차 중국방문길에 올라, 杭州로 강유위를 방문하고 곡부를 예방하였으며, 靑島의 同文印書局에서 『유교복원론』·『孔經大義考』 등을 인쇄하였다. 귀국 후 금문경학의 저술에 전념하여 자신의 금문경학을 체계화하였다.

(3) 유교개혁사상의 문제의식

　　이병헌은 한마디로 유교를 '孔子의 敎'라 정의하는데, 그 의미는 한편으로 유교는 종교로 확인되어야 한다는 인식과 다른 한편으로 유교는 개혁되어야 한다는 인식을 포함하고 있다. 먼저 유교의 종교적 확인으로서, 그는 당시 새로운 서구적 학문체계에서 제기되는 종교와 철학과 과학이라는 영역간의 문제에 대한 전체적 인식을 전제로 하여 유교의 위치를 확인한다. 그는 『종교철학합일론』에서 철학과 분리되는 종교에서 방편적으로 天堂·地獄의 명칭이 설정됨을 지적하고, 따라서 불교나 기독교는 세상을 벗어나서 '神의 권위'에 미혹하는 종교라 지적하였으며, 이에 비하여 종교와 철학이 일치된 유교는 '현실세계와 초월세계의 구별이 없고'[無內外] '하늘과 인간이 합일하는 도리'[道合天人]라 하여, 유교를 종교로 인정하지 않는 입장을 반박하고 있다.

---

3) 이병헌은 培山書堂의 道東祠에 자신의 선조인 李源·李光坤·李光友를 配享하였다. 이처럼 그는 자신이 시도하는 새로운 孔敎會는 지역의 先賢을 모시는 동시에 각 家門의 탁월한 先祖를 모심으로써 조선사회의 氏族的 배경을 孔敎會 조직을 활성화하기 위한 잠재력으로 활용하려 하였던 것으로 보인다. 그러나 그의 입장은 地域儒林의 公論에 따라 配享할 인물을 결정해야 한다는 보수적 儒林들의 이해를 받을 수 없었다.

여기서 그는 공자를 철학가나 정치가로 보고 종교가가 아니라고 보는 입장은 바로 종교를 迷信으로 보는 견해에 따른 것임을 지적한다. 곧 유교를 종교로 인정하지 않는 서양인의 견해에는 두 가지 시각이 있음을 제시한다. 하나는 서양의 종교가 神의 권위만을 주창하고 인간세상의 다스림에 관여하지 않는 데 비해, 사물의 이치를 밝히고 人倫을 살피는 유교는 정치나 철학으로 이름 붙일 수 있지만 세상을 초월한[出世間] 종교라 볼 수 없다는 견해요, 다른 하나는 서양의 정치가 세계로 전파되고 과학이 발전되는 것은 救世主의 신통력[神力]에서 나온 것이나, 부패한 나라의 유교는 종교로 받들 수 없다는 견해이다. 이에 대해 전자는 미신을 종교라고 보는 편협한 종교관이라면, 후자의 입장은 기독교의 전지전능함을 신봉하는 입장일 뿐이라 비판한다.

그는 『宗教哲學合一論』에서 이미 공교에 대한 기본윤곽을 잡아놓고 있었다. 곧 서구에서는 철학은 곧 眞知요, 종교는 곧 迷信이라 대비하여 分立시키지만, 동방의 종교인 유교는 미신을 벗어난 것으로서 철학과 종교를 합일시키고 있는 것으로 규정한다. 또한 기독교에서도 마틴 루터를 거치고 칸트와 다윈의 출현으로 哲理가 날로 밝아지고 迷信이 날로 엷어져 세계는 반드시 종교와 철학이 합일될 것이라 전망하였다. 나아가 그는 孔子를 지구상의 唯一無二한 宗教家요 철학과 합일하는 宗教家가 될 것이라 파악한다. 이때의 孔教는 전 세계를 화합시키는 '大同의 教'가 될 것이라 제시된다. 따라서 그는 종교와 철학을 종합한 유교이념을 확인함으로써 미래에 세계를 통합할 종교로서 유교의 역할에 대한 신념을 밝히고 있는 것이다.[4]

그는 명치유신 초기에 일본인이 'religion'을 '宗教' 혹은 '法教'라 번역하였음을 지적하면서, 강유위의 견해를 따라 '宗'字가 반드시 첨부될 필요가 없음을 강조한다. 이병헌은 『주역』 '觀卦'에서 "聖人이

---

4) 유교가 宗教와 哲學을 결합시키는 것이라는 그의 주장은 당시에 哲學을 진리의 근원이라는 신념이 지식인들 사이에 일반화되고 있는 현실에서 영향을 받은 것이라 보인다.

神道로써 敎를 베풀었다"[聖人以神道設敎]는 구절을 강조하고, 또한 '窮神'·'盡神'(繫辭) 등의 말을 인용하여 유교에도 神的 영역이 있음을 부각시키고 있다. 따라서 그는 공자를 그보다 앞선 聖人들에 비교하면 出世間法(초월성)이 많고 서양종교에 비교하면 入世間法(현실성)이 많다고 대비시킴으로써, 공자의 종교적 성격과 교조적 지위를 특징지워주고 있다.

이병헌은 유교의 특성을 파악하기 위해서 다른 종교와 비교분석하는데, 특히 설립의 방법과 救世의 목적에서 뚜렷한 차이를 제시한다. 곧 교리사적 배경에서 불교와 기독교는 천당지옥설을 따라서 교파를 수립하였다면, 유교는 실질적인 인륜과 사물의 법칙에 따라 敎의 宗旨를 정했다고 대비시킨다. 또한 교리의 일반적 특성으로 서양종교가 '위[神]로부터 아래(인간)로 통한다'[自上而達下]면, 유교는 '아래(현실)에서 배워서 위[理想]에 이르는 것'[下學而上達]으로 대비된다. 그러나 뒷날 천하에 진리가 미혹됨을 민망히 여겨서 세상을 구원하고자하는 목적에서는 東西의 종교가 일치한다고 본다. 따라서 유교와 다른 종교 사이는 세상을 구제한다는 목적에서는 같지만 이 목적에 이르는 방법과 배경의 원리에서 차이가 있음을 부각시키고 있다.

그는 당시 유학자의 입장을 네 가지 유형으로 구별한다. ① 宋의 道學을 조술하고 敎祖를 생각하지 않는 守舊說 ② 말단의 관습을 징계하다가 도리어 교조를 배척하는 革新說 ③ 서양종교의 미신을 싫어하여 無宗敎人이 되는 通新舊說 ④ 孔敎의 순수지선함을 알아서 우주 속에서 폐지될 수 없는 敎로 삼는 通東西說로서, 그 자신은 '通東西說'의 입장을 취하고 있음을 밝히고 있다.

유교에 대한 또 하나의 기본적 인식은 시대적 변화에 상응하여 혁신적인 개혁을 추구하는 것이다. 그는 유교를 중국의 역사와 문화의 전통을 전제로 받아들이고 있는 것이 아니라, 孔子라는 구체적 인격을 통해 제시된 정신을 존숭하였던 것이다. 곧 공자를 '유일한 敎主'로 인정함으로써, 유교를 전통의 유산과 관습으로서가 아니라 孔子라는 인격주체에 의한 추구되었던 개혁적이고 창조적인 성격을 주목하고 있다. 그는 마틴 루터의 종교개혁을 면목만 바꾸는 데 그치는 형식적 개혁[改頭換面]으로서 '改敎'라 규정하고, 자신의 개혁론이 제도의 개혁을 넘어서 공자의 본래 정신[原狀]을 회복하고자 하는 것이요, 진실의 회복이라는 의미에서 '復原'으로 명명한다. 그것은 "경전으로 돌아가고, 근본에로 돌아간다"[反經歸本]는 것으로 정의된다.

(4) 反儒敎的 思潮와 유교개혁론의 대응

5·4운동을 전후하여 중국에서 일어난 격렬한 孔子批判「非孔」의 영향으로 국내에서도 유교비판이 대두되고 있었다. 이병헌은 이에 대해 민감한 관심을 보였으며, 동시에 능동적인 대응방법을 제시하였다. 먼저 그는 당시 국내외의 유교반대론자가 제기하는 비판의 논점을 네가지로 요약한다.

① 인권유린: 유교인들이 사대주의에 빠져 중화만 존중하고 자신의 선조를 오랑캐로 삼고, 외국인을 오랑캐와 짐승으로 삼는다.

② 大勢에 거역: 『춘추』의 尊周와 專制를 正道로 삼아 자신과 다르면 異端과 邪說로 배척하니, 오늘날 신앙의 자유라는 원칙에 배치된다.

③ 진리의 오해: 유교의 天圓地方說은 오늘날 초등학생도 그릇됨을 안다.

④ 공자는 宗敎家가 아니다: 오늘날 세계종교는 초월적 의미를 지니고 있지만, 공자는 현세의 정치가나 철학가일 뿐이라 본다.

이 비판에 대답하여 그는 禮運편에 大同의 평등한 理想과 『公羊傳』의 '春秋三世說'에 立憲과 共和의 의미가 이미 孔子에 갖추어 있음을 주장한다. 또한『논어』의 구절을 "異端을 공격하는 것은 해로울 따름이다"라 해석함으로써 이단배척론을 벗겨버렸다.

그는「泣告朝鮮十三道儒林同胞」를 지어 당시의 批孔 논의들을 검토하여 비판하며 동시에 유림들의 경각심을 촉구한다. 이 무렵 중국에서 蔡爾康・范禕(萬國公報)와 陳獨秀(新靑年雜誌)의 논설이나, 국내에서 權悳奎(東亞日報)・金昶濟(東明週報)의 논설 등 유교비판론이 등장하였다. 여기서 金昶濟는 중국의 民國日報를 인용하여, "盜跖의 해독은 한때에 미치지만, 盜丘(孔丘)의 재앙은 만세에 끼친다"라 선언하는 극단적 孔敎비판론을 소개하고, 그 비판의 요점으로서, ① 尊周・事大・君權・獨裁・專制에 근거한 유교정치사상의 결함, ② 불평등한 도덕, 尊卑의 계급, 여자의 인격・권리의 무시 등 유교의 윤리적 결함, ③ 유교는 윤리학・교육학・정치학의 범위를 벗어나지 못하며 종교가 아님을 제시하였다.[5]

이병헌은 이러한 孔敎비판론에 대해 반박하면서, 그 자신이 추구하는 입장의 정당성을 국내의 보수적 儒林들에게 호소하는 설득작업을 벌여나갔다. 또한 당시의 지식인에 대해 "劉歆에 미혹되어 오로지 俗學을 서술하거나, 俗學을 징계하다가 오로지 孔子를 공격한다"고 문제점을 지적하고, 특히 전통의 유교를 東漢 이후로 역대 專制家가 이용하던 '舊儒敎'라 규정하여 비판함으로써, 자신의 개혁론적 출발점을 선명히 밝히고 있다.

이병헌은 공자를 재해석하여 ① 眞知 위주(非迷信派), ② 禮讓 위주(非自尊派), ③ 大同 위주(非排外派)로 제시한다. 또한 유교의 전파를 위한 방법으로 ① 敎堂을 건립하여 誠心으로 孔子를 섬길 것, ② 별도로 가려서 번역한 서적을 聖經으로 하여 천하에 배포할 것, ③ 敎士를 선발함으로써 경전을 강설하여 천하에 펼칠 것을 제안하였다. 이러한

---

5) 琴章泰,『한국근대의 유교사상』, 서울대 출판부, 1990, 196~197쪽 참조.

개혁방법은 기독교의 강력한 포교방법을 수용하고 있음을 쉽게 확인할 수 있다. 그는 유교개혁의 방향을 전반적으로 鄕校式 유교[舊派]에서 敎會式 유교[新派]로 개혁할 것을 주장하고 있다.6) 이러한 그의 유교개혁론은 과거의 개혁만을 추구하는 것이 아니라, 미래의 사회에는 인간의 理性[哲理]이 더욱 성숙하고 과학과 기술이 발달함에 따라, 멀지 않은 장래에 유교가 크게 성장할 것이라는 희망과 신념을 간직하고 있다.

(5) 今文經學的 基礎

이병헌은 강유위의 지도로 금문경학의 연구를 시작하여, 금문경학의 체계적 주석을 남긴 우리나라의 독보적 인물이다. 그의 금문경학 연구 업적은 초기에 공교사상을 접촉하면서 저술한 『經說』(1914)과 강유위의 『新學僞經考』를 공부하던 시기의 독서록인 『讀僞經考』및 금문경학의 총론적인 개관인 『孔經大義考』(1925)가 있고, 1920년대 후반에 각 경전별 주석서로 『詩經附注三家說考』・『書經傳注今文說考』・『禮經今文說考』・『易經今文考』・『春秋筆削考』의 저술을 남기고 있다. 이 금문경학의 저술에서 강유위의 『春秋筆削大義微言考』를 요약한 『춘추필삭고』를 제외하면, 강유위에 의해서도 주석되지 않은 이병헌의 독자적이고 폭넓은 今文學 체계를 보여준다.

그는 今文이 공자문하에 전해진 진실한 옛 경전이요, 古文은 유흠(劉歆)이 만들어낸 거짓된 후세의 경전임을 확인한다. 이병헌은 특히 神의 능력을 서술한 『중용』 제16장[鬼神章]을 '『중용』의 중심축이요, 孔敎의 두뇌'라 강조한다. 이처럼 그가 神개념을 주목하고 있는 것은,

---

6) 李炳憲, 『辨證錄』, 京城, 大東印刷所, 1932, 1~3張.

무엇보다 공자의 종교가로서의 위치와 유교의 종교적 성격을 강화하고자 하는 관심에 근거하고 있는 것으로 보인다.[7] 그는 今文의『書經』으로 前漢시대의 伏生이 전해준 28편만을 주석하였으며, 古文의『尙書』에 孔安國・劉歆・杜林・王肅이 전하는 4종이 있다고 본다. 또한『儀禮』를『禮經』으로 삼고,『禮記』는 이『예경』을 해명하는 데 羽翼으로 인정하지만,『周禮』는 거짓 가탁한 것으로 배제하고 있다.

이병헌이 가장 많은 관심을 기울였던 경전은『易經』이었으며, 그것은 공자가 "神道로써 베풀어 놓은 큰 경전이요, 六經의 두뇌를 이루는 것"이라 중시하였다. 그는『역경』의 8괘와 64괘는 周나라 때의 占辭를 모은 것이라 보고, 공자가 十翼을 지었기 때문에 '經'이라 이름 붙여진 것이라 본다. 따라서 그는 공자가『역』을 서술한 것이 바로 '經'이라 강조하고, 이를 '傳'으로 파악하는 전통적 입장을 거부한다. 또한『역경』에서 占에 큰 비중을 두어, "占의 道는 神과 교통하는 것이요, 정성「誠」을 큰 근본으로 삼는다. 내 마음이 정성스러우면 신과 더불어 통하여 내 마음도 신과 같다"라 언명하여,『역경』을 통한 유교의 초월적 신비성과 종교성을 확보하는 데 큰 관심을 기울였던 것이다.

(6) 유교개혁사상의 意義

李炳憲은 한국 근대사상사에서 독자적인 위치와 매우 독특하고 의미 깊은 역할을 담당하였다. 그의 사상사적 성격을 몇 가지로 특징지어 볼 수 있다.

첫째, 그는 강유위의 공교사상과 금문학을 철저하게 수용하여, 강유

---

7) 神존재에 대한 인식이 종교의 핵심요소라 생각하는 태도는 당시 서양에서 들어온 기독교적 종교개념에서 영향을 받은 것으로 보인다. 실제로 李炳憲의 유교개혁론에서는 그 자신이 유교와 기독교의 성격을 뚜렷이 차별화시켜서 인식하고 있는데도 불구하고 기독교의 영향이 상당히 깊이 침투되어 있는 것이 사실이다.

위의 사상체계를 한국근대사에 제시한 유일의 인물이다. 20세기 초 유교개혁사상가로서 朴殷植의 陽明學的 개혁사상과 李承熙의 도학적 孔敎사상을 들 수 있고 이들에게 康有爲의 부분적 영향은 있지만, 今文學的 孔敎사상은 李炳憲의 고유한 영역이었다. 사실상 그는 淸末 今文學-公羊學의 유일한 국내 계승자로서 중요한 의미가 있다.

둘째, 그의 공교운동과 이념적 인식은 유교를 종교적 조직으로서 파악하고 구성함으로써 유교의 종교적 재구성을 철저히 추구한다. 그는 日帝下 조선사회의 유교전통을 개혁하여 새로운 유교조직화를 시도하였던 개혁주의자로서 중대한 역할을 맡았다. 비록 그의 공교운동이 당시의 보수적 유림들에 거부당하고 배척받고, 그의 공교사상과 공교운동을 지속적으로 발전시켜줄 계승자를 얻지 못했지만, 사상사에 남긴 독보적 위치는 뚜렷한 것이다.

셋째, 그의 孔敎사상은 전통의 극복과 근대적 개혁을 추구하면서, 한편으로 서구사상의 수용을 추구하고 다른 한편으로 東西洋의 전통을 종합·지양함으로써, 미래의 통일·조화된 세계의 이념으로 大同의 理想을 제시하고 있다. 그의 사상에 깔려 있는 민족의 자주적 중심의식과 세계통일의 이상은 오늘의 우리가 새롭게 음미할 가치를 지니는 것이라 할 수 있다.

6. 中山 朴章鉉의 經學과 歷史인식

(1) 생애와 활동

中山 朴章鉉(1908~1940)이 활동하던 1930년대의 시대적 상황은 안으로는 日帝 植民통치의 억압이 심화되면서 內鮮一體의 民族同化정책에 따른 민족적 위기상황이 심화되던 시기였으며, 밖으로는 만주사변과 중일전쟁이 일어나고 독일의 나치정부가 폴란드를 침공하면서 이차대전이 발발하기에 이르기까지 분쟁이 심화되던 국제적 위기의 시대였다. 이 시대를 살았던 우리의 지식인들은 전통의 수호만 고집하는 보수적 도학자와 신학문을 받아들인 진보적 인사들이 양극적으로 대치하였으며, 그 사이에 일제에 저항하는 민족주의자와 일제에 타협한 친일파가 대립하고 있었다. 그는 이 시대의 한가운데서 독자적인 역사의식과 진취적인 유교개혁사상을 제시함으로써, 우리의 근대유교사의 마지막에 빛나는 자취를 남겨주었으며, 앞으로 열릴 한국유교사상과 역사학의 첫머리에 새로운 빛을 던져주고 있다.

朴章鉉은 비록 33세의 짧은 일생이지만, 20세기 전반기를 살아가면서, 독특한 업적을 남기며 활동한 인물이다. 그는 어려서 伯父로부터 漢學을 배우다가 소년시절 고향의 普成學院에서 신학문을 배웠고, 다시 父命을 따라 당시 영남성리학에서 비중이 큰 학자인 深齋 曺兢燮 선생 문하에서 受學하고 恭山 宋浚弼 등 석학들을 방문하면서 도학적 학풍의 지도를 받았다. 이처럼 그는 受學과정에서 舊學에서 新學으로 다시 舊學으로 新舊學을 왕래하였다. 그만큼 그는 舊學과 新學이 충돌하는 전환기에서 이 시대 청년으로서 자신이 추구하여야 할 독자적 문제의식의 탐색과 지향하여야 할 방향을 찾기 위해 더욱 많이 고뇌하였음을 엿볼 수 있다.

26세 때(1933) 始興(현 서울 구로구 시흥4동)의 鹿洞書院에 설립된 明敎學術講習倉(明敎學院)에 참석하여 수강하였을 때 그는 이미 漢學에 상당한 조예를 지녔으며, 여기서 한 걸음 나아가 新學을 섭취하여 舊學을 시대에 적합하도록 개혁하는 데로 방향을 잡고 있음을 알 수 있다. 이러한 학문적 관심에서 무너지는 유학을 다시 붙들어 일으키려는 열정과 古今東西에 눈을 크게 뜨고 正大한 도리를 밝혀내는 통찰력으로 결실을 이룬 저술이 『彝傳』이다.

『彝傳』은 聖學에 뜻을 세우는 '植志' 章에서 世道를 밝히는 '明世' 章에 이르기까지 9조목으로 이루어져 『大學』의 8조목처럼 本末과 先後의 차례가 정연하게 구성되어 있으니, 그의 학문방법적 체계를 보여주는 것이요 그의 전체적 학문규모에서 보면 史에 대비되는 經의 성격을 지닌 것이라 할 수 있다.

그는 나아가 자신의 과제를 더욱 심화시키기 위한 사업으로 유교경전과 우리 역사를 연구하고 저술하는 데 전심 전력하였다. 이때의 저술로서 『論語類集』과 『孟子類集』은 유교경전을 주제별로 분류한 혁신적 편찬체제를 보여주고 있으며, 『海東春秋』와 『海東書經』에서 우리 역사를 경전으로 승화시킨 것은 민족의식의 발현이라 하겠다. 그 밖에 『東國史案』과 『朝鮮歷代史抄』 등의 저술에서도 그가 민족사를 통한 救國정신이 얼마나 투철하였는지 엿볼 수 있으며, 또한 엄정한 사료해석과 독특한 편찬체제도 확인할 수 있다.

그는 30세 되던 해 고향마을에서 文化堂(文化學堂)을 열고 학생들을 모아 후진을 가르쳤다. 이러한 사실은 유교와 민족사의 지적 탐구를 통한 저술에만 머물지 않고 舊學을 발판으로 삼아 新學을 섭취함으로써 계몽운동가로 행동하는 면모를 보여주는 것이라 하겠다. 이때 저술한 『東西現勢論』은 그가 세계정세를 관심 깊게 관찰하고 있음을 보여주며 文化堂의 제자들에게도 교육되었음을 알 수 있다.

朴章鉉은 32세 때 일본으로 건너가 일본의 漢學界에서 활약하던 碩學들과 깊이 교유하였다.[1] 이 무렵 잠시 東京의 二松學舍전문학교에 입학하여 유학생활을 하였다. 이 시절에는 우리의 儒學者가 일본에 遊學하였다는 사실은 당시 조선의 儒學界에서는 상상하기조차 어려운 파격적인 일이었다. 당시 조선의 보수적 儒學者들은 전통의 衣冠을 지키며 日帝에 타협을 거부하고 山野에 엎드려 있는 것으로 지조와 의리를 삼았던 만큼, 일본에 가서 그곳 학자들과 교류하고 受學한다는 것은 애초에 불가능한 일이었다. 그러나 그는 민족의식과 학문적 교류를 혼동하지 않을 만큼 열린 마음을 지녔기에 주위의 강력한 반대에도 불구하고 일본에 건너가 二松學舍의 학장인 양명학의 山田準을 비롯하여 주자학의 內田周平, 고증학의 服部宇之吉, 노장학자 小柳司氣太 등 당대 일본 동양철학계의 원로 거장들로부터 빈객으로서 극진한 환대를 받으며 교류하였다는 사실은 역사적 사건이라 할 만하다. 이때 그는 일본학계에 자신의 저술 『彝傳』을 배포하여 호평을 받았으며 자신이 일본에 머물던 전반기의 행적을 『東京遊記』에 일기형식으로 자세히 기록하여 당시의 정황을 소상하게 알 수 있게 한다.

朴章鉉은 일본 유학 도중에 명을 얻어 귀국했다가 이듬해 세상을 떠나고 말았으니 그의 학문이 대성을 이루지 못하고 말았다. 그러나 짧은 생애 동안에 남긴 저술만도 방대하여 巨帙의 『中山全書』(2책)가 1983년 간행되었다. 그 후 학계에 여러 편의 연구논문이 발표되어 그의 사상에 대한 깊은 관심을 보여주고 있다.

---

1) 明敎學院은 1933년 安淳煥이 창립한 朝鮮儒敎會에서 운영하던 始興의 鹿洞書院이 주최하는 明敎學術講習會를 가리킨다. 朴章鉉은 이 學院에서 6개월 과정을 수료하였고, 일본에 건너가서는 양명학의 山田準과 주자학의 井上哲次郞 및 老莊學의 小柳司氣太 등 석학을 만나 학문적 교류를 넓혔다.

(2) 孔敎觀과 유교진흥 책임의 각성

朴章鉉은 자신이 세운 文化學堂의 교육이념으로 文化學堂學規의 첫머리에서, "斯學(儒學)을 강론하여 밝히며, 聖魂을 불러일으킴으로써, 斯文(儒學)의 한 가닥 명맥을 보존하는 것을 목적으로 삼는다"라 선언하였다.[2] 유교의 명맥을 보존하는 것을 교육의 목적으로 삼고, 이를 실현하기 위하여 儒學의 지식을 강론하는 학구적 과제와 더불어, '聖魂을 불러일으킨다'는 유교의 종교적 신념으로 활력을 새롭게 고취시키는 방법을 제시하고 있다. 그것은 곧 그 자신이 추구하는 '유교혁신운동'의 한 양상을 보여주고 있는 것이다.

그는 스스로 儒敎의 책임을 맡으며 민족의 명령을 담당하는 것으로써 하늘이 자신에게 내려준 역사적 책임의 의미에 보답할 것을 자각하고 있었다.[3] 따라서 '유교'와 '민족'이라는 두 주제는 그가 추구하는 모든 문제를 꿰뚫고 있는 두 축을 이룬다고 하겠다.

박장현은 28세 때 『彝傳』을 짓고서 同志들의 분발을 요구하는 글을 덧붙이고 있다. 여기서 그는 당 시대에서 유교의 학문적 강론을 도모하고 새로운 활력을 회복하기 위해 노력하는 것이 기독교나 불교의 신앙적 열정에 자극을 받았음을 엿볼 수 있게 한다. 그는 먼저 자신의 시대에 유교가 쇠퇴하고 있는 원인을 분석하였다. 이때 그는 불교나 기독교 등이 융성하기 때문이나 세상의 운수가 내려가기 때문이라 하여 침체의 원인이 유교 바깥에 외재한다는 견해를 전적으로 거부한다. 도리어 '오직 聖經의 진리를 강론하지 않아서' 침체하게 된 것이라 하여, 쇠퇴의 원인이 유교에 내재하는 것임을 확인하였다. 이에 따라 聖經의 本源을 발휘하기 위한 방법으로서, "儒敎末流의 학풍이 축적시

---

2) 『中山全書』下, 「文化學堂學規」, 중산전서간행회, 1983, p. 343, "本學堂, 講明斯學, 喚起聖魂, 以保斯文一脈爲目的事."
3) 같은 책, 「雜說」, p. 309, "將以任斯道之責, 擔民族之命, 以報天之所以降予之意也."

킨 관습의 폐단을 변혁하며, 孔子門下의 元氣를 회복하여 대중의 천성을 잘 교화함으로써, 윤리의 아름다운 풍속을 이루는 것"으로 제시한다.[4] 그가 '聖經의 진리'라 하고 '공자문하의 원기'라 일컫는 것은 유교의 전통에서 발생한 폐단을 개혁하기 위하여 유교정신의 본질인 경전 자체에로 돌아갈 것을 요구한 것이다. 그것은 본질의 재해석을 통해 末流의 폐단을 제거함으로써 본질의 회복을 추구하는 것으로서, 그의 유교개혁을 위한 방법론을 선명하게 제기하고 있다.

세계의 모든 현상을 進化 아니면 退步라 파악하면서, 유교의 본질을 재해석하는 그의 視覺은 전통의 보수적 계승이 아니라 진보의 추구에 있다. 그는 유교가 쇠퇴하고 국민이 퇴보한 현실을 직면하면서, 양계초의 개념을 끌어들여, 전진하도록 진흥시키는 방법이 모험적이고 진취적인 데 있음을 확인한다. 또한 이러한 모험심과 진취성은 바로 浩然之氣의 기상에 근거하고 있음을 주목하고 있다. 진취적 기상의 호연지기는 구체적으로 '希望·熱誠·智慧·贍力'의 4端初에서 드러나며, 이 4요소를 통하여 호연지기가 양성될 수 있음을 지적한다.[5] 그는 浩然之氣의 기상을 길러야만 쇠퇴한 유교와 퇴보한 민족이 생명의 새로운 활력을 얻어 진보할 수 있을 것으로 본다.

박장현은 유교진흥을 위한 더욱 구체적인 실천대책을 해명하면서, 그 기본체계로서, ① 성경을 강론할 것[講聖經], ② 대중의 지혜를 결집할 것[合衆智], ③ 모든 사람이 각자 전교할 것[各自傳敎]의 3조목을 제시한다. 그가 성경의 강론을 강조하는 것은 경학적 연구에 뜻을 두는 것이 아니라 정치·의리·심법·언행 등의 모범을 확인하여 삶의 표준을 수립하는 실천적 관심에 있다. 중지를 모은다는 것은 성인을 기다려 그 권위에 따르려는 자세가 아니라, 현재의 대중적 의견을 일

---

4) 같은 책, 「經書講說」, pp. 317~318, "革儒門末學積習之弊, 而復孔門之元氣, 良化大衆之天性, 而成倫理之美俗."
5) 같은 책, 「20일演草」, pp. 318~319.

치시킴으로써 유교의 운영주체를 확보하려는 것이다. 또한 그의 전교에 대한 적극적 관심은 유교의 활력 있는 확산을 추구하는 자세를 말한다. 그는 성경의 강론을 '도의 근본을 수립함'[立道之本]으로, 대중적 지혜의 결집을 '도의 응용을 확대함'[擴道之用]으로, 나아가 각자의 전교는 '도의 희망을 달성함'[達道之望]으로 규정하여, 각 조목이 유교진흥을 위한 역할을 지적하고 있다.6)

그는 '大同'의 개념을 다른 것을 같게 하는 것이며, 다양성을 하나의 일치점에로 복귀시키는 것[歸一]이라 지적한다. 나아가 그는 하나의 일치점을 인간과 국가를 성취시키는 도리라 규정하고, 그 하나가 바로 유교 곧 '공교'로 확인한다. 그는 공교와 다른 종교의 특성을 비교하여 공교의 특성을 명석하게 드러내준다. 곧 다른 종교(불교·기독교 등)는 미신을 근본으로 하고 儀式을 주창하는 것이라 보고, 진리가 밝아지면 미신은 소멸하고 정신이 존중되면 儀式은 없어지게 된다 하여, 미래에서 타종교가 쇠퇴하고 유교가 융성할 수 있다는 신념을 보여주고 있다. 또한 그는 다른 종교와 달리 공교의 특성은 성명(性命)·윤리·도덕·인민·국가의 문제를 가르치는 것이라 지적한다. 이러한 공교는 문명의 진보에 따라 더욱 절실한 도리가 될 것이라 본다.7)

그는 공자가 2000년 이전 사람들에게만 가르친 것이 아니라 오늘날 인류의 일상생활에도 절실하며, 이 시대의 升平世에서나 장래의 大同世에도 적합한 것이라 한다. 그만큼 시대를 넘어선 공교의 보편성에 대한 확신을 밝히고 있다. 이에 따라 그는 공교를 '고금에 소통하고, 동서양에 걸치는 변할 수 없는 하나의 큰 종교'[通古今亘東西, 不可易之一大宗敎]라 정의한다. 여기서 그는 불교·기독교·천도교 등 다른 종교는 공교의 한 요소를 이루는 것이요, 공교는 이들을 포섭하는 것

---

6) 같은 책,「吾道振興策」, p. 307, "蓋不講經, 則無以立道之體也, 不合衆智則無以擴道之用也, 不各自傳敎, 則無以達道之望也."

7) 같은 책,「原大同」, p. 317, "其所敎者, 唯是性命也 儒理也 道德也 人民也 國家也. 凡此者, 文明愈進而其爲道也愈切."

으로 파악한다.[8] 따라서 다른 종교는 신앙[起信]을 근본으로 하고 마귀를 굴복시키는 것[伏魔]을 응용으로 하는 '혼란한 시대의 종교'[亂世之敎]라 결론짓는다.

박장현은 유교가 장래에 세계적으로 성행할 것이라는 확신을 밝히면서, 당시에 서양인이 말을 빌려 방증하고 있다. 곧 독일의 화지안(花之安, 원명 미상) 박사가 "공자의 도리는 500년 후에 온 지구상에 두루 통행할 것이다"라 하고, 비희례(費希禮, 원명 미상)가 "공자의 도리는 한 나라에 있는 것이 아니라 만국에 있으며, 당 시대에 행하는 것이 아니라 후세에 행하는 것이다"라 언명하였다. 이러한 유교의 미래를 실현하기 위해서 그는 공교의 법문을 크게 열고, 성경의 진리를 강구하며, 참된 정신으로 꿈꾸며, 자는 대중을 불러일으키고, 인류의 사상을 고취하도록 요구한다. 또한 다른 종교인들은 이 공교의 가르침을 순순히 받아들이고, 공교인은 다른 종교인들에게 아낌없이 가르쳐주어서, 모두가 윤리의 문으로 나와서 큰 도리[大道]의 위로 다닌다면, 여기에 대동의 세계가 열릴 것이라 보고 있다.[9]

그는 공자를 대정치가, 대학자, 대교육가이면서 동시에 일종의 대종교가라 하여, 종교가로서 공자의 성격을 확인한다. 나아가 그는 석가나 예수가 세상 바깥의 도리요 인간을 떠난 도리를 설교하는 점에서 성인이라 할 수 없는 것으로 보았다. 이와는 달리 공자는 인도에 근거하는 유일한 성인이라 지적하여, 공자의 가르침을 '人道'의 가르침으

---

8) 같은 책. 여기서 박장현은 다른 종교에 대한 공교의 포용성을 밝힌다.

孔 敎	佛 敎	기독교	天道敎
仁愛 福善禍淫	慈悲, 勘破生死 因果, 普度衆生	赦罪, 平等 天堂, 靈魂	廣濟, 人乃天

그는 「訓辭」에서도 孔敎를 "우리 인류가 공존, 공영하는 큰 도리이며, 고금에 통행하여도 그릇됨이 없고 동서양에 시행하여도 어긋남이 없다"라 정의하고 있다. 같은 책 「訓辭」, p. 375, "斯道者, 實我人類共存共榮之大道, 而通古今而不謬, 施東西而不悖也."
9) 같은 책, 「原大同」, p. 317.

로 확인하고, 동시에 가장 높여야 할 최고의 가르침임을 강조하고 있다.10) 그는 또한 공교와 과학의 본질과 기능에 대한 차이도 명석하게 대비시킴으로써, 물질문명의 원리인 과학이 정신문명의 원리인 공교에 우선할 수 없음을 확인시켜준다. 곧 공교는 짐승과 구별되는 인간적 가치를 존중하며, 도리를 배우고 현명함의 여부를 분별하는 것이지만, 이에 비해 과학은 생존에 우월함을 존중하며, 이익을 헤아리고, 부유한지 빈곤한지를 논의한다고 대비시킨다. 또한 공교에서는 이치가 우세함을 귀하게 여기며, 착한 사람들[善類]을 보호하려 하는 데 비하여, 과학에서는 세력이 우세함을 귀하게 여기며, 강력한 권력[强權]을 숭상한다고 비교하고 있다.11)

박장현은 매우 독특한 자신의 공교관을 전개하였지만, 그 속에는 당시 강유위와 양계초를 비롯한 공교운동의 지식인들이 제기한 문제들을 폭넓게 수용하고 있다. 그 자신이 녹동(鹿洞)서원의 명교학원에 수학하던 시기에 북경공교회의 중심인물인 陳煥章과 夏成吉에게 편지를 보내기도 하였다. 진환장에 보낸 편지에서 그는 安淳煥이 창설한 '유교학회'의 유교진흥운동적 성격을 소개하며, 또한 자신이 강유위의 『孟子微』와 양계초의 『음빙실문집』 및 진환장의 「孔子論」을 읽었던 사실과 공교운동에 대한 관심을 밝히고 있다.12)

그는 조선유교회 敎正인 안순환에게 보낸 편지에서 우리나라가 몰락한 원인을 우리나라의 정신을 존중하지 않은 데 있다고 진단하면서, 이 정신이 깃들어 있는 우리 문자[國文]를 존중하도록 요구한다. 이에 따라 우리 문화를 보급하고 공자의 언행을 전파하기 위해서 四書를 국문으로 번역하여 활용할 것을 제안하고 있다. 또한 녹동서원의 동학들에게 우리 민족과 우리 문자와 우리 종교를 회복하기를 당부한다.13)

---

10) 같은 책, 「論語類集序」, p. 356.
11) 같은 책, 「跋拙修子太平書」, p. 357, "孔學化之人貴以理勝, 科學化之人貴以勢勝, 孔學化之所保者,善類也, 科學化之所尙者强權也."
12) 같은 책, 「上中國陳煥章」 및 「與中國夏成吉」, pp. 407~409.

영남의 淸道에서 북상하여 서울에 올라와서, 명교학원에 수학하였던 26세 때(1933)부터는 그의 공교에 대한 인식과 신념이 확고화되었다. 28세 때에는 『彝傳』을 저술하여, ① 뜻을 세움[植志] ② 공경함[致敬] ③ 학문을 강론함[講學] ④ 성품을 함양함[養性] ⑤ 위의를 닦음[修儀] ⑥ 실지로 행동함[實行] ⑦ 도리를 담당함[任道] ⑧ 가르침을 수립함 [樹敎] ⑨ 세상을 밝힘[明世]의 9조목으로 수양론의 체계를 세우고 있다. 특히 그는 경전과 역사에 대한 새로운 해석과 체계화를 추구하여 저술활동을 함으로써, 독자적인 공교운동을 전개하였던 것으로 이해할 수 있을 것이다.

(3) 경학과 역사의 재구성

"성경을 강론한다"고 역설하는 박장현의 유교진흥을 위한 과제는 경전에 대한 그 자신의 강한 관심을 밝혀주고 있다. 그는 경전의 새로운 체계화의 시도와 더불어 민족주의적 관심에서 우리 역사의 인식에 관심을 기울였다. 여기서 경전의 보편적 진실성과 역사의 시대적 사실성은 유교경전 속에서도 본래 결합되어 있음을 주목할 필요가 있다.14) 그는 25세 때 저술한 『三經隨錄』으로 경전주석을 시작하면서, 자신의 깨달음[自得]과 의문점[懷疑]을 제시하여 주석의 진보적 창의성을 중시하였다. 여기서 그는 經學의 연구방법으로서 ① 熟讀과 精思의 단계 및 ② 箚記와 觀聖의 단계라는 두 단계를 지적하고 있다. 그의 경학체

---

13) 같은 책, 「答朝鮮儒敎會敎正安淳煥」, pp. 416~417 및 「鹿洞講學諸兄書」, 같은 책, pp. 411~ 413.

14) 丁若鏞은 『春秋考徵』의 첫머리에서 "왕도가 행해지는 시기에서는 한 마디 말이나 한 가지 행동이 모두 경전이 되니, 그러므로 『서』와 『춘추』 같은 역사의 기록들이 六經에 열거된다"라 하여, 경전과 역사가 왕도정치 아래서는 본래 하나였으나, 왕도정치의 쇠퇴로 두 門으로 분리된 것임을 지적한다.

계로는 箚記형식의 註釋書인『삼경수록』과, 經文을 다만 朱子의 章句대로 수록한『學庸大全』이 있고, 주제별로 분류하여 편집한『論語類集』과『孟子類集』이 있다.15) 그는『논어』와『맹자』를 분류체계에 의해 재구성함으로써, 경전의 전통적 형식보다도 문제의 발견에 진취적인 적극성을 보여준다.

박장현에게서 매우 특징적으로 나타나는 문제의식은 유교와 민족의식의 결합이요, 그것은 경전과 우리 역사의 통합적 구성을 추구하는 데서 나타난다. 곧『海東春秋』와『半島書經』(『海東書經』으로 표제를 달기도 함)이 있다.『춘추』와『서경』은 원래 중국의 역사기록이었는데 孔子의 편찬을 거침으로서 유교경전으로 채택된 것이라 할 수 있다. 여기서 그는 우리의 역사를 경전의 구성체계를 모방하여 편찬하는 데 그치는 것이 아니라, 한국유교의 경전적 체계 속에 받아들이려는 의도를 천명한 것이라 하겠다.

그는 歷史를 "국민의 밝은 거울이요, 사상진보의 원천(史學者, 國民之明鏡也, 思想進步之源泉也)"이라 정의하면서, 우리의 역사학이 병들어 있는 이유를 ① 사실이 있음만 알고서 이상이 있음을 알지 못함 ② 조정이 있음만 알고 민간이 있음을 알지 못함이라는 두 가지로 지적한다. 그것은 역사의식에서 민족정신과 국민대중에 대한 각성을 추구하는 것이다. 그는 민족사상이 흥기하지 못하는 것은 역사가의 허물이라 지적하고, 역사학계의 혁명이 일어나지 않으면 우리 민족이 끝내 구제될 수 없음을 역설하고 있다.16) 그의 우리 역사에 대한 서술은 경

---

15)『學庸大全』과『論語類集』및『孟子類集』을 합쳐서『經學讀本』으로 표제를 붙이기도 한다.『논어류집』에서는 다음의 16주제를 설정하여 분류하고 있다.
　　孝(11장)・仁(31장)・學(48장)・知(18장)・行(15장)・禮(19장)・樂(7장)・敎(106장)・道(24장)・爲政(36장)・論人(34장)・君子(31장)・弟子(57장)・出處(21장)・帝王(7장)・行狀(30장).
　　『맹자류집』에서는 다음의 7주제를 설정하여 분류하고 있다.
　　王政(18장)・民族(16장)・征伐(10장)・學術(49장)・出處(19장)・聖賢(27장)・雜著(103장).
16) 같은 책,「舊史學論」, pp. 341~342.

학적 구성을 추구한 것 이외에도, 구성체계만 보여주는 미완성의 『東國史案』이 있고, 抄錄의 단계인 『朝鮮史草』가 있으며, 『野史』가 있다. 그의 생애가 좀더 길었다면 경학과 역사에서 방대하게 완성되어야 할 많은 저술들이 간략한 구상과 초록에 머물고 있는 것이 상당한 부분을 차지한다.

또한 그는 지구상의 6대주별로 세계 각국의 국제정세에 관한 지식을 수록한 『東西現勢論』을 저술하였다. 그것은 그의 민족주의 의식이 폐쇄적인 것이 아니라, 국제정치현실에 대한 지식을 토대로 삼고 있으며, 세계에로 눈이 열려 있음을 의미하는 것이다. 여기서 그는 孔敎論과 민족의식 내지 經學과 歷史의 통합적 재구성을 지향한다. 동시에 그는 민족문화의 과거적 傳統과 미래적 理想을 진보적 역동성 속에 일관시켜 파악하고자 한다. 나아가 그는 국가 민족의 주체적 문제와 국제사회의 객관적 현실 사이에 복합적인 연관성을 확보하고자 도모하는 규모가 큰 사상체계를 설계하였던 것을 엿볼 수 있다.

7. 한국유교사상과 少太山사상

(1) 문제의 배경과 성격

少太山 朴重彬(1891~1943)이 大覺을 이룬 1916년은 국권의 상실과 민족사의 단절에서 밀려오는 좌절을 극복하기 위하여 이 시대의 뜻 있는 지식인과 선각자들이 여러 방향으로 탐색하고 몸부림치던 시기의 한가운데이다. 크게 네 가지 방향으로 분석해보면 다음과 같이 제시될 수 있다.

① '西歐思潮 내지 基督敎' 등 밖에서 밀려오는 여러 갈래의 외래 사상과 종교에 등을 붙이고서, 전통이라는 자기 집의 낡은 울타리를 허물어뜨리려 안간힘을 쓰기도 한다,

② '傳統道學과 傳統佛敎'에서는 안에서 방문을 굳게 닫아 바깥의 거센 바람도 외면하고서 예부터 전해오던 여러 갈래의 사상과 종교를 굳게 수호하려는 고집스런 집념에 매달려 있기도 한다.

③ '愛國啓蒙思想'이 싹트면서 시대의 바람에 맞추어 방향을 틀어 보고 대문과 방문을 열어 안팎으로 바람을 통하게 해보려는 과감한 개혁의지로 뜨겁게 불타오르기도 하였다.

④ 여기에 또 하나의 방향은, '東學·甑山敎·圓佛敎' 등 新宗敎 내지 民族宗敎運動은 바깥바람에 휘말려들지도 않고 방안의 정적 속에 취하지도 않으면서, 마음 내면의 깊은 곳으로부터 깨달음으로써 세계의 방향을 가리키기 위해 새로운 道를 創敎하는 경우가 있다.[1]

---

1) 少太山은 後天開闢의 先知者로서 崔水雲·姜甑山·少太山에로 이어지는 순서를 제시한

소태산이 창립한 원불교는 우리 사회에서 自生한 것인 만큼 한국사회의 역사적·문화적 기반에 관한 깊은 통찰을 내포하고 있으며, 또 佛敎에서 淵源을 발견하고 있는 사실은 우리의 종교문화적 전통과 강력한 연결의 고리를 확보한 것이다. 그러나 우세한 과학기술에 기초한 서구의 물질문명을 수용하지 않을 수 없는 開化의 역사적 대세를 직시하고, 이를 '물질의 開闢'이라 규정하여 이를 적극적으로 받아들일 수 있는 논리를 확보하고 있다. 한 걸음 더 나아가 구시대의 관습과 규범에 속박되어 있는 의식내면의 고질적 병폐를 통찰함으로써 '정신의 開闢'을 요구하며, 이에 따라 정신사적 변혁의 방법을 탐색하여 전통으로부터 획기적인 전환을 추구하고 있다.2)

원불교가 20세기 전반기에 이 땅에 출현한 이후의 한 세기 동안 유교와 원불교 사이에는 서로가 서로에 대해 활발한 대화도 없었고 본격적인 토론도 없었던 것으로 보인다. 그러나 이 두 사상 사이에는 무관심을 넘어서 그 저류에 공통성도 있고 그 방향에서 차이를 대조시켜 볼 수도 있다. 여기서 원불교의 사상을 유교사상과 연결시킬 수 있는 근거는 두 가지 측면으로 접근될 수 있다.

하나는 한국의 사회적 기반과 사상적 전통에 뿌리를 두고 있다는 연결점을 확인하는 과제이다. 원불교가 불교에서 연원을 발견하였다고 하지만, 우리 사회에서 자생적인 깨달음이라면 유교문화와 일정한 연속성을 벗어나기 어려울 것이다. 우리 역사가 문화적-사상적 활동을 한 이후 유교는 사회구조의 기초를 이루고 도덕의식과 생활양식의 기준을 제공해왔다. 따라서 한국사회와 한국적 문화에 뿌리를 두고 있다면 어떠한 사상이라도 유교와 일정한 교류를 갖지 않을 수 없다고 할 수 있다.

제자들의 지적을 인정하고 있다. 『大宗經』 제6 辨疑品, 32, 『圓佛敎全書』 1989, 圓佛敎 출판사, 254~255쪽.(이하 ' 『大宗經』 6 : 32, 254~255쪽'으로 略記)
2) 『대종경』 1:4, 95~96쪽, "대종사 당시의 시국을 살펴보시사 그 지도 강령을 표어로써 정하시기를 '물질이 개벽되니 정신을 개벽하자' 하시니라."

다른 하나는 전통사상의 守舊的 안주를 추구하는 유교와 전통사회의 사상적-정신적 한계의 극복을 추구하는 원불교 사이의 지향하는 방향에서 차이점을 확인하는 과제이다. 이 시대에는 유교 안에서도 진보적 유학자들에 의해 愛國啓蒙思想을 통한 자기변혁이 추구되고 있었던 것은 사실이다. 그러나 여전히 절대다수가 보수적 전통의식에 사로잡혀 있음으로써 유교집단은 자기변혁의 어떠한 시도에서도 실패하고 말았다. 그런 의미에서 오늘의 유교도 사회변혁에 어쩔 수 없이 끌려가고 있을 뿐이요, 아직도 스스로 자기변혁을 추구하지 못하고 있는 현실을 엿볼 수 있다. 이에 비해 원불교는 전통을 극복하기 위해 적극적인 시도를 해온 만큼 전통사회의 이념적 기반인 유교의식에 대한 일정한 비판적 인식을 하지 않을 수 없을 것이라 짐작해보는 것은 쉬운 일이다.

물론 상당한 차이를 지닌 다양한 의식과 신념이라도 그 근원에서는 좀더 보편적인 종교적 신념의 공통성을 발견할 수 있겠지만, 이 논문에서는 한국문화의 기초에 자리잡은 유교전통의 古木과 새롭게 등장한 원불교의 新木 사이에 제기되는 사상적-이념적 문제들에 관심을 한정시키고자 한다.

⑵ 우주론 — 一圓相과 太極

"원불교에 있어서 一圓相은 敎旨의 궁극적인 표현이다"[3]라고 언급되고 있다. 이처럼 '一圓相'은 원불교 교리의 중심축이요 포괄적 상징이라 이해될 수 있다. 일원상의 개념을 설명한 가장 권위 있는 해석은 大宗師의 언명에서 찾아볼 수 있다.

---

3) 柳炳德, 「韓國思想과 圓佛敎」, 1989, 교문사, 357쪽.

"만유가 한 體性이며, 만법이 한 근원이로다. 이 가운데 생멸 없는 道와 因果報應되는 이치가 서로 바탕하여 한 뚜렷한 기틀을 지었도다."4)

이를 분석해보면, 첫째, '萬有는 하나의 體性'이라는 명제는 朱熹가 제시한 '만물은 그 統體에서 하나의 太極'이라는 명제와 같은 理一分殊의 논리를 기초로 한 것이며, 만물은 一者(道·理)에 근원하여 그 본체에서 일치하는 것이라는 의미로 이해할 수 있다.5) 둘째, '萬法이 한 根源'이라는 명제는 眞德秀가 "'만물이 각각 하나의 이치를 가졌다는 것'은 곧 '모든 이치가 하나의 근원에서 나온다'[萬理一原]는 것을 의미한다"라고 언명하는 입장과 통할 수 있다. 곧 양자는 모든 다양성이란 그 근원에서는 하나의 이치로부터 출현한다는 인식에서 일치하고 있다.6) 셋째, '도(道)와 이치[理]가 서로 바탕한다'라는 명제는 道와 理 사이에 어느 쪽이 본체이고 어느 쪽이 작용[流行]인지를 문제삼지 않는다면, 程子가 말하는 '體用一源'의 관계로 파악되고, 朱熹에 있어서 "본체가 있으면 작용이 있고 작용이 있으면 본체가 있어서 앞뒤로 나누어 설명할 수 없다"는 상호 의존관계로 이해될 수 있다.7)

이 세 가지 명제를 음미해보면, 그것은 불교적 우주론과 통하면서 동시에 유교의 성리학적 명제로 쉽게 전환할 수 있다는 사실이 주목된다. 사실상 송대 성리학은 당시의 華嚴思想을 비롯한 불교적 개념을 수용하고 있으므로, 원불교의 '一圓相'도 불교와 성리학이 공유하던 개념과 논리형식을 내포하고 있는 것으로 보인다. 실제로 소태산은 '일원상'을 周廉溪의 「太極圖說」에서 제시된 '無極' 및 '太極'의 개

---

4) 『대종경』 1 : 1, 95쪽. 大宗師가 大覺한 이후의 第一聲이다.
5) 朱熹, 『太極圖說解』, "自萬物而觀之, 萬物各一其性, 而萬物一太極也, 蓋合而言之, 萬物統體一太極也, 分而言之, 一物各具一太極也."
6) 『性理精義』 권1, 『太極圖說解』, "眞德秀曰, 萬物各具一理, 萬物同出一原, 所謂萬理 一原者, 太極也, 太極者, 乃萬物總會之名."
7) 『주자어류』 권76, "有體則有用, 有用則有體, 不可分前後說."

넘과 일치시키고 있다. 둥근 원형의 圖象은 一圓相이면서 동시에 「태극도설」에서 '무극이면서 태극'[無極而太極]의 형상으로 제시되고 있는 것이 사실이다.

"일원상을 모시는 것은 과거 佛家에서 佛像을 모시는 것과 같으나, 佛像은 부처님의 形體를 나타낸 것이요, 일원상은 부처님의 心體를 나타낸 것이므로 형체라는 것은 한 人形에 불과한 것이요, 심체라 하는 것은 광대무량하여 능히 有와 無를 총섭하고 三才를 관통하였나니, 곧 천지 만물의 본원이며 언어도단의 入定處라, 儒家에서는 이를 일러 '태극' 혹은 '무극'이라 하고, 仙家에서는 이를 일러 '자연' 혹은 '도'라 하고, 불가에서는 이를 일러 '淸淨法身佛'이라 하였으나, 원리에 있어서는 모두 같은 바로서 비록 어떠한 방면 어떠한 길을 통한다 할지라도 최후 구경에 들어가서는 다 이 일원의 진리에 돌아가나니……"(대종경 2:3)

여기서 '일원상'은 儒·佛·仙 三敎의 궁극세계와 일치하는 것이며, 그 각각의 통일된 근원으로 제시되고 있는 점을 주목할 만하다. 그것은 각각의 교리적 독단에 입각하여 서로 대립하는 논리를 벗어나 서로의 근원적인 일치와 소통 가능성을 드러내는 인식전환의 작업이다. 이러한 다원적 신념 사이의 疏通論은 한국사상의 한 흐름인 三敎合一 사상으로서, 우리 역사 속에서도 삼국시대 이래로 지속되어온 三敎融化論 내지 三敎會通論의 맥락과 연속성에서 이해될 수 있을 것이다.

"佛家에서는 우주만유의 형상 없는 것을 주체 삼아서 생멸 없는 진리와 인과보응의 이치를 가르쳐 轉迷開悟의 길을 주로 밝히셨고, 儒家에서는 우주만유의 형상 있는 것을 주체 삼아서 三綱·五倫과 仁·義·禮·智를 가르쳐 修·齊·治·平의 길을 주로 밝히셨으며, 仙家에서는 우주자연의 道를 주체 삼아서 養性하는 방법을 가르쳐 淸淨無爲의 길을 주로 밝히셨나니, 이 세 가지 길이 그 주체는 비록 다를지라도 세상을 바르게 하고 생령을 이롭게 하는 것은 다 같은 것이니라.

그러나 과거에는 儒·佛·仙 三敎가 각각 그 분야만의 교화를 주로 하여 왔지마는 앞으로는 그 일부만 가지고는 널리 세상을 구원하지 못할 것이므로 우리는 이 모든 교리를 통합하여 수양·연구·취사의 一元化 또는 靈肉雙全·理事並行 등 방법으로 모든 과정을 정하였나니……"(대종경 2 : 1)

또한 儒家 출신으로 제자가 된 李春風이 불교는 궁극세계를 虛無寂滅도 제시하여 無父無君의 異端에 빠지는 것이라 보는 유교적 입장을 제시하였다. 송대 道學의 闢異端論에서는 궁극존재에 대한 인식으로서 불교의 虛無寂滅은 有를 부정한 無이지만 유교의 無極而太極은 無와 有를 통일시키는 것이라 하여, 양자를 대립적으로 분별하고 있다. 이에 비해 少太山은「태극도설」의 無極·太極, 『논어』의 仁, 『중용』의 未發之中, 『대학』의 明明德, 『맹자』의 仁·義·禮·智 등 유교적 근본 개념들과 불교의 虛無寂滅을 폐쇄적 대립논리에서가 아니라 포용적 융호론으로 일치시키거나 상호보완시켜 제시하고 있다.

靈肉雙全 내지 理事並行의 방법은 모든 二元論的 대립구조를 지양하고 일원적 종합을 추구하는 것이다. 영혼과 육신 사이에서 불교는 영혼과 육신을 모두 生滅의 존재로 부정하면서 一心을 불멸하는 眞如로 제시하고 있다면, 仙敎는 육신을 소중히 하여 養生에 관심을 기울이고 있는 상반된 성격을 지니고 있다. 여기서 유교는 心身관계의 상호성을 중요시하여 마음이 육신의 주인으로서 위계질서를 정립시키고 있다. 靈肉의 동시적 긍정이라는 점에서 원불교는 유교에 가장 가까운 친밀성을 보여준다. 그러나 유교가 보이는 心身의 位階的 파악은 도덕주의적 엄격성을 지닌 데 비하여, 원불교에 있어서 靈肉雙全의 방법은 육신과 영혼의 평등성과 조화성을 확보하면서 양자의 완성을 추구하고 있다는 점에서 현실적이면서 더욱 진보적인 인간관을 제시하는 것이라 하겠다.

"『周易』의 無極과 太極이 곧 虛無寂滅의 眞境이요, 공자의 仁이 곧

私慾이 없는 허무적멸의 자리요, 子思의 未發之中이 허무적멸이 아니면 寂然不動의 中이 될 수 없고, 『대학』의 明明德이 虛無寂滅이 아니면 明德을 밝힐 수 없는 바라. 그러므로 각종 각파가 말은 다르고 이름은 다르나 그 진리의 本原인즉 같나니라. 그러나 허무적멸에만 그쳐 버리면 큰 道人이 될 수 없나니 허무적멸로 道의 體를 삼고 仁·義·禮·智로 道의 用을 삼아서 인간 萬事에 풀어쓸 줄 알아야 원만한 大道니라."(大宗經 6 : 20)

소태산은 세계의 현상을 '陰陽相勝의 道'로서 제시하고 있다. 그것은 갈등의 사회적 현상을 陰陽五行論의 相生·相克(相勝)의 논리로 설명한 것이다. 인간사회가 계급적으로 서로 대립하는 것으로 파악하는 마르크스주의적 이론이나 강자와 약자 사이에 끝없는 경쟁을 통하여 발전한다는 진화론적 논리가 모두 相勝說과 연결될 수 있다. 여기서 소태산이 추구하는 새로운 세계의 이상은 서로 조화하고 협력하는 相生의 질서로 인식하고 있는 것이라 하겠다. 그는 또한 자연적 순환의 필연적 형식을 이루고 있는 우주론적 陰陽개념을 '善惡의 因果와 禍福의 報應'이라는 因果論의 필연법칙으로 이해하고 있다.[8] 나아가 後天開闢의 시대적 大轉換을 인식하여, 과거의 陰시대와 현재와 장래의 陽시대로 陰·陽을 대비시킴으로써 역사적 변환법칙으로 이해하기도 한다.[9] 이러한 陰陽論은 漢代에서 유교적 인식으로 수용되었던 陰陽家의 자연철학적 핵심개념이거니와, 소태산의 우주론 속에서도 음양론이 비유적 형식을 통해 그의 사상적 핵심을 간결하게 설명하는 데 받아들여지고 있음을 보여준다.

---

8) 『대종경』 5 : 2, 219쪽 및 「正典」 제8장 「懺悔文」 75쪽.
9) 『대종경』 6 : 12, 242쪽.

(3) 修養論과 도덕규범—精神開闢과 三學

「敎理圖」에서는 '精神修養・事理硏究・作業取捨'를 '三學'으로 제시하고 있다. 여기서 '수양・연구・취사'는 바로 宋代 道學의 수양론적 기본과제로 제기되고 있는 '居敬・窮理・力行'에 대응되는 유사성을 엿볼 수 있다. 소태산도 '道學'・'道學家'・'道家' 등의 용어를 기존의 수양론적 전통 및 자신의 수양론적 체계로서 어느 정도 혼용하여 제시하기도 한다.10) 이 수양론의 문제는 마음과 성품의 개념체계로서, 心・性・理・氣의 문제로 인식되고 있는 점에서 유교적 수양론이 성리학적 이론으로 심화되었던 사실과 긴밀한 연관성을 지니는 것으로 보인다.11)

"예부터 道家에서는 心田을 발견한 것을 見性이라 하고 심전을 계발하는 것을 養性과 率性이라 하나니, ……그러므로 우리 회상에서는 심전 계발의 전문 과목으로 수양・연구・취사의 세 가지 강령을 정하고 그를 실습하기 위하여 일상 수양의 모든 방법을 지시하였나니."(대종경 3 : 60)

여기서 제시한 '見性'은 불교의 용어이기도 하지만, 맹자가 말하는 '盡心知性'의 知性과 통할 것이며, '養性'은 맹자가 말하는 '存心・養性'의 養性이요, '率性'은 『중용』에서 말하는 '率性之謂道'의 率性이다.12)

유교의 수양론에서 '知性・養性・率性'하는 공부도 마음을 통하여 성품을 드러내는 것이므로, '盡心・存心'과 '正心修身'하는 마음의 수

---

10) 『대종경』 1 : 18, 109쪽, 및 3 : 2~3, 142~143쪽.

11) 『대종경』 7 : 28, 267쪽 및 『正典』 제5장 疑頭要目 15조, 69쪽.

12) 소태산은 『중용』의 率性이 성품(天命・天理・天道)을 잘 따르는 것이라면, 수동적으로 따르는 것을 보살의 경지라 하고, 부처의 경지는 天道를 능동적으로 잘 사용하는 것이라 하여, 기준을 성품 곧 天道의 보편적 원리로 제시하면서 그 주체는 인간이어야 함을 강조한다(대종경 8 : 6, 271~272쪽). 이러한 주체적 인식은 "일체 생령이 다 각각 자기가 자기의 조물주"(대종경 6 : 9, 241쪽)라는 언명에서도 잘 드러나고 있다.

양론이 강조되고 있다. 또한 소태산은 수양을 밖으로 '氣質의 수양'과 안으로 '心性의 수양'이라는 두 방향의 과제를 구분하면서, 기질의 수양을 통해 얻은 결과를 맹자가 말하는 '不動心'으로 제시한다.13) 그것은 기질과 연결된 마음과 성품과 연결된 마음의 정밀한 분석을 포함하는 인식으로 이해할 수도 있다.

"二帝와 三王은 이 마음을 보존한 이요, 夏桀과 商受는 이 마음을 잃은 이다"라는 蔡沈의 '書集傳序' 구절에 대하여, "돌아오는 시대에 큰 秘訣이 되리라"(대종경 4 : 53)는 소태산의 언명은 '마음'의 보존여부를 수양의 핵심으로 확인하고 있음을 보여준다. 맹자도 학문을 '흩어지는 마음을 거두어들이는 것'[求放心]이라 지적하였다. 모든 어려운 상황 속에서도 자신이 자신의 마음을 간직하고 있는 것은 맹자가 말하는 '恒心'의 문제라고 할 수 있다면, 자신의 마음을 상실하고 있는 상태란 맹자에 있어서 '自暴·自棄'에 해당하는 것이라 할 수 있겠다.

또한 이 마음의 수양은 '一心공부'로 이해될 수도 있다. 소태산은 마음의 안정을 얻는 방법을 제시하면서 마음이 만나는 상황을 動時와 靜時의 두 때가 있는 것으로 파악하고 마음이 안정[定靜]을 얻는 방법으로도 內定靜과 外定靜으로 분석하고 있다.14) 그것은 마치 유교적 수양론의 居敬공부에서 靜時공부로서 存養[存心養性]하고 動時공부로서 省察하기를 요구하는 것과 동일한 구조를 보여주고 있다.

소태산은 마음의 수양에서 喜·怒·哀·樂의 감정을 제거하도록 요구하는 것이 아니다. 그는 "喜·怒·哀·樂을 곳과 때에 마땅하게 써서 자유로운 마음 기틀을 걸림없이 운용하되 中道에만 어그러지지 않게 하라"(대종경 3 : 37)고 요구한다. 그것은 喜·怒·哀·樂의 감정이 발동하여 절도에 알맞기를 요구하는 『중용』의 정신과 일치하는 것이

---

13) 『대종경』 3 : 16, 151~152쪽.
14) 『대종경』 3 : 17~19, 153~154쪽.

며, 그만큼 '寂滅'의 불교적 수양법이 아니라 '中庸'의 유교적 수양법과 일치하는 것이라 할 수 있겠다.

특히 욕심의 경우도 없앨 것이 아니라 도리어 키움으로써, 작은 욕심을 큰 誓願으로 돌려 키우도록 요구하는 사실에서 소태산의 중요한 사상적 단초를 발견할 수 있을 것이다. 그것은 불교적 '滅欲'이나 성리학의 '去人欲'도 아니요, 맹자의 '寡欲'도 아니다. 오히려 茶山에 있어서 欲心을 모든 인간적 관심과 지향의 추진력이라 파악되는 적극적 현실인식과 통하는 것이라 볼 수도 있을 것이다.15)

소태산은 發心을 하여 깨달음에 이르는 과정에서 '공부의 순서'를 특히 중요시하여 제시하고 있다.

"큰 願이 있은 뒤에 큰 信이 나고, 큰 信이 난 뒤에 큰 忿이 나고, 큰 忿이 난 다음에 큰 의심이 나고, 큰 의심이 있은 다음에 큰 정성이 나고, 큰 정성이 있은 다음에 크게 깨달음이 있으며, 깨달아 아는 것도 한 번에 끝나는 것이 아니라 千通 萬通이 있나니라."(대종경 3 : 43)

이것은 「敎理圖」의 8조목 가운데 進行四條로 제시되고 있는 信・忿・疑・誠과 연결된 것으로서, 유교의 공부방법에서도 중요시되는 조목들이다. 곧 공자가 말하는 '信而好古'의 '信', '發憤忘食'의 '憤'이나, 주희가 말하는 '大疑則大進'(크게 의심하면 크게 나아간다)의 '疑', 『중용』에서 말하는 '誠則明'의 '誠'으로서 모두 수양공부의 중요한 조목을 이룬다. 특히 소태산에 의해 공부의 진행과정으로서 이해되고 있는 순서는 『중용』의 '博學・審問・愼思・明辨・篤行'의 순서와 대비시켜보면 각각의 특징을 엿볼 수 있게 한다. 곧 學・問・思・辨・行의 방법은 지식과 사변의 긴 과정을 거쳐 행위로 나아가게 하는 主知的 방법의 이원적 성격을 보여주는 것이라 한다면, 信・忿・疑・誠의 방법은 신념과 고민을 거쳐 성실에로 나아가는 信念的 방법

---

15) 『與猶堂全書』 2~2, 39b, 「心經密驗」, "吾人靈體之內, 本有願欲一端, 若無此欲心, 卽天下萬事, 都無可做."

의 일원적 성격을 지니는 것이라 할 수 있다.

소태산은 전통의 유교나 불교의 수양공부에서는 공부와 일이 이원화되어, 공부와 일이 서로 돌아보지 못하고 있음을 비판하고 있다. 따라서 그 자신은 "공부를 잘하면 일이 잘되고 일을 잘하면 공부가 잘되어, ……이 動과 靜에 間斷이 없는 큰 공부에 힘쓸지어다"(대종경 3 : 3)라 강조하고 있다. 이처럼 공부와 일이 유리됨은 유교의 道學的 수양공부에서 뚜렷한 폐단으로 나타난 것을 적절히 지적하였다. 朱熹의 先知後行的 이원화에 대해 유교전통 안에서도 이를 극복하기 위해 王守仁이 知行合一論을 제시하기도 하였다. 또한 지식과 현실의 일치를 추구하는 것은 實心·實事의 공부를 강조하는 유교의 實學에서는 지속적으로 강조되어왔던 문제점으로 소태산의 實學的 성격을 드러내 주는 것이기도 하다.

또한 소태산은 실천과정에서 점차적 과정을 중요시하여 "'以小成大'는 天理의 원칙이니라"(대종경 13 : 30)라고 강조한다. 유교적 의식에서는 일에서나 공부에서 갑작스러운 성취나 급하게 이루려는 욕심은 언제나 경계되었다. 가까운 데서 먼 데로 작은 데서 큰 데로 차례차례 축적을 위하여 마침내 達道에 이르는 것이요, 주희의 『대학』 '格物補亡章'에서처럼 '用力之久, 而一旦豁然貫通焉'하는 것이 수양론의 중요원칙으로 강조되어 왔던 사실을 기억할 필요가 있다.

(4) 사회의식 ─報恩과 奉公

원불교는 철저한 사회의식을 지니고 있다는 점에서, 이른바 '出世間'의 종교라고 지적되던 전통불교에 비하면 '入世間法과 出世間法을 겸한 것'으로 규정된 유교와 매우 긴밀한 연관성을 보여준다.16) 소태산 자신은 이를 人道上要法을 주체로 삼는다고 지적하며, 초월적 신비적 神通力의 추구가 邪道에 빠질 수 있음을 엄밀하게 경계한다.[17) 그가 참 道人은 사람의 총중에서 사람의 道를 행할 따름이라"(대종경 4 : 59)고 역설한 것도 그의 가르침이 입각한 기본 입장이 바로 인간의 인격과 인간의 사회에 있는 것임을 확인할 수 있다. 그는 종교와 정치의 관계를 慈母와 嚴父의 관계나 수레의 두 바퀴에 비유하여 상호보완적 내지 일관적 연관성을 확인하고 있다.

"종교와 정치는 한 가정에 慈母와 嚴父같나니 종교는 도덕에 근원하여 사람의 마음을 가르쳐 죄를 짓기 전에 미리 방지하고 복을 짓게 하는 법이요, 정치는 법률에 근원하여 일의 결과를 보아서 상과 벌을 베푸는 법이라. ……우리는 먼저 우리의 敎義를 충분히 알아야 할 것이요, 안 후에는 이 교의를 세상에 널리 베풀어서 참다운 도덕에 근본한 善政 德治를 베풀어 모든 생령과 한 가지 낙원의 생활을 하여 우리의 책임을 다하였다 하리라."(대종경 2 : 36)

"종교와 정치가 세상을 운전하는 것은 수레의 두 바퀴 같나니, ……종교와 정치도 또한 이와 같아서 세상을 잘 운전하기로 하면 시대를 따라서 부패하거나 폐단이 생기지 않게 할 것이요, 그 지도자가 人心의 정도를 맞추어서 적당하게 법을 쓰고 政事를 하여야 할 것이다."(대종경 2 : 38)

소태산은 종교의 기본성격을 도덕으로 인식하고 있는 점에서 이미 유교와 매우 근접한 종교관을 지니고 있으며, 이 종교의 敎義가 '참다운 도덕에 근본한 善政德治를 베풀기'를 추구하고 있는 점에서 도덕에 기초하여 정치로 지향하는 것을 자신의 책임으로 밝히고 있다. 그것은 인간 삶에서 내면의 인격에 도덕을 확립하고 외면의 사회에 정치를 바르게 하여 내외일치를 추구하려는 종교의 사회적 지향성을 명

---

16) 李炳憲, 『儒敎復原論』 제2장 「儒敎性質」, "比諸支那之前聖, 則多出世間法, 而較諸西方之敎祖. 則多入世間法, 此儒敎之性質, 所以異於西敎."
17) 『대종경』 3 : 41, 166~167쪽.

백하게 제시한 것이라 볼 수 있다.

소태산은 자연현상으로 동남풍과 서북풍이 있는 것에 상응하여 인간사회에는 敎化를 주재하는 도덕(종교)의 바람과 賞罰을 주재하는 법률(정치)의 바람에 비유하면서, 생명을 살리고 구원하는 도덕(종교)의 동남풍을 마음속에서 살려내도록 요구하고 있다.

"嚴冬雪寒에 모든 생령이 음울한 공기 속에서 갖은 고통을 받다가 동남풍의 훈훈한 기운을 만나서 일제히 소생함과 같이 공포에 싸인 생령이 안심을 얻고, 원망에 싸인 생령이 감사를 얻고, 相克에 싸인 생령이 相生을 얻고, 罪苦에 얽힌 생령이 해탈을 얻고, 타락에 처한 생령이 갱생을 얻어서 가정·사회·국가·세계 어느 곳에든지 당하는 곳마다 化하게 된다면 그 얼마나 거룩하고 장한 일이겠는가. 이것이 곧 나의 가르치는 본의요, 그대들이 행할 바 길이니라."(대종경 2:37)

소태산이 제시한 종교(도덕·동남풍)와 정치(법률·서북풍)의 관계는 유교적 규범체계에서 보면 마치 仁(惻隱之心)과 義(羞惡之心)의 관계나 敬(直內)과 義(方外)의 관계, 또는 明明德(修己)과 親民(治人)의 관계라는 內·外, 表·裏, 本·末을 이루는 이원구조에 대한 인식에 견주어볼 수 있다.

따라서 그는 道를 天道·地道·人道로 나누고 다시 人道에서도 육신이 향하는 길과 정신이 행하는 길을 구별한다. 여기서 그가 지향하는 정신이 행하는 길은 근원적으로 '본래 성품인 생멸 없는 道와 인과응보 되는 道'를 제시하지만, 구체적으로 개인·가정·사회·국가라는 경계에 따라 다양하게 나타나는 것으로 지적하면서, 그 예로서 부모·자녀 사이, 상하 사이, 부부 사이, 붕우 사이, 동포 사이 등에서 각각의 행할 바 길이 있으며, 나아가 각각의 인간관계에서 德이 나타남을 제시하고 있다.[18] 이러한 인간관계의 구체적 길은 바로 유교가 도

---

18) 『대종경』 4:1~2, 184~185쪽.

덕적 기반으로 확인하고 있는 五倫의 綱常的 인간관계임을 엿볼 수 있다. 鼎山 宋奎는 '五倫을 동양윤리의 표준으로서 가정·사회·국가의 모든 규범이 이에 근본하여 세워져 있던 것'이라 인정하고, 이를 오늘의 시대에 맞도록 재해석하여, "부모와 자녀는 친함이 있으며, 위와 아래는 의리가 있으며, 남편과 아내는 화합이 있으며, 어른과 어린 이는 차서가 있으며, 동포와 동포는 신의가 있으라"(鼎山宗師 法語 6 : 62)고 제시한다.

소태산은 가정의 중요성을 강조하면서 "한 가정은 곧 작은 나라인 동시에 큰 나라의 근본이 되나니……"(대종경 4 : 42)라 하여, 가정을 근본으로 국가로 나아가는 『대학』의 8조목에서 제시한 修身-齊家-治國平天下 사이의 本來的 내지 擴張的 관계의 인식을 보여주고 있다. 이와 관련하여 소태산은 "자기 가정에서 부모에게 효도하고 형제간에 우애하는 사람으로 남에게 악할 사람이 적고, 부모에게 불효하고 형제 간에 불목하는 사람으로 남에게 선할 사람이 적나니"(대종경 4 : 11)라 하여, 가정의 덕목으로 '효도'[孝]와 우애[悌]의 가치를 적극적으로 강조하며, 여기서 "孝는 百行의 근본이다"라 하거나 "忠臣을 孝子의 門에서 구한다"라고 한 유교의 격언들을 인용하기도 한다.

또한 소태산 자신은 춘향전·심청전·홍부전 등 唱劇을 듣고는 "忠·烈·孝·悌가 그 형식은 시대를 따라 서로 다르나, 그 정신만은 어느 시대에나 변함없이 활용되어야 한다"(대종경 12 : 41)고 언급하고 있다. 곧 유교의 규범체계로서 三剛을 이루는 忠·孝·烈과 가족윤리의 기본덕목인 孝·悌를 소태산은 긍정적으로 받아들이면서, 한편으로 시대에 따라 변하는 형식적 측면과 다른 한편으로 시대를 넘어서 불변하는 정신적 측면을 구분하여 인식하는 常과 變의 양면성을 통찰하고 있다.

나아가 소태산은 유교전통사회의 폐단으로서 개인·가정·사회·국가의 폐쇄적 테두리를 넘어서 하나의 융통하는 일체화된 사회의식을 제시하고 있다.

"지금은 대개 사람이 죄짓기를 좋아하며, 죄 다스리는 감옥이 있고, 개인·가정·사회·국가가 국한을 정하여 울과 담을 쌓아서 서로 방어에 전력하지마는, 오는 세상에는 죄 짓기를 싫어할 것이며, 개인·가정·사회·국가가 국한을 터서 서로 융통하리라."(대종경 14 : 20)

이처럼 사회공동체 단위의 폐쇄성을 극복하려는 그의 지향은 유교사회의 전통에 대한 명백한 비판의식을 포함하고 있으며, 그것은 또한 康有爲에 의해 『禮記』 禮運편에서 이끌어낸 '大同'의 이상사회의식과 통하는 것이라 볼 수 있다. 이러한 의미에서 그는 가정과 국가의 사회단위를 현실적으로 중요시하면서도 이상적으로 사회개혁의식을 내포하고 있음을 보여준다.

소태산은 "지금은 묵은 세상을 새 세상으로 건설해야 할 시기"(대종경 14 : 11)라 지적하여, 자신의 시대적 과제로서 사회개혁의 신념을 밝히고 있다. 그의 사회개혁구상에서는 그 이념적 기초로서 四恩(天地·父母·同胞·法律)의 '知恩과 報恩' 및 '無我奉公'의 두 신념을 음미해볼 필요가 있다.

먼저 세계의 모든 존재에 대해 은혜를 입고 있음을 인식하고 그 은혜에 보답한다는 질서는 서양에서 도입된 進化論의 生存競爭·弱肉强食 원리에 따른 공격과 갈등의 체계가 아니고 세계의 모든 존재와 화해하고 조화를 이루는 평화의 지향이라 할 수 있다. 그것은 "相克에 싸인 生靈이 相生을 얻도록"(대종경 2 : 37) 이끌어가는 방향의 전환을 의미한다. 그것은 유교의 仁·恕·和의 덕목과 일치하며, 이를 실천원리로서 더욱 생동적으로 제시해주고 있는 것이라 이해해볼 수도 있을 것 같다.

다음으로 사회기강이 붕괴할 때 일어나는 이기주의의 사회적 병폐를 치료하기 위한 처방으로 '無我奉公'의 원리가 제시된 것으로 이해된다. 곧 소태산은 "그 義만 바루고 그 利를 도모하지 아니하며, 그

道만 밝히고 그 功을 계교하지 아니한다"는 董仲舒의 말을 인정하면서, 이를 보완하여 "그 義만 바루고 그 利를 도모하지 아니하면 큰 利가 돌아오고, 그 道만 밝히고 그 功을 계교하지 아니하면 큰 功이 돌아오나니라"(대종경 4 : 7)고 제시한다. 사사로운 利와 功을 추구하는 것이 아니라 公共한 義와 道를 추구함으로써 公利와 公功을 얻는다는 의미이다.

소태산의 마음씀이나 일을 처리[運心處事]하는 것을 "순연히 公 하나뿐이시요, 私라는 대상이 따로 있지 아니하사"(대종경 12 : 47)라고 찬미한 사실에서도 奉公의 덕이 얼마나 중요시되고 있는지 엿볼 수 있다. 義와 利를 분별하고, 公[天理]·私[人欲]를 구별하며, 君子와 小人을 가르는 것은 조선시대 유교의 義理論이 추구하는 핵심과제이며 전통사회의 가치관에 기준을 이루고 있었다. 그만큼 소태산은 유교적 의리론의 전통을 그 정신적 저류에 받아들이고 있는 것으로 이해할 수 있겠다,

소태산은 유교전통의 聖王인 周의 武王이 紂를 치고 혁명을 한 사건에 대해서도 "나는 武王의 경우를 당하면 백성의 願을 좇아 紂를 치는 일은 부득이 행하려니와 그 位는 다른 어진 이에게 사양하겠노라. 그러나 어진 이가 없거나 그 位를 사양하여도 천하 사람들이 듣지 아니할 때에는 또한 어찌할 수 없나니라"(대종경 4 : 58) 하여, 공자가 "盡美나 未盡善이라" 평가한 사실에서 나아가 盡善盡美하기를 추구하는 것으로 私心의 한 점 의심도 허락하지 않으려는 公義에 대한 성실성을 확인할 수 있다.

나아가 구체적인 사회적 실천과제에 있어서, 먼저 소태산은 당시 세상의 병을 진단하여 여섯 가지로 제시하고 있다.

곧 첫째 의리나 염치를 망각한 '돈의 병'이요,

둘째 은혜를 망각한 '원망의 병'이요,

셋째 놀고 먹으려 하는 '의뢰의 병'이요,

넷째 자만심에 빠져서 '배울 줄 모르는 병'이요,

다섯째 자만하고 자긍하여 '가르칠줄 모르는 병'이요,

여섯째 개인주의에 젖어 '공익심이 없는 병'이다.[19]

이러한 사회의 병적 현상은 대부분 유교전통의 사회에서 발생한 폐단을 지적한 것이다. 그것은 사실상 유교이념이 극복하고자 추구하였던 과제이며 그 말기적 사회현상으로 나타난 것이기도 하다. 특히 당파적 분열과 서로를 비난하고 원망하는 사회풍조나 혈연공동체에 의존하여 자립하지 못하는 현상, 유생들이 노동을 거부하고 무위도식하는 현상은 조선후기의 실학자들도 깊이 통탄하고 혁신하고자 추구하던 병폐요소였다. 自力養成의 敎示는 바로 유교사회전통의 의존적 타성을 비판하고 이에 대한 처방이라 할 수 있다. 또한 유교사회의 신분질서 속에서 독서인층이 서민대중으로부터 독립되어 교육의 대중화를 외면한 현상이나 선생의 권위만 내세우고 헌신적 교육을 소홀히 한 사실과 공동체의 폐쇄성으로 公德心이 결핍된 현상들은 유교전통이 책임을 져야 할 폐단으로서 스스로 개혁하려는 의지가 미약한 사회적 문제점들이다.

소태산은 "안으로 정신문명을 촉진하여 道學을 발전시키고 밖으로 물질문명을 촉진하여 科學을 발전시켜야 靈肉이 雙全하고 內外가 兼全하여 결함없는 세상이 되리라"(대종경 2 : 31) 하여 현대사회에서 정신문명과 물질문명의 균형을 추구하고 있다. 그것은 물질문명에 치우친 서양문명과 정신문명에 사로잡힌 동양문명의 두 폐단을 극복하고 종합하여 지양하는 새로운 세계의 문명적 요구를 밝히고 있는 것이다.

소태산은 교육의 가정적·사회적 중요성에 관한 깊은 이해를 지녔던 것으로 보인다. 가정에서 자녀교육을 위한 방법으로서 心敎·行敎·言敎·嚴敎로 나누어 구체적으로 제시하고 있다. 이러한 교육에

---

19) 『대종경』 2 : 34, 133~134쪽.

대한 관심은 가정교육에서 나아가 타자녀교육의 중요성에 대한 인식으로 확산된다.20) 또한 가정의 모범으로서 예산과 저축의 가정경제와 정당한 직업선택, 부부 사이의 경제적 자립, 국가・사회의 부강화, 국가・사회에 대한 의무와 책임, 자녀교육과 유산의 공공기관 희사를 요구하는 등 사회생활의 충실화를 위한 개혁적 방법을 제시한다. 유교전통의 기본의례인 朱子家禮 곧 冠・昏・喪・祭에 대해 낭비를 삼가도록 하여 유교사회의 폐단에 대한 인식을 하면서, "한갓 인색한 마음으로 절약만 하는 것은 혁신 예법의 본의가 아니라"(대종경 4 : 20) 하여 의례의 중요성을 각성시킨다. 이어서 "昏禮 새 생활의 비롯이니 절약을 주로 하여 생활의 근거를 세워줌이 더욱 옳을 것이요, 葬禮는 일생의 마침이니 열반인의 공덕에 비추어 후인의 도리에 소홀함이 없게 하는 것이 또한 옳으리라" 하여, 혼례와 상례의 정신과 의례를 의미 있게 확인하여 유교전통의례의 폐단을 넘어선 새로운 의례의 원리와 형식을 제시하고 있다.

소태산은 새로운 사회가 지닌 역사적 의미를 명확하게 인식하여 제시한다. "이 시대는 전세계 인류가 차차 장년기에 들어 그 知見이 발달되는지라"(대종경 2 : 14)라 하여, 서민대중의 지각의 열리는 계몽의 시대임을 확인한다. 따라서 한 사회 안에 특수한 識者層(讀書人層)이 愚衆과 분리되는 것이 아니라 동일한 교육을 받고, 지식을 공유하게 되는 평등화가 일어나는 것임을 의미한다. 그는 "천하사람이 다 행할 수 있는 것은 천하의 큰 道"라 하여 道의 인류적 일치성을 제시한다. 그것은 19세기 중엽의 실학자였던 崔漢綺가 말하고 있는 바 '天下皆同之敎' 또는 '天下萬世通行之敎'의 정신과 소통하는 것이라 보고싶다.21)

---

20) 『대종경』 4 : 45, 209쪽, 『正典』 제2敎義編 3장 3절 他子女敎育 42~44쪽.
21) 琴章泰, 『韓國實學思想硏究』 1987, 集文堂, 285쪽 참조.

⑸ 공유된 토양과 얽힌 가지

중국에서 한반도에 전래하여 이천 년 가까이 우리 역사와 함께 우리의 골수에 흡수된 정신적 전통으로서 유교와 최근세 우리 역사의 격동기였던 75년 전 우리 땅에서 自生한 종교사상으로서의 소태산사상(원불교) 사이에는 지표면 아래를 흐르는 우리 역사와 정신사의 큰 흐름을 공유하고 있다는 것은 부인하기 어렵다.

그러나 한 시대의 역사적 요구에 대한 대답이 처지에 따라 다르게 나타나는 것은 자연스러운 현상이다. 바로 여기에 소태산의 사상은 유교전통의 토양에서 빨아들인 진한 영양소를 공유하고 있으며, 그러면서도 늙은 고목에 얽힌 새로운 가지의 신선한 잎사귀는 뚜렷한 대조를 이루고 있다. 공통의 저변, 비판적 극복의 구체적 문제, 그리고 이념의 방향에서 일치점이 얽히고 있기에 서로에 대한 자극과 서로를 위한 보완의 역할이 쉽게 얻어질 수 있을 것으로 본다.

특히 유교의 현실사회에 대한 관심과 인간의 종교로서 구체적 인격의 현실적 이해는 바로 소태산의 사상이 펼쳐지는 세계와 두 손바닥이 만나듯 잘 들어맞는 것으로 보인다. 그러나 소태산의 활력에 넘친 개혁의지와 창의적 정신은 노쇠한 유교의 자기개혁을 위한 신선한 충동이 될 수 있을 것 같다. 오랜 연륜 속에 갈고 다듬은 유교의 심성론적 인식과 수양론적 방법은 세속성을 저버리지 않은 근원적 세계의 지향을 위한 노숙한 지혜로 의미있게 활용될 수 있는 가능성이 있는 것으로 보인다.

삶의 현실 속에서 '산 경전'을 읽는 活看의 안목은 實心과 實事로 實學을 탐색하던 근세유교의 시도에 대해 같은 연장선상의 새로운 실현으로 이해될 수 있으며, 佛法과 生活을 일치시키는 修道 자세는 日用平常의 道를 확인하던 先儒와 心同이요 理同이라 하겠다. 유교사상과 소태산사상 사이에는 서로에 대한 앎이 깊어질수록 그 차이는 작아지고 공통의 기반은 넓어질 것으로 내다본다.

8. 改革運動과 島山의 人間改造思想

(1) 시대상황과 島山의 인간개조사상

島山 安昌浩(1878~1938)가 살았던 시대는 조선사회가 붕괴하고 日帝의 침략으로 국권을 상실하는 격동기였다. 이 시기는 바로 그 자신을 비롯한 애국지사들에 의해 국권수호와 국권회복을 위한 민족운동이 전개되던 시대였던 것이다. 그의 일생은 사회가 격변하고 민족이 수난을 당하는 이 역사적 위기를 만나 국민계몽과 민족독립운동에 혼신의 정열을 기울였다.

그의 생애를 크게 세 시기로 나누어 볼 수 있다.[1]

① 그의 소년기는 개화사상의 폭풍 속에서 보냈다. 오는 甲申政變(1884)이 일어나던 6세 때부터 漢文수업을 받다가, 清日戰爭과 甲午更張(1894)이 일어나던 16세 때는 서울에 올라가 언더우드의 救世學堂에 입학하여 新學에 눈떴다.

② 그의 청년기는 19세 때 獨立協會에 가입하고, 평양에서 萬民共同會 關西支部를 발기하여 快哉亭에서 첫 연설을 하면서 시작되었다. 그 후 20대의 청년기에 애국계몽운동의 격류에 뛰어들었다. 24세 때 미국으로 건너가 韓人親睦會・共立協會를 조직하였고, 29세 때 귀국하여

---

1) 李甲世는 그의 생애를 여섯 시기로 나누고 있다. 1. 소년기(21세 이전: 독립협회 가담 ― 미주 유학). 2. 미주유학시대(22~29세: 국민회의 창립). 3. 신민회시대(30~33세: 보호정치 밑에서 배일복국운동). 4. 미주망명시대(34~41세: 국민회・흥사단 조직). 5. 상해시대(42~54세: 임시정부 육성). 6. 피수순국시대(55~61세: 대전감옥생활과 재검거 순국). 安齊煥 편, 『도산 안창호웅변전집』 웅변구락부 출판부, 1950, 162~163쪽.

서울에서 비밀결사인 新民會를 창립하며, 평양에 大成學校를 설립하고, 청년운동단체로 靑年學友會를 창설하였다.

③ 합방 직전 32세 때 '去國歌'를 지어 부르며 망명길에 오른 이후로 남은 생애 40년 동안은, 미국과 중국 등지에서 독립운동에 바쳤으며, 특히 국내외에 수양단체 및 독립운동단체를 조직하여 독립운동이 기틀을 확보하는 데 힘썼다. 망명 후 중국을 거쳐 미국으로 건너가 大韓人國民會와 興士團을 창립하여 해외 각지에 교민과 청년을 조직화하고, 3·1운동이 일어나자, 上海로 나와 臨時政府를 조직하였다. 修養同盟會·國民代表會·韓國獨立黨을 결성하고, 독립운동 基地가 될 理想村의 건설을 위해 北中國과 滿洲를 답사하였으나 뜻을 이루지 못하였다. 54세 때(1932) 상해에서 체포되어 서울로 압송된 이후, 병고에 시달리면서 두 차례 투옥되었다가 1938년 봄 60세를 일기로 생애를 마쳤다.

1910년 이후, 전통의 예법을 수호하고 節義로써 저항하던 韓末 道學者들의 보수적 대응은 점차 침체되어 갔으며, 애국계몽사상가들이 주도하여 국내외에서 독립운동을 전개하였다. 이들의 시대인식과 대응방법은 크게 두 갈래로 나누어 볼 수 있다.

첫째는 日本의 帝國主義的 침략성이 국권을 침탈한 결과를 주목하고, 이에 대항하여 무력항쟁을 강조하는 急進的 입장으로 義兵과 獨立軍 및 烈士들이 여기에 속한다. 둘째는 국권을 상실하게 된 것은 국력이 약한 데 원인한 것으로 파악함으로써, 교육과 언론을 통해 국민을 계몽하고 산업을 일으키는 데 노력하는 漸進的 입장으로 島山은 여기에 속한다.

李東寧·金九·申采浩 등 합방 전에는 계몽운동을 하다가 합방 후에는 무력항쟁을 주장한 인물도 있으나, 島山은 처음부터 끝까지 국민을 조직화하고 계몽하는 일로 일관하였던 인물이다. 島山이 1910년 망명 직후 독립운동가를 결집하여 靑島會議를 열었을 때에도 李東輝 등 무력항쟁을 주장하는 급진론과 島山 등 동포들의 교육과 산업을 진흥하여 힘을 길러야 한다는 점진론이 일치하지 못하여 해산되고 말았다.

이처럼 島山은 당시에 강력하게 제기된 무력항쟁으로 분출되는 抗日意識의 민족적 憤氣를 억누르고, 교육을 통한 국민정신의 힘을 기르고 산업을 일으켜 경제적 힘을 길러야 한다는 점진론을 주장하였으며, 그것은 국권을 확보하기 위한 기초인 국민과 개인의 구체적 역할에 대한 확고한 인식에 기초하는 것이라 할 수 있다. 19세 때 快哉亭에서 처음으로 연설을 하면서도 "우리 2천만이 도덕 있는 국민이 되고 지식 있는 국민이 되고 단합하는 국민이 되어서 정치·경제·군사적으로 남에게 멸시를 안 받도록 할 것"을 주장하고, 이를 위해 "나 자신이 德 있고 知 있고 애국심 있는, 즉 힘 있는 사람이 되어야 할 것"을 역설하였다.2) 따라서 그는 국가의 독립을 지탱할 수 있는 힘의 원천은 도덕과 지식이 있는 국민의 힘이라 보고, 국민적 힘은 개인의 도덕·지식의 힘에 기초하여 개인의 힘이 단합한 것이라 보았다.

나아가 島山은 우리나라가 힘을 잃고 해이되어 온갖 폐단으로 누적되어 있는 현실을 진지하게 성찰하고, 그 改革(改造)의 필요성을 절실하게 인식하고 있었다. 그는 이 개혁의 출발점을 개인의 내면적 인격을 개혁하는 데서 찾았으며, 그것이 그의 '인간개조'의 요구라 할 수 있다. 각각의 나 자신 곧 인간 개개인의 인격(도덕성·지식·애국심·단결……)을 개혁함으로써 힘의 원천을 계발하며, 개인의 인격적 힘은 그 활동영역인 사회의 개혁을 실현할 수 있고, 나아가 개인의 집합으로서 민족적 개혁을 실현함으로써 그 힘으로 국가의 독립과 번영을 확보할 수 있다는 것이다.

이러한 의미에서 그의 인간개조 방법론은 개인·사회·민족·국가가 서로 맞물려 있는 톱니로 이해하는 인간관과 국가관에 근거하고있

---

2) 같은 책, 7쪽.

으며, 그 동력의 단초는 개인의 인격적 힘에서 작용하는 것으로 파악하고 있다. 그는 이 개인의 혁신을 사회적으로 구현하고 결합할 수 있는 방법으로서 사회단체의 조직에 관심과 정열을 기울였다. 여기서 그가 조직한 사회단체는 항상 개인의 인격적 혁신을 실천하는 修養을 그 목표로서 제시하고 있다는 사실을 주목할 필요가 있다. 그가 추구하는 개인의 인격은 언제나 민족적 공동체로 열려 있고, 민족의식을 통해 결합될 수 있으며, 민족의식은 국가의 권력을 장악하는 것이 아니라 국가의 튼튼한 기초를 배양하는 것으로 나타나고 있음을 본다.

(2) 인간개조와 도덕적 각성

島山이 제기한 '개조'의 개념은 그가 살았던 시대사상과 역사의식을 함축하고 있다. 곧 西歐의 제도를 수용하여 文明開化論을 따르는 開化思想은 未開의 상태에서 文明의 상태로 개혁을 추구하고, 국가의 힘을 길러 國權을 수호하려는 自强論은 무기력한 예속 상태에서 강력한 자주성을 확립하기 위한 개혁을 추구하며, 대중 속에서 힘을 길러 국권을 수호하려는 愛國啓蒙思想은 국민을 무지와 빈곤에서 벗어나 지식과 산업을 일으키려는 개혁을 추구하는 '개혁'의식을 '개조'로 파악한 것이다. 그것은 우리 역사적 상황과 현실이 침체하고 무기력에 빠져 일본의 침략으로부터 국권을 수호할 힘이 없다는 사실을 주목하고, 민족과 국가의 존속을 위해 국민정신에서부터 사회제도에 이르기까지 광범한 개혁이 요구된다는 인식에 근거한 것이다. 따라서 '개조'는 개혁·혁신·변혁의 의미와 같은 그 시대의 언어였으며, 인간이나 사회를 어떤 특정한 의지가 恣意的으로 조작한다는 의미는 아니다.

그는 改造가 문명을 성취하고, 그 문명은 인류의 행복을 낳는다는 이상을 전제로 하였으므로, "한국을 개조하여 문명한 한국을 만들자"고 역설한다.

"우리 전 인류의 다 같이 切望하고, 또 최종의 목적으로 하는 바가 무엇이오? 나는 이것을 '전인류의 완전한 행복'이라 하오, ……나는 이 행복의 어머니는 '문명'이라 하오. ……문명의 어머니는 '노력'이요. ……곧 '개조'하는 일에 노력함으로써 문명을 얻을 수 있소. 그러므로 내가 말하기를 '우리 사람이 일생에 힘써야 할 일은 改造하는 일이라' 하였소."[3]

그는 문명을 정의하면서, "'文'은 아름다운 것이요, '明'은 밝은 것이니, 화려하고 광명한 것입니다"라고 漢字의 글자풀이를 통해 그 이상형을 인식하고 있다. 그러나 그는 "문명한 한국을 만들기 위하여 모든 것을 개조해야 한다"고 강조하면서, "우리의 교육·종교·농업·상업·토목·풍속·습관·음식·의복·거처·도시·농촌을 개조하고, 심지어 우리의 강과 산까지도 개조하여야 한다"[4]고 제시하여, 우리의 모든 생활영역에서 개혁을 추구하는 강한 신념과 의지를 보여준다. 문화·산업·풍속·의식주 생활·도시 및 강과 산의 자연환경까지 모든 영역에서 우리가 무지와 나태함으로 미개함을 면하지 못하였다고 파악하였고, 이를 개혁함으로써 우리의 삶을 문명하게 개조하고자 하는 것이다.

도산은 "나라가 없고서 一家와 一身이 있을 수 없고, 민족이 천대를 받을 때에 나 혼자만 영광을 누릴 수는 없다"고 말하면서, 개인과 가정을 민족과 국가와 서로 연관되어 있는 유기적 관계로 파악하면서, 국가와 민족을 개인과 가정에 대해 우위적인 것으로 본다. 그러나 그는 개인과 가정을 국가와 민족의 근본으로 파악하는 本末論的 인식을 지니고 있다.[5] 따라서 민족을 문명하게 하는 개조 작업을 위해서는 각

---

3) 安昌浩, 『나의 사랑하는 젊은이들에게』, 志成문화사, 1987, 69~70쪽.
4) 같은 책, 71~72쪽.

개인의 人間改造, 곧 '自我革新'을 가장 기초적이요 선행적인 과제로 제시한다. 그는 青年學友會의 第一目的에 있는 '自我革新'을 해명하면서, 自我革新이 民族革新의 기초가 됨을 확인한다. 여기에 島山의 '人間改造' 사상의 기본논리를 엿볼 수 있다.

"亡國하던 민족이 그대로 興國하는 민족이 되기를 바라는 것은 마치 쓰러진 집에 썩은 재목으로 새 집을 세우려는 것과 마찬가지다. 그러므로 내 눈에는 정치적 독립 여부 이상으로 민족의 흥망이 보여진다. 民力·民氣가 興旺하면 국가의 독립과 昌盛은 필연적으로 자동적으로 따라오는 것인데, 우리 민족의 현재상태로는 비약의 가망이 묘연하다. 그러면 무엇보다 급선무가 自我革新 나아가서 民族革新이다."6)

그는 인간의 본질적 가치를 인격이라 하고, 개인으로서 인간이 지닌 근원적 힘은 바로 '인격의 힘'이라 본다. 그는 개인의 건전한 인격을 통해 실현할 수 있는 힘이 바로 민족의 힘으로 발휘되는 것임을 강조한다. 이처럼 그는 근본을 확립함으로써 튼튼한 기초 위에 사회와 민족의 역량을 확보하고자 하는 근본주의적 입장을 제시하고 있다.

"개인의 인격이 없고는 高度민족을 완성할 수 없고, 개인으로나 민족으로나 '힘'있는 자가 되지 못한다. …… 민족이 가장 큰 '힘'을 발하는 길은 오직 한 길, 즉 민족 각 개인의 인격을 건전케 하는 길이다."7)

그는 건전한 인격을 닦아가는 데 필요한 기본적 전제조건으로 확고한 신념을 강조한다. 그 자신 당시의 역사적 좌절을 겪으며 실의에 빠진 청년들을 격려하면서 무엇보다 확고한 신념과 끈질긴 인내력의 필요성을 절실히 체험했을 것이다. 맹자도 '自暴自棄하는 사람과는 더불어 말할 수도 함께 일할 수도 없다'고 지적하였다. 그는 당시 청년들

5) 『대학』에서 修身을 根本으로 하고 齊家·治國·平天下를 枝末로 제시하는 유교적 본말론과 통하는 것으로 보인다.
6) 安齊煥, 위의 책, 33쪽.
7) 같은 책, 131쪽.

에게 가장 경계하여야 할 가장 큰 원수로서 '방황'과 '주저'를 제시하며, 방황을 극복하고 명확한 판단을 내릴 것과 주저를 극복하고 끈질기게 추진해나갈 것을 역설하였다.

"비관과 낙망할 만한 처지에 있는 오늘 대한의 청년은 특별히 인내력을 길러야 되겠습니다. 그래서 첫째 옳다 하는 일에 밝은 판단을 내리고, 둘째 판단한 일은 끝까지 잡고 나아가야 되겠습니다."[8]

그는 민족의 혁신에 기초가 되는 자아혁신의 구체적 내용으로서 '도덕성과 지식과 경제력'을 세계 열강의 수준으로 향상시킬 것을 제시한다. 그것은 도덕·지식·경제가 바로 힘의 조건이요, 자아혁신의 과제는 기본적으로 힘을 배양하는 것이라 할 수 있다. 자아혁신을 통해 개인의 힘을 기르고, 그 힘이 모여서 민족의 힘으로 확립되면 민족의 자주독립은 자동적으로 성취되고 보장된다는 것이다.

"우리 민족 各員이 도덕적으로나 지식적으로나 경제적으로 저 英美國만한 정도에 끌어올려야만 우리나라가 세계열강과 같은 수준에 설 것이다. ……완전 자주독립은 오직 개인의 힘과 그 힘의 조직에서만 올 것을 믿기 때문에 우리의 독립운동은 各自의 自我革新에 있다고 단언한다."[9]

島山에 있어서 자아혁신의 핵심적 과제는 도덕성의 자각과 실천으로 파악될 수 있다. 그는 "도덕이 인생을 위하여 있는 것이요, 인생이 도덕을 위하여 있지 아니하다" 하여, 도덕을 수단으로 인생을 목적으로 확인한다. 그만큼 그는 조선시대 道學者들처럼 道德至上主義者야 아니지만, 도덕이 인간의 삶에서 유용한 것으로 주목한다. 또한 그는 '도덕'을 정의하여, "개인으로서는 人性(즉 생리적·심리적 자연)에 합하고 사회공동체의 일원으로서는 그 공동체의 약속과 복리에 위반됨이 없는 것"이라 언명하였다. 그의 도덕관은 선천적 도덕성이나 초

---

8) 安昌浩, 위의 책, 14쪽.
9) 安齊煥, 위의 책, 33쪽.

월적 법칙이 아니라, 인간의 생명과 감정에 조화하고 공동체의 법규와 공익을 준수하는 인간적이고 실용적인 도덕개념을 받아들이는 것이다. 그는 이러한 도덕의 실천형식으로서 '예의'와 '습관'을 중시하였다.

"그는 도덕이 禮儀가 아니면 나타날 수 없고 예의는 각 개인의 반복실행에 의하는 習慣形式力이 아니면 자리잡힐 수 없는 줄을 알았다."10)

島山의 인간개조는 인격의 수양을 위한 실천을 통해 성취될 수 있다. 따라서 그는 인격개조를 위한 구체적이고 다양한 실천과제를 친절하게 제시해왔다. 그 실천과제 중의 대표적인 몇 가지를 들어보면 거짓 없음·성실·사랑 등이요, 그것은 한 마디로 務實力行으로 집약될 수 있다.

특히 그는 인간개조 곧 인격의 도야와 혁신을 실천하는 데에서 가장 강조하고 있는 것은 "말이나 행실에 거짓이 없어야 한다"는 것이었다. 그만큼 그는 당시의 우리 사회가 거짓이 심하다는 사실을 주목하였다. 거짓에 따라 불신이 만연되고 신용이 없어진다. 불신은 공동체의 결합을 어렵게 하고 분열을 심화시키며, 신용을 잃으면 산업도 장사도 성장하기가 어려워진다. 그는 이러한 우리 사회의 병증과 원인을 진단한 것이다. 崔南善은 島山의 실천정신을 요약한 '務實力行'도 '거짓말 말자'는 말로 설명되었다 한다.

"그 주장인 '무실역행'은 눈이나 귀를 즐겁게 하는 말은 다 피하고 일을 실제로 하자는 것인데, 이것은 도산 선생의 머릿속에서 창작한 정신이며 표어이었다. 선생은 그것을 알기 쉽게 설명하는 데 있어서 철학적인 문구를 쓰지 않고 '거짓말 말자'는 것이라고 단순하고 명쾌하게 말씀하셨다. '거짓말하지 않는 인간', '거짓말하지 않는 민족'이 되어야 한다는 것이었다."11)

---

10) 李光洙, 『島山 安昌浩』下, 大成문화사, 1975, 15쪽.
11) 安昌浩, 위의 책, 236쪽.

그의 인간개조는 인간의 진실을 확립하기 위한 개조요 민족의 진실을 위한 개조라 할 수 있다. 그가 평양에 大成學校를 열어 교육을 통한 민족계몽운동을 전개하면서도, 그가 추구하는 교육이념인 '건전한 인격을 가진 애국심 있는 국민의 양성'을 위한 원칙은 거짓이 없는 인격을 훈련하고, 진실성과 성실성을 실천하는 것이었다. 그는 大成學校 開校式에서, "죽더라도 거짓이 없어라. 이것이 나는 학생제군에게 최대요구이다"라고 단호하게 훈시하였다.

그는 1920년 上海 모이명路에서 열린 興士團人團問答[12)에서도 그 첫머리에서부터 입단지원자의 대답을 민족적 힘에서 한 사람의 건전한 인격으로 나가게 이끌어 가고 다시 도덕을 거짓 없는 진실성으로 확인하는 대답을 이끌어갔다. '도덕'에 대한 대답에서도, "道는 사람이 마땅히 좇아갈 길이요, 德이란 그 길을 걸어가므로, 즉 실천하므로 생기는 情意의 경향·궤도, 다시 말하면 옳은 길을 즐겨하는 버릇과 힘이다"라는 대답을 이끌어 내어, '도덕'의 개념정의를 통해 신념을 확립하게 한다. 이어서 도덕의 근본과 기초는 '참'(진실)이요 '참'은 말과 행위에 거짓이 없는 것임'을 명확하게 밝히고 있다. 바로 거짓 없는 진실한 인격으로 개조하는 것이 그의 자아혁신이 지향하는 목표요 과제이다. 그는 국가와 민족을 위한 영웅도 바로 이 거짓 없는 진실한 인격으로 인식하여, "철두철미 거짓을 벗고 오직 참으로만 나가는 사람이야말로 救國濟民의 민족적 영웅이다"[13)라고 주장했다.

島山은 거짓 없는 진실성의 성격을 誠實로 제시한다. 誠實은 곧 '務實'의 '實'을 의미하는 것으로 볼 수 있다. 그는 압록강 건너편 만주 땅의 安東(현 丹東)에 있는 '修養中心 安東縣韓人靑年會'에서 강연하면서, "『중용』에 '誠者는 天之道也오 誠之者는 人之道也'라 하였고, 또 '不誠이면 無物이라'하였으니, 誠이란 참이요, 천지는 참으로 유지

---

12) 李光洙, 위의 책, 67~81쪽.
13) 安齊煥, 위의 책, 86쪽.

되어가는 것이니, 한번 참이 깨어지면 천지는 즉각에 부서지리라"14)고 역설하였다. 그는 거짓 없음·참·성실의 의미를 『중용』의 '誠'개념과 연관시켜 해명하면서, 우리 역사와 현실이 空論과 거짓에 물들어 있음을 지적하고 있다.

그는 건전한 인격의 조건을 인간 사이에 화합할 수 있는 힘으로 이해하고, 이를 '사랑'으로 제시하여 항상 강조하였다.

"우리 민족에게는 사랑이 부족하오. 부자간의 사랑, 부부간의 사랑, 동지간의 사랑, 자기가 보는 일에 대한 사랑, 자기가 속한 단체에 대한 사랑, 모르는 사람에게 대한 사랑 등 우리 민족에게는 사랑이 부족하오. 사랑이 부족한지라 증오가 있고, 시기가 있고, 쟁투가 있고, …… 우리가 단결 못하는 원인의 하나도 여기 있소. ……그러니까 우리는 사랑하기 공부를 합시다. 務實하기 공부, 力行하기 공부를 하는 양으로 사랑하기 공부를 합시다."15)

그는 민족독립운동의 방법에서도 점진론을 제시하고 있지만, 동시에 인격개조의 방법에서도, "급하지 말고, 하는 체하지 말고, 천연스럽게, 그러나 쉬지 말고 조금씩조금씩 고쳐가고 새로워 가라"16)고 하여, 점진적이며 진실하고 지속적으로 실천할 것을 제시하였다. 동시에 그는 비근한 일상생활 속에서 수련하는 자세를 중시하여, 학생들이 당당하게 나서서 장기자랑도 하고, 노래도 부르도록 권장하며, 자연의 풍치와 음악과 미술을 사랑하는 것이 인격을 수련하고 품성을 도야하는데 유익함을 지적하고 있다. 그만큼 그는 인격의 수양방법에서도 유교전통의 도덕적 엄숙주의를 버리고, 활발한 자세와 예술적 정서를 인격형성의 중요한 요소로 인정하고 있다.

그 자신의 삶을 통한 島山의 인격은 그 노력과 진실함에 있어 한

---

14) 같은 책, 129쪽.
15) 안창호, 위의 책, 251쪽.
16) 같은 책, 250쪽.

본보기를 보여준다. 이광수는 島山이 지닌 인격의 본질을 '쉬지 않는 노력'이라 지적하고 "그의 평생은 철두철미 '謹嚴' 두 글자로 평할 수 있을 만큼 방심함이 없었다"[17]고 언급하여, 그의 성실성을 높이 평가했다. 그가 윤봉길 의사의 폭탄투척사건 직후 상해에서 체포되었을 때도 그날 上海 프랑스租界 霞飛路에 사는 한 동지의 아들에게 약속한 소년단 기부금 2원을 전해주기 위해 위험을 무릅쓰고 약속을 지켰던 사실도 그의 인격이 지닌 성실성의 모범을 보여준다.

(3) 사회적 책임과 민족개조

島山은 개인의 자아혁신을 기반으로 민족의 혁신을 추구한다. 이러한 그의 사상적 주제는 '改造'이며, 改造의 사업은 바로 개인과 민족에 있어서 생존의 진정한 모습으로 파악된다. 따라서 그는 사람을 '개조하는 동물'이라 파악하고, 개조를 할 수 없는 존재는 '사람이 아니거나 사람이라도 죽은 사람'이라고 지적하며, 민족개조에 대한 강력한 관심을 밝히고 있다. 따라서 그는 "한국 민족아! 너희가 개조할 자신이 있느냐"[18]고 외치며 민족개조를 호소한다.

島山에 있어서 개인의 자아혁신이 민족혁신으로 확장되는 개조의 이념을 제시한다. 여기서 그는 개인과 민족·국가 사이에 유기적 연관성을 전제로 하면서, 나아가 민족개조의 방법적 순서에서는 우선 자아개조를 통하여 실현된다. 따라서 그는 "진정한 민족향상은 우선 지도자층 各員의 자기개조가 아니고는 달할 수 없다"고 역설한다. 그러나 그 자아의 개조는 결국 민족의 개조를 통하여 완성되는 것이라 할 수 있다. 그것은 사회적 책임의식을 지닌 자아의 개조와 개인의 집합으로

---

17) 이광수, 위의 책, 14쪽.
18) 안창호, 위의 책, 76쪽.

이루어진 민족의 개조가 하나의 양면으로 나타난다는 것을 의미한다. 그는 한국인이 민족과 국가에 대해 '인격적 주체인 주인으로서의 자각과 책임감'을 갖도록 요구하며, 동시에 개인적인 자아혁신을 통한 '인격주체가 서로 단합'할 것을 요구한다.

먼저 책임감과 주인의식을 살펴보자. 島山은 인격의 힘이란 확고한 자주성에서 나오는 것이요, 의존적이고 피동적인 데서는 힘이 나올 수 없다고 파악한다. 그는 한국인이 누구나 한국사회의 주인이라는 형식적 명목상의 주인이 아니라 사실상 주인다운 주인을 자각하도록 요구한다. 곧 "민족사회에 대하여 스스로 책임심이 있는 자는 주인이요, 책임심이 없는 자는 旅客이다"[19]라고 지적하여, 국가·민족·사회에 대한 국민으로서의 주체적 책임을 강조한다.

따라서 그는 자아혁신이 우리 사회와 민족에 힘이 되고 질병을 고치기 위한 책임감에서 실천되는 것임을 해명하여, "그대는 나라를 사랑하는가. 그리하거던 먼저 그대가 건전한 인격이 되라. 중생의 疾苦를 어여삐 여기거던 그대가 먼저 의사가 되라. 의사까지 못되더라도 그대의 病부터 고쳐서 건전한 사람이 되라"[20]고 언명하였다. 동시에 그는 民力의 배양을 통한 민족혁신이 이 시대상황 속에 여전히 긴급한 당면의 과제임을 확인하여, "民力·民氣가 흥왕하면 국가의 독립과 창성은 필연적으로 자동적으로 따라오는 것이다. ……무엇보다도 민족혁신운동이 가장 시급하다"[21]고 밝히고 있다.

島山은 우리나라가 국권을 상실하게 된 망국의 역사적 책임을 그 자신을 비롯한 모든 국민 각자에게 묻고, 남에게 책임을 돌려 비난하는 태도를 준절하게 경계하며, 누구에게나 그 자신에게 亡國의 책임과 復國의 책임이 있음을 역설한다. 그는 책임의식의 결핍과 책임전가의

---

19) 같은 책, 25쪽.
20) 姜齊煥, 위의 책, 76쪽.
21) 같은 책, 30쪽.

폐습을 예리하게 지적하여 스스로 책임지는 민족정신을 고취하고 있다.

"우리 이천만 동포는 저의 책임을 모르고 저의 입장을 망각하는 데 큰 두통거리이다. ……이완용·이용구로 하여금 나라를 팔게 한 것이 우리 국민이니 나를 뺀 국민이 어디 있오. 우리는 일본을 원망하고 이완용을 원망하고 우리 국민의 무기력함을 원망하고 심지어 우리 조상을 원망하고 선배를 원망하였으나 일찍 한번도 나 자신을 원망한 일은 없었오. 마치 망국의 모든 죄는 다 남에게 있고 나 하나만이 무죄한 被告者인 것처럼 생각하고 있었으니 이것이 책임전가가 아니고 무엇이오. 이것이 어리석은 일이 아니고 무엇이오."[22]

"우리 민족이 저마다 내가 망국의 책임자인 동시에 또한 복국의 책임자라고 자각할 때가 우리나라에 광복의 新生脈이 돌 때이겠다."[23]

"우리나라가 독립이 못되는 것이 '아아' 나 때문이로구나 하고 왜 가슴을 두드리고 아프게 뉘우칠 생각은 왜 못하고, 어찌하여 그 놈이 죽일 놈이고 저 놈이 죽일 놈이라고만 하고 가만히 앉아 계시오. 내가 죽일 놈이라고 왜들 깨닫지 못하시오."[24]

그는 민족과 국가에 대한 책임의식을 동시에 주인의식으로 확인한다. "나라를 제 것으로 알고 제가 나라의 주인으로 알지 아니하는 사람은 누구나 이완용 모양으로 나라를 팔아먹을 수 있다" 하여 주인의식을 상실하는 데서 나라를 멸망시키게 된 것이라 지적한다. 따라서 그는 "우리 대한 사람은 남자나 여자나 저마다 다 대한국민이오, 저마다 다 대한의 주인이오, 대한민국 정부의 주인이다"[25]라 하여, 국민으로서의 자각은 바로 주인으로서의 자각이라는 민주주의 원리를 제시하고 있다.

---

22) 같은 책, 70쪽.
23) 같은 책, 48쪽.
24) 같은 책, 74쪽.
25) 같은 책, 72쪽.

그는 주인과 나그네의 차이를 비교하여 주인의식을 좀더 구체적으로 해명하고 있다. 곧 "주인은 그 집이 제 집이므로 그것을 사랑하고 아끼고 언제나 그것을 생각하고 그것을 잘 되게 하기 위하여 힘쓸 것"이지만, "나그네나 고용인은 그것이 제 집이 아니기 때문에 제가 편안할 것만 생각하지 그 집 생각은 아니할 것"이라는 것이다. 마찬가지로 "제 집을 아끼고 사랑하듯이 제 나라를 아끼고 사랑하고, 제 집이 잘되기 의하여 힘드는 줄 모르고 일하듯이 제 나라를 위하여서 정성과 힘을 다하는 사람이 주인"26)이라고, 주인의 성격과 조건을 제시한다. 그는 이런 의미의 주인이 우리 민족 중에 극히 적다고 인정하고, 주인의식의 고취를 바로 민족개조의 중요한 과제로 인식하고 있다. 또한 그는 우리말에서 '우리'라는 말을 매우 좋아하여, "책임에 대해서는 내 것이라 하고, 영광에 대해서는 우리 것이다"라 하는 것이 도덕적임을 지적하기도 하였다.

다음으로 각각의 인격주체가 서로 단합하는 단결의식의 문제를 살펴보자. 島山은 우리 민족에게 단합하는 것이 절대 필요하고 중대한 것임을 강조하면서, "자고로 단합하여 흥하지 않은 국가·사회가 없으며 작당 분열로 망하지 않은 국가 민족이 없다"27)고 언명하기도 하였다.

그는 역사적으로 조선시대의 사회적 분열과 당파성을 철저하게 반성하고 있다. 곧 조선 초에 유교와 불교 사이의 분열로 쇠약해져서 임진왜란과 병자호란을 불러일으켰다고 보며, 中宗 전후의 士禍와 宣祖 이후의 당쟁이 조선왕조의 멸망을 초래한 것으로 지적한다. 그는 조선왕조의 지배층이 "오직 당쟁에만 눈이 뻘개서 교육도 산업도 治山治水도 軍備도 다 돌아보지 아니하고, 오직 적을 죽이고 저를 보전하기에만 전력하였다"고 비판하였다. 또한 韓末 甲申政變 때 김옥균 등의

---

26) 같은 책, 71쪽.
27) 같은 책, 5쪽.

獨立黨과 閔氏一族의 事大黨, 淸日전쟁 때 親日派와 親淸派, 露日전쟁 당시에는 親日派와 親俄派 사이에 어느 시대나 당쟁이 끊이지 않았음을 지적한다. 따라서 그는 "李朝 5백년 역사가 당파싸움의 역사"임을 확인하면서, "당파만을 위하는 사리사욕뿐이기 때문에 나라가 망한 것이요, 정권을 탐내는 목적이 적의 당파를 섬멸하고 국가를 자파의 낭중물로 만들려고 하는 데 있다"[28]고 하여 조선시대 당파분열의 성격을 규정하고 있다.

그는 단합의 실천적 방법으로서 利己的 小我를 버리고 양보를 통한 大我主義를 실현하도록 요구한다. 곧 그는 민족이 단합하기 어려운 원인으로 '小我'(個我)의 기호·향락·야심에서 他我와 충돌과 대립이 일어나는 점을 지적하고, 다양한 개체의 특성과 小我의 권리를 조금씩 양보함으로써 大我主義로 나가야 함을 강조한다. 여기서 그는 공동체와 개체는 전체와 부분의 유기적 일체임을 자각시킴으로써, 한쪽의 고통이 다른 쪽의 고통이 됨을 각성시키고 서로가 서로를 위해 봉사하는 일체감의 이상사회를 이루도록 유도한다.

"他의 손상이자 자아의 痛處이며, 他의 榮樂이자 자아의 희열로 正覺하면 너도 잘 살며 나도 잘 사는 진정한 이상향이 아니겠는가."[29]

그는 "단합하는 힘이 독립의 기초요 생명"임을 통감하도록 요구하며, 2천만이 도덕과 지식을 지니고 단합하는 국민이 되어서 정치·경제·군사적으로 남에게 멸시를 안 받도록 되어야 할 것을 강조한다. 그는 국민이 노력과 단결을 통해 이상국가를 실현하도록 지향하게 하고, 우리나라가 이상국가로 될 수 있는 이유로서, "우리 국토의 아름다움, 민족의 혈통적 문화적 단일성과 우수성, 동서고금의 문화를 집대성하는 지리적·역사적 처지에 있음" 등을 들고, 우리 민족이 이상국가건설의 사명을 자각하고 노력을 계속한다면 언젠가 반드시 실현

---

28) 같은 책, 68쪽.
29) 같은 책, 6쪽.

의 날이 올 것이라는 이상을 위한 신념을 밝혔다.[30]

그는 "李朝 5백년의 역사는 거짓과 공담과 공론의 역사"라 규정하여 우리 역사에 진실성과 실천력이 결핍되고 우리의 현실에 신용이 결핍된 사실을 성찰한다. 여기서 그는 민족성의 병통이요 우리나라가 망한 원인이 바로 '거짓'과 '공론'에 물들어 있는 것임을 지적하고, 민족개조와 민족의 중흥을 위한 조건으로서 이를 깨뜨릴 것을 역설하였다.

"우리 민족이 거짓에서 벗어나는 날이 곧 쇠망의 비운에서 벗어나는 날이오, 한인의 말은 믿을 수 있다 하고 외국인에게 신뢰받게 되는 날이 우리 민족이 창성하는 날이라고 확신한다. 우리 민족성의 타락에서 찾아낸 둘째 병통은 '입'이다. 空談空論이다. 남에 대한 비평이다. 빈 말로만 떠들고 실천 실행이 없는 것이다."[31]

따라서 그는 '벼를 심으면 벼를 거두고, 또 거름을 주고 김을 맨 논의 벼가 소출이 많은 것'처럼, 노력을 기울인 만큼 결과를 얻는다는 필연법칙에 따라 노력할 것을 강조하며, '청결과 정돈이 민족개조의 제일과목'[32]이라 언급하여 민족개조를 위한 실천사항을 구체적으로 제시한다. 곧 민족의 각자 自我가 "허위에서 성실로, 利己에서 애국애족으로, 상호증오·상호배제에서 相扶互助·相愛相敬으로, 姑息에서 遠慮로, 개인에서 단결로" 혁신함으로써, 민족 전체가 "무신용에서 신용으로, 상극에서 화합으로, 無力에서 有力으로" 혁신될 수 있으며, 이러한 혁신을 통하여 국가의 독립과 민족의 번영도 가능한 것임을 제시한다.[33]

이러한 민족의 혁신사업은 나 자신과 우리 가정의 가까운 데서 혁신해가야 하는 것을 전제로 한다. 그는 청년에게 '속이지 말자' '놀지

---

30) 같은 책, 6쪽.
31) 같은 책, 129쪽.
32) 같은 책, 84쪽.
33) 같은 책, 132쪽.

말자'의 두 가지를 혁신의 과제로 제시하기도 한다. 또한 韓人사회의 동포들 가운데 "믿음보다 의심이 있고, 사랑보다 미움이 있고, 공경보다 무시가 있어, 축복하는 자는 없고 저주하기를 좋아함"을 들어 인심과 풍속이 비뚤어진 것을 바로잡도록 요구한다.[34] 나아가 "두 사람만 싸워도 우리나라 놈은 싸움만 하니 모두 때려죽일 놈이라"하여, 소수의 잘못으로 민족 전체를 비난하는 자학적 태도를 지적하기도 한다.

그는 민족개조의 실천은 感傷과 空想이 아니라 합리성과 노력에 의한 것임을 인식하여, "허망한 욕심이나 요행의 희망을 가지고 공상할 것이 아니라, 사실과 이치를 의지하여 적당한 판정을 얻어서 力行할 것"을 강조한다. 또한 그는 민족개조의 기초로서 개체적 자아개조를 통한 개조의 축적을 중요시한다. "한국민족이 개조되었다는 말은 한국민족의 모든 분자 각 개인이 개조되었다 하는 말"이라 하고, "한국민족이라는 한 전체를 개조하려면 먼저 그 부분인 각 개인을 개조하여야 한다"하여, 각각 스스로 자아를 개조함으로써 민족을 개조하는 방법과 그 실천과제로서, "습관을 개조하라"고 역설한다. '모든 악한 습관, 거짓말을 잘하는 습관의 입, 글 보기 싫어하는 습관의 눈, 게으른 습관의 四肢' 등을 개조하도록 요구한다. 이러한 도산의 실천방법은 "가장 큰 일을 가장 작은 일에서부터 시작하고, 크게 어려운 일은 가장 쉬운 일에서부터 풀어야 한다"[35]는 점진적·누적적이며, 근본을 선행시키는 先本論의 방법을 지키고 있음을 보여준다.

---

34) 안창호, 위의 책, 154쪽.
35) 같은 책, 74쪽.

(4) 사회개혁운동과 민족독립운동

島山은 평생을 민족계몽운동과 민족독립운동에 바쳤다. 그가 추구하는 독립은 외세에 의존한 명목상의 독립이 아니라 민족의 힘을 배양하여 자주적인 독립을 성취하는 것이다. 따라서 1907년 伊藤博文이 內閣을 조직하도록 제의해왔고 1910년 다시 內閣조직을 제의받았지만, 우리 민족의 힘으로 당당하게 자주적 독립을 이루는 경우가 아니면, 진실한 독립을 얻을 수 없다고 인식하여 단호하게 거절하였다.

"내가 말하는 독립은 남의 힘으로 구차하게 얻은 독립이 아니오, 민족의 실력으로 되는 참된 독립이며, 내가 생각하는 새 나라는 구지레하고 姓名없는 미미하고 무의미한 나라가 아니라 인류에 대하여 모범이 될 수가 있고 세계에 대하여 위대한 발언권과 감화력을 가진 지도적 나라였다."[36]

따라서 그는 국내외에서 수양·단결·교육·산업으로 민력을 배양하는 것이 조국을 회복하는 유일한 길이라 확신하고, 국권회복을 위해 힘을 기르기 위한 민족독립운동에 나섰다. 특히 그는 민족의 힘을 기르는 방법으로 민족 구성원 각자가 자기 수양을 하는 자아혁신과 대중교육의 중요성을 주목하였다.

민족의 역량을 배양하는 과정에서 그 실천의 주체로서 人物의 중요성이 절실하게 부딪치게 되었는데, 그는 인물이 없는 것은 인물이 되려는 결심을 하고 노력하는 사람이 없기 때문이라 지적하고, 인물을 배양하는 방법으로 "저마다 聖賢을 期하고 인격을 수양하는 것이요, 최저한도로 저마다 한 국민 구실할 만한 자격을 갖추기 위하여 德·體·智를 수양하는 것이다"[37]라고 지적한다. 그는 새 나라를 건설한다는 역사적 사명감을 갖고 노력하는 모든 사람들이 위대한 인물이라

---

36) 강제환, 위의 책, 134쪽.
37) 같은 책, 36쪽.

하여, 특정한 지도자의 추대가 아니라 대중 속으로 누구에게나 지도자가 될 수 있는 기회를 개방하였다.

"나는 여러분을 보기를 일개 무명 靑年學友會 會員도 모두 새나라 건설의 역사적 대사명을 가진 위인들로 간주한다. 제군들이 평생에 이 고귀한 이상을 품고 살고간 데마다 이 씨를 뿌리는 사람들이기 때문이다. ……이 위대한 영광을 만드는 것은 오직 우리 자신의 수양과 노력에 있다."38)

그가 日帝의 침략에 대해 국권을 수호하고 민족독립운동을 전개하는 과정에서, 기본적으로 무력항쟁의 급진적 저항론이 아니라, 민족개조를 통한 점진적 민력배양론의 입장을 취하고 있는 데에 그 입장의 특징이 드러난다. 곧 '나가자' '죽자'식의 급진론을 배격하고, '나갈 준비를 하고 죽을 수 있는 준비를 하자'39)는 입장에서 교육과 실력배양을 추구하는 점진론의 입장에 섰다. 따라서 독립운동이 자아혁신과 민족혁신을 실천함으로써 우리 자신의 책임으로 실천되어야 할 것을 강조한다. 여기서 그는 "口舌이나 狡智로써 독립을 원한다던지 민족을 사랑한다는 것은 입만 가지고 감나무 아래 가서 누워 있는 것과 마찬가지"40)라 하여, 실천이 없는 관념과 허위로는 독립이 불가능한 것임을 역설한다.

그는 조선왕조시대가 空理·空論과 爭論·謀害에 빠져 修身·齊家·治國·平天下를 실천하지 않았음을 비판하며, 소에게 무엇을 먹일까를 토론하다가 소를 굶겨 죽인 꼴에 비유하여, "실천 없는 이론은 먹을 수 없는 양식과 같다"고 한다. 여기서 그는 독립운동에 있어서도 방법의 토론에 빠져 있기보다 그 실천이 중요함을 역설하고 있다.41)

그는 독립국가를 건설하는 것을 가옥의 건축에 비유하여, 그 기초를

---

38) 같은 곳.
39) 같은 책, 134쪽.
40) 같은 책, 33쪽.
41) 같은 책, 69쪽.

잘 다지지 않은 건축은 오래 못 가듯이, 독립국가에 튼튼한 기초가 필요함을 강조하고, 그 기초를 "수양된 국민, 즉 국민의 자격을 구비한 국민"으로 제시한다. 여기에 그의 독립운동이 국민의 수양 내지 인간개조의 사업임을 확인할 수 있다. 그는 자신이 독립운동의 일환으로 추구하는 민족혁신사업을 '민족향상운동'이라 일컫고 그 성격을 비정치적인 것으로 규정한다. 결과로서 국가의 독립은 정치문제의 하나이지만, 그 과정이요 기초인 민족향상운동은 결과적이고 일시적인 정치와 달리 원인이요, 구원한 것이라 인식하고 있다.[42]

島山이 민족향상운동과 독립운동을 전개하는 과정에 운영하거나 조직하였던 기관과 단체는 몇 가지 분야로 나누어볼 수 있다.[43] 그가 19세의 소년으로 참여하였던 애국계몽운동의 선구적인 조직인 萬民共同會에 참여하여, 쾌재정의 연설에서 그 會의 성격을 규정하면서 萬民이 각각 도덕·지식·애국심을 길러 뭉침으로써 민족의 실력으로 진정한 독립을 성취할 것을 주장하였다.

"萬民共同會는 문자 그대로 만민이 죄다 道德 있는 회가 되고 만민이 죄다 知識 있는 회가 되고, 만민이 죄다 愛國心 있는 회가 되어, 이런 국민이 뭉쳐서 이런 국민 위에 이루어지는 국가가 되고 독립되어야만 남의 힘으로 구차하게 얻은 독립이 아니오 민족의 실력으로 되는 참된 독립이다."[44]

---

42) 같은 책, 30쪽.
43) 獨立協倉·萬民共同會는 소년기에 참가한 단체이고, 韓人親睦會(共立協會)는 20대에 미국에 건너가 동포를 조직하여 계몽하다가, 해외동포를 총괄하는 大韓人國民會(1912)로 발전시켰다. 新民會·青年學友會·興土團·修養同盟會(일명 同友俱樂部)는 국내와 해외에서 수양과 민족정신의 고취를 위해 조직하였고, 漸進學校·大成學校·太極書館·東明學院은 그가 국내외에서 교육과 문화사업을 벌였던 조직이다. 馬山洞磁器會社·北美實業주식회사·大生鐵工廠·公平合作社 등은 그가 국내와 미국에서 민족의 산업을 일으키기 위해 설치한 회사와 공장이다. 임시정부의 조직에 중심역할을 하였을 뿐 아니라, 國民代表會·大獨立黨·韓國獨立黨·韓國勞兵會를 조직하고, 비록 성취하지는 못했지만 만주 密山縣에 武官學校의 설립을 추진하기도 하였다. 姜齊煥,『島山 安昌浩 雄辯 全集』, 156~162쪽 및 이광수,『島山 安昌浩』上, 附錄, 175~184쪽.
44) 강제환, 위의 책, 7쪽.

그가 초기에 가장 힘썼던 애국계몽운동 내지 민족향상운동으로 전개한 사업의 하나는 교육사업이다. 그는 29세 때(1907) 평양에 대성학교를 세우고 그 개교식에서 자신의 교육방법을 '본보기'의 실현으로 제시하고 있다.

"나는 '본보기'를 심히 중요시한다. 이론이 아무리 좋아도 그것이 실천이 되어서 한 '본보기'를 이루기 전에는 보급력이 생기지 못한다. 소위 학교교육에 대한 千言萬語보다도 '본보기' 학교 하나를 이뤄놓는 것이 요긴하다. ……나는 '본보기' 첫 사업을 중요시하여 금일 탄생되는 이 대성학교를 희망 있는 좋은 학교를 만들어 놓기만 하면 우리나라에 있는 이와 같은 학교가 雨後竹筍처럼 많이 생길 것이라고 본다."45)

'본보기'를 수립한다는 것은 그의 교육철학이요, 사회개혁방법론이다. 우리 사회에 모범이 없어서 전체가 혁신의 방향을 찾지 못하고 있을 때에 그는 교육의 모범을 제시하고자 한 것이다. 그는 이러한 '본보기'가 사회개혁에서만 아니라 개인의 인격수양방법이며, 나아가 민족개조의 방법이요, 따라서 인간개조의 핵심적 방법이라는 사실을 명확하게 인식하고 있다.

"우리 대성학교 학생 중에 하나 거짓 없는 사람이 생기면 거짓 없는 많은 사람이 생길 수 있다고 본다. 그러므로 무엇보다 각자가 나[我] 하나를 건전한 인격으로 만드는 것이 우리 민족을 건전하게 하는 유일한 길이다."46)

그의 교육사업은 인재를 배양하자는 것이요, 그 인재는 새로운 독립국가의 건설을 위한 기초요 재목으로 쓰자는 것으로서, 튼튼한 새 재목으로 새 집을 짓기 위하여 그 재목을 심고 가꾸겠다는 사명감과 목

---

45) 강제환, 위의 책, 22쪽. "교육에 본보기가 대성학교요, 산업에 본보기가 마산동 자기회사요, 수양에 본보기가 청년학우회요, 문화향상에 본보기가 태극서관이 아니겠읍니까." 같은 책, 141쪽.
46) 같은 책, 23쪽.

적의식을 지니고 있다. 또한 민족문화를 향상시키고 민족의식을 보급하기 위해 서적을 출판하고 보급할 기관으로 설치한 太極書館을 개관하면서, 그는 "冊肆도 학교다. 책은 教師다. 책사는 더 무서운 학교요 책은 더 무서운 교사다"[47)라 하여, 서적을 통한 교육의 확산을 도모하고 있다. 여기서 그는 학교와 교사 이상으로 서적이 인간의 의식을 개혁하는 데 얼마나 큰 역할을 할 수 있는지 예리하게 통찰하고 있다.

그가 사회개혁운동에서 가장 힘을 기울인 분야는 청년을 통한 수양과 교육운동이었다. 곧 "靑年學友會는 민족향상운동의 근원이 될 사업이기 때문에 그 생명은 민족의 생명과 같이 할 것"이라 하여, 청년운동의 중요성을 강조한다. 또한 그는 靑年學友會를 민족향상의 가장 중요한 길이라고 보아, 新民會나 大成學校 이상으로 心力을 경주하였다고 밝히기도 한다. 이처럼 그가 청년운동에 심혈을 기울이는 것은 기성세대보다 청년이 시대의 문제에 민감하게 이해하며 자아혁신을 성취할 가능성이 높다고 보았기 때문이다. 그는 수양의 측면이 있는 新民會[48)를 포함하여, 旣成 인물의 자아혁신이 쉽지 않음을 주목한다.

"30 이상이 된 게다가 일류 명사들로 자처하는 인사들이 私情 없이 냉혹하고 凜烈하게 자기를 양심의 법정에 被告로 내세워서 반성하고 비판하여 小兒의 겸허한 태도로 재출발을 企圖하는 것은 여간한 賢人君子가 아니고는 기대하기 어려운 일이다."[49)

그가 靑年學友會나 興士團을 조직하면서 일관하여 부르짖었던 제일의 주장은 "개인에 있어서는 건전 인격"이었다고 한다. 그가 추구하는 '자아혁신'은 바로 '건전한 인격'을 연마하는 修養으로 확인할 수

---

47) 같은 책, 28쪽.
48) 신민회의 목적은 ① 국민에게 민족의식과 독립사상을 고취할 것, ② 동지를 발견하고 단합하여 국민운동의 역량을 축적할 것, ③ 교육기관을 각지에 설치하여 청소년의 교육을 진흥할 것, ④ 각종 상공업기관을 만들어 단체의 재정과 국민의 부력을 증진할 것 등이다. 강제환, 같은 책, 48쪽.
49) 같은 책, 29~32쪽.

있다. 따라서 그는 청년들에게 가장 먼저하고 가장 힘쓸 것을 '인격훈련과 단결훈련'으로 제시한다.50) 나아가 그가 조직한 모든 단체는 이러한 건전한 인격을 연마하는 修養團體로서의 성격을 지니고 있다는 데 그의 사상적 특징을 읽을 수 있다.

그는 청년학생들에게 활동에는 '虛名的 활동'과 '實際的 활동'을 구별하도록 주의하고, 정신방면에서는 ① 민족에 대한 헌신적 정신과 희생적 정신, ② 긍휼히 여기는 정신, ③ 협동하는 공동적 정신을 배양할 것을 강조하고, 실질방면에서는 한 가지 이상의 전문지식이나 전문적 기술을 가져야 함을 역설한다.51)

島山의 혁신운동은 그의 '본보기' 논리를 그대로 실천하였던 미국교민들 속에서 전개된 계몽운동에서 볼 수 있다. 그는 샌프란시스코에서 동포들의 생활이 불결한 것을 보고 독립국가의 국민이 될 자격이 부족하다고 판단하여, 한 집 한 집 청소운동을 시작하였다 한다. 그의 '본보기'와 실천은 동포를 감화시키고, '大韓人國民會'를 조직하여 단순한 교민단체를 넘어서 '일종의 민족수양운동이요, 독립을 위한 혁명운동'으로 육성하였다.52) 그는 국민의 경제적 역량을 향상시키기 위해 산업의 진흥을 도모하면서도, 그 방법으로서 '거짓말 말기 운동, 信義 지키기 운동'이 기본이 됨을 절감하였다 한다. 李昇薰과 馬山洞 磁器會社를 열었던 것도 이처럼 信義를 바탕으로 한 산업진흥운동을 전국에 확산시키기 위한 '본보기'를 제시한 것이라 할 수 있다.53) 그는 우리 민족이 '信用의 한난계가 영하로 떨어져 있음'을 직시하고, "우리의 誠의 熱로 沸騰點에 인상하지 아니하고는 도저히 국제적으로 존경받는 평등하고 유력한 일원이 될 수는 없다"54)고 인식하여, 그

---

50) 안창호, 위의 책, 9~10쪽.
51) 같은 책, 15~18쪽.
52) 강제환, 10~13쪽.
53) 같은 책, 26쪽.
54) 같은 책, 49쪽.

의 사회개혁운동에 신용회복운동의 형식을 내포하였다.

그가 청년학우회의 후신으로 조직한 홍사단은 가장 지속력이 강한 수양단체이며 민족운동단체이다. 그는 우리 민족의 목적인 완전한 자주독립국가를 건설하고 유지 발전시키기 위해서는, '건전한 인격을 수양하고 신성한 단결을 조성하는 것'이 원인이요 기초가 되는 것이라 본다. 따라서 그는 "홍사단의 인격·단결·수양운동이 곧 유일무이한 독립운동이요, 또 모든 정치운동의 모체"55)라 이해하고 있다. 그는 홍사단의 창립정신을 '眞理·實行·忠義·勇氣'의 四大정신으로 제시하고 있는데, 그것이 바로 務實力行의 정신이요, 그 정신이 민족성을 개조하고 민족을 부흥할 유일의 진로라 확신하였다.56) 이 홍사단은 국가를 건축하고 운영하는 데 필요한 재목을 준비하는 곳이라 확인되기도 한다.

또한 홍사단은 수양단체이므로, "수양의 필요를 깨달은 동지들이 모여서 한 約法을 작정하고 거기 비추어서 서로 수양하고 서로 연마하는 기관"57)으로서, 저마다 주인이요 중심인물이라 한다. 이 홍사단을 통하여 배양하고자 하는 것은 실력이다. 그는 실력이 구비되어 있는 자에게는 언제나 기회가 오는 것이지마는 실력 없는 자에게는 아무러한 호기도 기회가 안 된다는 점진적 실력배양론을 관철하고 있다.

그는 조직의 선두에 나서지 않고 전체의 조화를 도모하여, 與士團友를 고르는 기준도, 거짓이 없는 사람과 조화성 있는 사람이라는 두 조건이 제시된다. 그는 "금주동맹은 술을 안 먹는 사람들이 모임으로써 성공한다" 하여, 거짓이 있는 사람은 철저히 배격하였다.58) 홍사단의 입단식에서 입단문답은 그의 인생관이요 민족관으로서, 소크라테스의 대화법처럼 문답을 통하여 스스로 깨닫게 이끌어간다. 홍사단 團帶의

---

55) 같은 책, 59쪽.
56) 같은 책, 59쪽.
57) 같은 책, 60쪽.
58) 같은 책, 85쪽.

빛깔이 상징하는 것은 黃色-務實(참됨), 紅色-力行(힘)이며, 忠義-白色, 勇敢-靑色과 어울려서 四色을 이룬다.

또한 흥사단의 約法 2條인 '情誼敦修'에서, '情誼'는 친애와 동정의 결합이요, '敦修' '刺多'는 情誼를 더 커지게 더 많아지게 더 두터워 지게 하는 것이라 한다. 그는 특히 情誼의 중요성을 강조하여, "사회 에 정의가 있으면 화기가 있고, 화기가 있으면 흥미가 있고 흥미가 있 으면 활동과 용기가 있다"[59] 하고, 우리 사회에 결핍된 情誼를 계발하 도록 요구한다.

그는 개혁된 사회의 모습을 제시하면서 유교전통의 폐단으로 '허례 와 무정함'을 들어 개혁의 방향을 확인하고 있다.

"孔子敎를 숭상하는 데서 우리 민족이 남을 공경할 줄은 알았으나 남을 사랑하는 것은 잊어버렸다. 또 婚事·喪事·祭祀에도 虛禮에 기 울어지고 진정으로 하는 일이 별로 없다. ……우리 사회에서는 부모와 자녀, 형과 아우 사이에도 아무 정의가 없다. ……더 기막히는 것은 男女간에 무정한 것이다. 이에 비해 다정한 남의 사회는 가정에서 학 교에서 기차 속에서 집회에서 예배당에서 화기가 있다. 우리나라 예배 당에는 공포가 가득하다."[60]

이에 비해 그가 제시한 사회개조의 이상형에는 情誼와 사랑이 충만 되어 있는 것이다. 이러한 사회로 개조하기 위해서는 情誼를 기르는 구체적 조목을 공부하도록 요구한다.[61] 그는 情誼 있는 사회를 위해 일종의 미소짓기 운동을 제시하기도 한다. 만년에 자신이 은거하던 집 의 문에다 '벙그레'·'빙그레'로 간판을 세워놓았다 한다.[62]

---

59) 같은 책, 92~93쪽.
60) 같은 책, 94~100쪽.
61) 우리 사회를 情誼있는 사회로 만드는 방법으로서, ① 남의 일에 개의하지 말 것, ② 개 성을 존중할 것, ③ 자유를 침범치 말 것, ④ 물질적 의뢰를 하지 말 것, ⑤ 情誼를 혼 동하지 말 것, ⑥ 신의를 지킬 것, ⑦ 예절을 존중할 것을 지적한다. 강제환, 같은 책, 97쪽.
62) 같은 책, 145쪽.

또한 그는 민족독립운동이 최종적으로 성공하려면 진심으로 합해야 한다고 보며, 합하지 않으면 통일의 방법과 이상을 아무리 말할지라도 통일은 실현될 수 없고, 따라서 "군사니 외교니 무엇이니 하고 독립운동의 방침과 이상을 아무리 말하더라도 한갓 공상으로 돌아가고 말 것"63)이라 경계한다.

여기서 그는 화합의 방법으로, ① 과거의 감정을 망각할 것, ② 彼我를 一視同仁할 것, ③ 공평·정직할 것, ④ 흉금을 피력할 것, ⑤ 公決에 悅服할 것을 제시한다.

이처럼 민족독립운동에서 인간관계의 화합이 중요함을 확인하고 있다. 그는 또한 대동단결을 위한 조건으로서, 상식·중추력·통어할 인물을 들고 있으며, 그 조건을 이룰 수 있기 위하여 혁신하고 배양하기를 노력해가야 함을 강조한다.

"우리는 참으로 원하는 대동단결을 이루고자 하면, 형세 밖의 일을 몽상만 하다가 몽상대로 아니 된다고 낙심하지 말고, 다수 동포가 상식이 자라지도록, 중추력이 생겨지도록, 위대한 인물이 발현되도록 노력에 노력을 더함이 가하다."64)

(5) 島山 인간개조사상의 意義와 反省

島山의 인간개조사상은 변혁의 시대에 낡은 허위와 분열로 쇠퇴하고 무력한 의식과 관습을 혁신하여 새로운 도덕과 지식과 애국심과 단결심을 각성하여 개인과 민족이 실력을 쌓고 자주성을 지녀, 국가의 확고한 독립을 성취하자는 것으로 요약할 수 있다. 물론 그의 인간개

---

63) 안창호, 위의 책, 161쪽.
64) 대동단결의 조건은, ① 다수 동포가 대동집합할 만한 상식이 있어야 하고, ② 큰 단체를 옹호할 만한 중추력이 있어야 하고, ③ 중추의 중심으로 단체 전부를 통어할 만한 인물이 있어야 함으로 제시된다. 안창호, 같은 책, 169~170쪽.

조사상은 春園 李光洙에게 직접적인 영향을 미쳐, 이광수의 『民族改造論』으로 체계화되었는데, 민족성에 대한 부정적 인식을 비롯한 많은 논란의 여지가 있다. 그러나 島山의 인간개조사상은 이 시대의 상황 속에서 민족의 내적인 실력을 기르기 위하여 자신을 성찰하고 개혁할 방향을 제시하고 있다는 점에서 그 시대의 매우 중대한 처방일 뿐 아니라 우리 시대에서도 의미깊은 문제를 던져주고 있다.

그가 남겨준 문제의 몇 가지 과제를 재음미함으로써, 우리 시대에서 그 意義를 찾아보고, 논의의 여지를 검토하여 보고자 한다.

첫째, 島山의 인간개조사상이 성립하는 토대로서 민족사의 위기에서 실력배양을 통해 기회를 확보하고 자주적 독립을 지향하는 점진론의 방법을 살펴보자. 島山은 그 당시에도 대다수가 急進論에 기울어진 상황에서 자신의 외로운 입장을 '單騎匹馬로 無面渡江格'이라 언급하였지만, 오늘날에도 당시의 민족독립운동에서 가장 많은 관심을 끌고 있는 부분이 무력항쟁의 급진적 저항론이다. 여기서 島山은 점진적 실력배양론의 입장에서 급진론의 문제점을 비판한다.[65] 물론 급진론에 문제점이 많고 島山의 논리가 정당하지만, 당시의 독립운동이 무력항쟁을 배제할 수 없을뿐더러, 무력항쟁이 민족의식을 각성시키고 그 성격을 선명하게 하는 데 역할이 있었다고 볼 수 있다. 점진론의 입장에서는 3·1운동이 너무 빨리 일어났다고 아쉬워하고, 급진적 무력항쟁론의 입장에서는 해방이 너무 일찍 찾아왔다고 안타까워하면, 제각기 자신의 입장에 사로잡혀 있는 형국이 아니겠는가. 따라서 島山의 점진론과 다른 독립운동가들의 급진론이 상호보완의 역할을 할 수 있고, 서로 조화될 수 있는 가능성을 유의할 필요가 있을 것이다.

---

65) 島山의 급진론에 대한 비판의 요점은, ① 실력 없는 거사를 하면 以卵擊石이라 성공할 희망이 없을뿐더러, ② 재외동포의 경제력과 인명을 소모하고, ③ 국내동포에 대한 적의 경계와 압박이 더욱 엄중하여 문화와 경제적 향상이 저지될 것을 지적한다. 이에 대한 그의 점진론은 우선 해외동포의 산업을 진흥시키고 교육을 보급시켜서 한 기회가 도래하면 큰 힘을 낼 수 있도록 준비공작을 하자는 것이다. 강제환, 위의 책, 50쪽.

둘째, 망국의 책임론에서 철저한 자책론을 통한 분발을 이끌어내고 있는 점이다. "우리나라를 망하게 한 것은 일본도 아니오 이완용도 아니요, ……내가 왜 일본으로 하여금 내 조국에 爪牙를 박게 하였으며, 왜 이완용으로 하여금 조국을 팔기를 용허하였소? 그러므로 망국의 책임자는 곧 나 자신이요, 우리 민족 각자가 한국은 내 것이요, 한국을 망하게 하거나 흥하게 하는 것은 내게 달렸다고 자각하는 때에 비로소 민족부흥의 여명이 오는 것입니다"66)라는 책임선언은 남을 원망하기나 비난하고 책임을 전가하기를 거부하고, 흥망의 책임을 오직 자신에게만 묻는 확고한 자주적 입장을 천명하는 것이다. 이러한 책임의식은 어느 시대 어느 사회에서나 절실히 필요한 것이다. 그러나 이처럼 절실한 책임의식은 극소수의 지식층이 아니면 확립되기가 어렵고, 그만큼 대중의식 속에서는 망국의 당사자에 대한 심판의 필요성이 중요한 것으로 보인다. 침략자인 상대방에 대한 적개심과 공격의지가 자신을 각성하는 데 어느 정도 도움이 될 수 있다. 따라서 자신의 내면에서 책임감과 자주적 독립의지를 확립하지 못한다면, 자칫 현실과의 타협으로 떨어질 위험도 있을 것이다.

셋째, 조선왕조시대의 부정적 인식과 유교의 폐단에 대한 전면적 비판의 문제이다. 조선왕조의 붕괴시기는 그 폐단이 한꺼번에 표출되는 상황이었으므로 조선사회의 이념적 중추인 유교와 더불어 조선사회에 대한 비판적 반성이 필요한 것은 사실이다. 오늘날에도 우리 사회에 유교적 관습의 폐단이 잔재하는 것도 간과할 수 없다. 그러나 島山 자신도 어릴 때 漢學교육을 잠시 받았고 그 자신 유교경전의 구절을 여러 곳에서 인용하고 있지만, 그는 朴殷植·張志淵·申采浩 등 당시의 애국계몽사상가들에 비한다면 유교적 배경이 가장 약한 기독교 신도인 것이 사실이다. 따라서 그는 조선사회와 유교전통의 기능에서 부정

---

66) 강제환, 같은 책, 52쪽.

적인 측면과 긍정적인 측면을 함께 볼 수 있는 폭넓은 시각이 부족했던 것 같다. 그가 미국을 비롯한 구미 열강의 문화와 풍속을 가장 아름다운 본보기로 삼고 있는 기미를 엿볼 수 있는데, 이러한 문화인식·역사인식에서 자아개조·민족개조를 추구한다면, 그의 인식에도 분명 문제점이 생길 수 있지 않을까.

넷째, '사랑'의 중요성을 강조하고 사랑하기를 공부하자는 규범의 제시이다. "너도 사랑을 공부하고, 나도 사랑을 공부하자, 남자도 여자도 우리 2천만이 다 사랑하기를 공부하자. 그래서 2천만 한민족은 서로 사랑하는 민족이 되자."67) 이 사랑공부를 논평하면서 池明觀 교수는 "島山의 삶과 사랑에는 몸에 밴 기독교의 체취가 풍기고 있다"고 언급하였다. 사랑은 화합을 가져오고, 그만큼 민족적 일치를 가져올 수 있는 점에서 가장 근본적인 대답일 수 있다. 그러나 사랑은 다른 인간에 대하여, 민족에 대하여, 인류에 대하여 등등 서로 다른 차원의 사랑이 원만하게 일치·융화될 수 있는지 의문이 남는다. 민족애는 적대적인 타민족에 대한 적개심을 지닐 수도 있다. 종교적 사랑과 민족에 대한 사랑의 경계와 한계가 어디에 있을 것이다. 敵에 대해서도 증오심이 없이 무저항 비폭력적 태도가 가능하겠지만, 우리의 문화적·역사적·민족의식적 배경에서 저항의식과 적개심을 외면하기 어려운 점이 남는 것 같다.

---

67) 안창호, 위의 책, 262쪽.

9. 한국사상사에서 艮齋學의 위치

(1) 문제의 성격—時代狀況과 조선조 道學의 結構

艮齋 田愚(1841~1922)가 살았던 時代는 朝鮮朝 말기의 소용돌이 속에서 國權 상실의 울분과 좌절을 겪었던 저항과 변혁으로 소용돌이치는 激動 속이었고, 帝國主義의 침략에 의해 國權을 상실하여 울분과 좌절 속에 방황하는 暗黑 속이었다.

이 시대 지식인들이 역사적 위기에 대응하는 방법을 찾는 행동양상을 크게 두 유형으로 나누어 보면, 하나는 유교이념의 전통을 수호하기 위해 저항하는 道學者 집단이요, 다른 하나는 시대변화에 적응하여 신문물의 도입과 유교전통의 개혁을 추구하는 開化派와 啓蒙思想家 집단으로 파악할 수 있다. 일반적으로 前者는 보수적 守舊세력이요 後者는 진보적 改革세력으로 본다. 여기서 艮齋는 前者에 속하는 韓末道學者의 한 사람으로서, 조선시대를 밝혀왔던 등불을 꺼뜨리지 않고 지키며, 가물거리는 등불을 더욱 밝게 비추어준 마지막 한 방울의 기름으로서 역할을 하였던 碩學이다.

艮齋는 20대에 肅齋 趙秉悳·苟菴 申應朝·絅堂 徐應淳 등 당대의 碩儒들에 從遊하였고, 陽園 申箕善 등과 性理說을 논하며 자신의 학문을 연마하였으며, 나아가 「理氣說」「陰陽說」「靜時氣質說」 등을 저술하면서 일찍부터 학문적 기반을 확립하였다. 그와 같은 시대를 살았던 韓末 도학자들은 많은 巨匠들을 출현하여 性理學의 철학적 이론에서도 새로운 차원의 예리한 쟁점으로 수준 높은 논쟁을 벌였으며, 日帝

에 의한 國權侵奪期의 파국적 역사상황 속에서 外勢의 침략에 저항하는 강인한 義理精神을 발휘하였다는 사실에서 주목받을 만하다. 이 한말 도학자들은 조선시대 유교사상의 結局을 지으며 사상사에서 '한말 도학'이라는 하나의 독립된 시기로서 탁월한 업적을 축적시켰다.

간재는 이러한 非常한 시대를 만나 非常한 인물들과 마주하면서, 그의 性理說을 중심으로 일대 논쟁을 전개한 대토론가로서 자신의 학문적 입장을 뚜렷하게 확립하고, 抗日義理정신의 실천과 도학전통의 수호에서 그의 義理정신을 행동 속에 독특하게 드러내고 계승시켰던 행동가요 교육가로서 그 시대사상의 풍성한 결실을 이루었다. 바로 여기에서 간재의 학문적 내지 의리론적 독자성이 주목되고, 그의 문하를 통해 계승된 학풍을 통하여 성립된 艮齋學이 한국사상사에서 독자적인 자리를 차지할 수 있게 된 것이다.

한국사상사 속에서 艮齋學의 위치를 해명한다는 과제는 몇 가지 구체적 문제를 포함하고 있다. 먼저 성리학의 영역에서는, 첫째 그의 性理說이 형성된 사상적 배경의 이해, 둘째 그 시대의 학자들과 벌인 논쟁의 쟁점 및 전개과정의 이해, 셋째 그의 성리설이 지닌 철학적 특성의 이해에 관한 문제가 있다. 다음으로 義理論의 영역에서는, 첫째 도학 正統의 수호를 위한 斥邪論과 그 시대의 역사적 상황에 대한 이해, 둘째 그의 抗日 저항의식과 행동의 성격에 대한 이해, 셋째 그 시대의 변혁이론에 대한 그의 비판의식에 대한 이해 등의 문제를 내포하고 있다.

조선조 道學이 16세기 후반 이래 분화되면서 성립한 嶺南(退溪)學派와 畿湖(栗谷)學派의 대표적 두 학맥에서 간재의 학통은 기호학파의 정통학맥에 자리잡고 있다. 全洲에서 태어나 소년시절을 서울에서 살았던 그는 21세 때(1861) 충남 牙山으로 찾아가 鼓山 任憲晦 문하에서 배움으로써, "金昌協 → 李縡 → 金元行 → 朴胤源 → 洪直弼 → 任憲晦"로 이어져 오는 畿湖學派 속에서도 近畿지역의 학통을 계승하였다.

또한 그의 스승 鼓山 任憲晦는 湖西(牙山)에 살면서 湖西지역 학통을 대표하는 尤菴 학맥인 剛齋 宋穉圭의 門下에도 출입하고 있었으니, 사실상 그는 畿湖학파의 대표적 두 學脈을 종합하였다고 할 수 있다.

이러한 기호학파의 학통을 아래에 圖示해 보면 큰 줄기의 두 學脈 사이에도 공통기반이 넓은 것이 사실이다.[1] 그러나 淵齋 宋秉璿의 淵源이 湖西지역에 자리잡고 있는 데 비하여 艮齋 田愚의 연원은 近畿지역에 자리잡은 사실에서나, 18세기 이래 湖洛논쟁이 지역적 편차를 지니고 있는 사실에서 두 학맥의 學風에 차이점을 찾을 수 있는 가능성이 엿보인다.

李珥 金長生-宋時烈 ┌ 權尙夏-韓元震-宋能相-宋煥箕, 河百源
                └ 鄭澔-金偉材-金正默-宋穉圭-宋達洙-宋秉璿

尹根壽 ┌ 趙翼-李端相-金昌協-李縡-金元行-洪直弼-任憲晦-田愚
       └ 金尙憲-朴世采-鄭齊斗

(尹泰順, 『東國儒賢淵源錄』, 1969 참조)

(2) 韓末道學의 性理學的 새 爭點

1) 韓末道學의 性理說과 쟁점

韓末道學이 맞섰던 밖으로부터 밀어닥친 外民族의 침략세력은 유교문화에 대한 기초적 이해를 지니고 중국전통 속에 잘 알려졌던 夷狄

---

1) 鄭觀齊 李端相이 栗谷私淑淵源으로 알려지고 있는 사실에서 畿湖學脈의 두 흐름이 전반적으로 栗谷의 영향 아래에 있고, 또한 農巖 金昌協이 尤菴 宋時烈의 문인이기도 하고, 宋穉圭가 宋煥箕 문하에도 출입한 사실에서 畿湖학맥의 어느 쪽이나 후기에는 尤菴의 강력한 영향 아래 연결되고 있다.

이 아니라, 강력한 이질적 신념의 종교와 엄청난 위력의 兵器를 지닌 反儒敎的 질서의 西洋 오랑캐[洋夷]였다. 따라서 이들 서양세력으로부터 무력위협을 받음으로써, 尊華攘夷論의 春秋大義를 기초로 하여 衛正斥邪論의 이념을 제시하였지만, 이것만으로는 안심할 수 있는 역사적 상황이 아니었다. 더군다나 1876년 開港 이래로 안으로부터 조선정부가 開化政策을 받아들여 전통사회의 기틀을 흔들면서, 안팎으로 도전을 받아야 하는 새로운 시대적 국면을 마주하게 되었다.

이러한 한말의 시대에 性理學의 이론들도 전통의 권위를 계승하는 데 머물지 않고, 主理論을 철저화하며 唯理論에까지 전개시키고 있다. 곧 畿湖학맥 속에서 近畿의 華西 李恒老는 '本心[明德]卽理說'을 제기함으로써 栗谷의 心卽氣說로부터 이탈하였고, 湖南의 蘆沙 奇正鎭은 '理尊無對說'을 제기하여 율곡의 성리설을 비판함으로써 唯理論의 입장으로까지 전개시키고 있다. 또한 嶺南학맥 속에서도 寒洲 李震相은 心卽理說을 제기함으로써 退溪의 心合理氣說을 재해석함으로써 영남학파의 전통적 해석으로부터 벗어나고 있는 사실을 볼 수 있다.

이처럼 韓末道學의 성리설에 등장한 새로운 흐름은 主理論을 극단화하여 心主理論 내지 唯理論에까지 나아감으로써 조선시대 전통 성리학의 학풍으로부터 선명한 전환을 추구하는 것으로 보인다. 그러나 栗谷의 '心卽氣說'을 기준으로 삼아 畿湖전통의 성리설을 계승하는 입장에서는 이 시대에 새롭게 제기되었던 心主理論的 이론과 논쟁을 벌이게 되는 것은 당연한 귀결이다.

곧 艮齋는 36세 때(1876) 華西 李恒老의 제자인 重庵 金平默의 방문을 받고 토론하는 자리에서, 당시의 학문에 두 가지 폐단이 있음을 지적한다. 곧 그 하나는 '마음을 스승으로 삼아 스스로 응용하며 성품에 근본하지 않는' 태도[師心自用, 而不復本於性]로서, 때로는 분발하고 격동되어 남들이 하기 어려운 일을 할 수 있음을 인정하지만 폐단이 없을 수 없음을 지적한다. 그 다른 하나는 '무리를 따르는 것을 주장

으로 삼으며 道에서 찾기를 구하지 않는' 태도[從衆爲主, 而不復求諸
道]로서, 행동할 때마다 번번이 주견이 정해지지 않아서 꾸며대면서
남들이 참을 수 없는 치욕을 참는 것으로 별로 볼 것이 없다고 지적
한다. 그는 前者, 곧 心主理論의 입장에 대해 역사적 위기에 주체적
능동성을 발휘하는 긍정적 측면이 있음을 지적하면서, 동시에 근본적
인식에 문제점이 있음을 파악하고 있다. 後者 바로 通俗主義者에 대해
서는 僞學者로서 心主氣論의 입장에 속하더라도 대세에 끌려다닐 뿐
확고한 주관이 없는 경우를 비판한 것이다.[2]

　여기서 艮齋는 이 시대 性理學界에 그 자신이 제기한 두 가지 핵심
주제에서 논쟁의 대폭발을 위한 導火線에 불을 붙이고 있었다. 그 하
나는 그가 비판의 주체였던 경우이다. 그는 心卽氣說을 옹호하여 그를
둘러싸고 있는 心主理論의 다양한 입장과 全方向으로 논쟁을 벌임으
로써, 畿湖 전통 성리설의 입장을 대표하여 폭발하는 논쟁의 求心點에
자리잡게 되었다는 사실이다. 다른 하나는 그가 비판의 대상이 되었던
경우이다. 그는 '心卽氣 性卽理'(性理心氣說)의 이론에 기초하는 그
자신의 성리설을 主理論[3]으로 확인하고, 그의 이론체계로서, '心本性
說'・'性師心弟說'・'性尊心卑說'을 제시하자, 이에 대해 사방으로부
터 비판이 제기되었고, 그 비판에 반론을 전개하면서 또 하나의 뜨거
운 쟁점을 제공하는 것이었다.

---

2) 『艮齋年譜』(華島手定本, 이하 같음), 1, 18~19.
3) 艮齋는 氣를 포섭하여 법도를 따르고, 성품을 높여서 마음을 다스리는 것은 '主理本天之
傳'(하늘에 근본하는 主理의 전통)이라 하고, 마음을 形而上으로 알고 성품을 낮추어 아
래에 두는 것은 '主氣本心之學'(마음을 근본으로 하는 主氣의 학설)이라 하여, 자신의
性理心氣說은 主理論으로 확인하고, 心主理論은 主氣論으로 지적하고 있다. 『艮齋私稿』
(이하 '私稿'로 약칭), 前編續, 권4, 15, 「理學之要」 참조.

2) 心主理說에 대한 艮齋의 비판에 따른 논변

성리학의 입장에서 그는 성품을 理라 하고 마음을 氣라 규정하여 栗谷 이후로 畿湖學派의 전통적 입장을 固守하는 것이다. 그러나 韓末에 이르러 華西 李恒老는 本心을 理로 파악하는 心主理論을 제시하고, 蘆沙 奇正鎭은 畿湖학파의 전통을 벗어나 理發만을 인정하는 唯理論을 전개하는 主理論的 입장을 제시하는 새로운 국면을 보여주었다. 여기서 艮齋는 본격적으로 이들을 공격하여 논쟁을 일으키면서 자신의 성리학적 입장을 선명하게 하는 과정을 통하여 '心本性說'·'性師心弟說'·'性尊心卑說' 등 독특한 명제들을 제기하고 있다.

韓末道學은 性理說에서 主理論을 심화시켜, 畿湖학파의 華西 李恒老는 本心卽理說을 제기하고 蘆沙 奇正鎭은 理尊無對說을 제기하여 율곡의 성리설을 벗어났으며, 嶺南학파의 寒洲 李震相은 心卽理說을 제기하여 退溪의 성리설을 재해석함으로써 전통적 해석으로부터 탈피하고 있다. 여기서 艮齋는 본격적으로 이들을 공격하여 논쟁을 일으키면서 자신의 성리학적 과제로서 성품을 높이고 마음을 낮춘다는 '性尊心卑說' 등 독특한 이론을 제기하고 있다.

간재는 이 시대에 그를 둘러싸고 있는 心主理論의 다양한 입장들[4]과 全方向으로 논쟁을 벌임으로써, 논쟁의 대폭발을 위한 導火線에 불을 붙였다.

먼저 心主理論과 사이에서 논쟁의 전개과정을 몇 가지 단계로 확인

---

4) 李恒老는 本心卽理說을 제시하고 李震相도 心卽理說을 주장하여, 두 입장이 心主理論임을 쉽게 확인할 수 있다. 그러나 奇正鎭은 이에 비해 心개념이 복합적이다. 그는 "心은 비록 氣에 속하는 것이지만 性을 갖추고 있다"(「納涼私議」), "마음은 氣의 靈處로서 衆理를 갖추고 萬事에 응하는 體用이니, 氣자로만 온전히 할 수 없다"(「答問類編」), "精(血之靈)과 神(氣之靈)을 기반으로 하여 그 속에 衆理를 갖춘 것을 心이라 한다"(「答景道」)라 하여, 心合理氣說의 입장과 유사성을 보이고 있지만, '氣發이 근원적으로 理發'(「猥筆」)이라 인식하는 그의 철저한 主理論的 입장을 전제로 하면 心主理論의 범주에 포함시킬 수 있을 것으로 본다.

해볼 수 있다.

① 그는 33세 때(1873)부터 華西 李恒老의 제자인 省齋 柳重敎와 전후 14년간 성리설의 往復論辨을 벌여, 이항로-김평묵 계열의 '本心卽理說'에 대해 조목별로 비판적 검토를 제시하였다. 그는 華西 문하의 '心說正案'을 변론하면서, 華西가 心이라는 물건의 이치를 '心之道'라 하고, 心은 氣이지만 이 氣에서 德을 가리킨 것이 理라 하여, 心主理說을 제시한 데 대해, 그는 心爲氣性爲理를 儒家의 宗旨라 하여, 心之理·心之德 등의 개념설정 자체를 거부하고 있다. 나아가 그는 기본적으로 理無爲氣有爲說에 따라 思慮·知覺의 작용이 있는 心을 작용이 없는[無爲] 理와 동일시할 수 없음을 지적하고,[5] 동시에 性은 理이지만, 明德은 理의 總會處로서 理를 포함하지만 理라고 말할 수 없음을 제시함으로써,[6] 本心卽理說 내지 明德卽理說을 부정하였다. 또한 그는 36세 때 스승 鼓山이 죽은 뒤 그가 重庵 金平默의 祭文을 되돌려 보내면서 華西학파로부터 絕交당하였고 華西학파의 성리설에 대한 그의 비판도 엄격해졌다.

나아가 그는 「華西雅言疑義」·「華西神道碑理氣說」·「心說正案辨」 등의 저술을 통하여, 華西학파에서 本心 내지 明德을 理로 규정하는 입장, 곧 '本心卽理說'에 대한 조목별로 엄격한 비판적 검토를 제시하였다.

② 그는 62세 때(1902)의 노년에서부터 奇正鎭의 唯理論的 성리설을 대표하는 작품인 「猥筆」·「納凉私議」에 대해 조목별 비판으로서 「猥筆辨」·「納凉私議疑目」을 저술하여, 奇正鎭의 성리설이 氣의 모든 작용은 理의 명령에 따른 것일 뿐, 氣 스스로 작용하는 것은 있을 수 없다 하여 율곡의 '機自爾說'을 부정한 점이 주자와 율곡의 이론에 위배됨을 지적하고 있다.[7] 특히 「猥筆辨」에 蘆沙가 栗谷의 성리설과 어긋난 점을 지

---

5) 『私稿』 前編 권 2, 17, 「與柳稺程」, "蓋無爲云者, 無思慮無知覺之謂也. 令旣以心爲理而 又曰理無爲則所謂心者, 果無思慮無知覺底物事耶."

6) 같은 책, 권2, 22, 「答柳稺程 別紙」 "蓋此二者, 分而專言, 則性固是理, 而明德亦可 謂之理也, 以其所包者理故也. 然又合而言則性自爲理, 而明德不得謂之理也, 以其理無二體故也."

적하여 비판하자 蘆沙門下인 鄭載圭의「猥筆辨辨」등 반박이 제기되고 艮齋도「猥筆後辨」・「猥筆記疑」등으로 비판하면서 반박과 재반박으로 논쟁을 확산하고 심화시켜 갔다.

이때 奇正鎭의 제자 老栢軒 鄭載圭는 간재의 비판을 반박하여「猥筆卞辨」・「納凉私議辨辨」, 그리고 道峰 孔學源은「辨猥筆辨」을 저술하자, 이에 대한 재반박으로서 간재는「猥筆後辨」・「猥筆記疑」를 저술하여 비판을 심화함으로써 논쟁을 확산시켜 갔다.

③ 그는 71세 때(1911)「李氏心卽理說艮齋條辨辨」을 지어 嶺南학파의 한말 성리학을 대표하는 寒洲 李震相의 心卽理說을 조목별로 비판하여 主理論에 대한 그의 비판영역을 嶺南학파에까지 확대시킴으로써, 당시 대표적 心主理說을 빠짐없이 비판하고 있다. 특히 그는 心卽性을 내세운 佛敎의 견해와, 心卽理를 주장한 陸象山・王陽明의 견해를 寒洲의 心卽理과 대비시켜 동일시함으로써 배척하였다. 또한 寒洲가 "吾心의 天理는 태극의 전체이다"라 하여, 자신의 心卽理說이 불교나 왕양명과 근본적으로 다른 점을 변론하고 있는 데 대해서도 왕양명과 일치점을 들어 거부하고 있다.[8]

이러한 간재의 비판에 대해 寒洲학파 안에서도 俛宇 郭鍾錫은 洪思哲에 보낸 편지(1912)에서 퇴계가 心合理氣를 말하니 嶺南의 후학들이 心의 본체까지도 合理氣라 하는 폐단에 빠지고, 율곡이 心卽氣라 하니 畿湖의 후학들이 心의 전체를 氣라 보는 폐단에 빠진다고 지적하여, 艮齋의 심즉기설이 율곡의 이해내용과도 다르다고 지적한다. 또한 면우는 心을 質에서 말하면 '血肉'이요, 氣에서 말하면 '精神'이요, 理에서 말하면 '性情之妙'라 하여, 心개념을 3단계로 분석하면서 心卽理라 하여야 본체가 수립된다고 자신의 입장을 확인하여, 간재의 心卽氣說은 心개념의 한 단계일 뿐이라 규정하고 있다.[9] 郭鍾錫의 제자 重齋

---

7) 같은 책, 권14, 35~38쪽,「猥筆辨」.
8)『私稿』後編, 권19, 32~36,「心擬似」.

金榥도 「寒洲心卽理說條辨」을 통해 치밀하게 간재의 비판에 대해 반박하고 있다. 이처럼 간재는 그의 비판영역을 嶺南학파에까지 확대시킴으로써, 華西·蘆沙·寒洲 등 당시 대표적 心主理說을 빠짐없이 비판하고 있다.

④ 그는 心宗家 또는 心理家로 일컫기도 하는 韓末의 대표적 성리학자들인 華西·蘆沙·寒洲 등의 主理論的 입장에 대해 각각의 이론이 지닌 논리상의 차이와 공통점을 분석하고 있다. 그는 「蘆華異同辨」에서 蘆沙는 心을 바로 理라 하지 않고 華西는 心을 理라 하여 차이가 있지만, 蘆沙와 華西는 主宰를 理라 하여, 결국 理의 작용을 인정하는 데에서는 일치하고 있는 것이라 본다. 또한 「蘆寒異同辨」에서 蘆沙는 '動靜者氣也, 動之靜之者理也'라 하고, 寒洲는 '發者理也, 發之者氣也'라 하여 상반된 것이지만 寒洲는 자신의 견해가 蘆沙와 합치한다고 밝힌 것이 납득할 수 없다고 지적한다. 이처럼 간재는 비교 검토를 통하여 자신의 비판이론을 더욱 정밀하게 체계화시키고, 그 비판이론이 엄밀한 분석적 인식에 근거하고 있음을 보여주고 있다.

3) 艮齋의 心本性說을 둘러싼 논변

艮齋 자신이 心主理論 내지 唯理論의 성리설을 비판하면서 자신의 입장을 명확하게 규정하기 위해 제시한 성리설에 대해 밖으로부터의 예리한 비판을 받게 되었고, 이에 대해 그의 방어에 따라 벌어진 제2차 논쟁에 관심을 기울일 필요가 있다. 그는 자신의 독자적인 성리설의 이론으로서, '心本性說'·'性尊心卑說'·'性師心弟說' 등을 제시하면서, 율곡 이후의 畿湖성리설을 계승하는 차원에서 한 걸음 나아가게 되었던 것은 분명하다. 먼저 그는 「心本性說」을 61세 때(1901) 저술하

---

9) 『俛宇集』 권101, 12, 「答洪成吉」.

였으며, "이단은 마음을 주재로 삼고 성을 주재로 삼지 않는다"10) 하여, '心本性'(마음이 성품에 근본한다) 곧 성품을 근본으로 삼는 것이 儒家의 正統 입장으로 인식하고, 이와 상반된 것을 異端으로 규정한다. 또한 "'性에 근본한다'[本性]는 것은 心을 딸리게 하는 것이니, 心이 性 속에 있는 것이지만, '마음을 근본으로 한다'[本心]는 것은 곧바로 心으로 주장을 삼고 다시 性에 근본하지 않는 것으로 輕重이 없어져 天地가 뒤집어지고 綱常이 무너질 것이다"11)라 하여, 心主理論은 인륜의 기준을 파괴할 것으로 배척하고 있다.

그는 일찍부터 心性관계에서 '性卽理, 心卽氣'의 개념체계에 따라 性을 心의 主宰로 또는 性을 心의 근본으로 파악하는 性理心氣論의 입장을 확립하였으며, 이에 따라 師友간의 토론을 거치면서, 자신의 성리학적 과제로서 性을 높이고 心을 낮추는 尊卑의 계층으로 인식하는 '性尊心卑說'을 제기하며, 이를 다시 師弟관계로 비유하여 '性師心弟說'로 확인하게 된다.

그는 '性師心弟'의 네 글자를 자신의 創言임을 강조하며, 경전의 전체를 이 한 마디로 一以貫之할 수 있는 것이라 지적하고 기뻐서 자기도 모르게 手舞足蹈하였음을 언급하고 있다.12) 따라서 그는 "性이 尊位에 있고 心은 이를 따르며 존중하는 것은 儒者의 학문이요, 心이 性을 존중하지 않고 自尊하면 異端의 학문이다"라 하여, 性을 높이고 心을 낮추는 상하관계를 정통주의적 신념에서 확인하고 心을 理로서 높이는 것을 異端으로 철저히 배척하였다.13)

---

10) 『私稿』전편, 권13, 2, '「体言」', "以體段言, 則異端主心而不主性, 以心術言, 則世儒主肆而不主敬, 以施用言, 則俗流主利而不主義, ……吾儒必以性爲本, 而敬與義, 皆在其中矣."

11) 같은 책, 권13, 1,「体言」, "本性者, 以心配之, 心在·其中矣. 其本心者, 直以心爲主而不復本於性也. 然則所謂性者, 無足爲輕重也, 性而無足爲輕重則將見天地飜覆, 綱常斁壞 而莫之救矣."

12) 『私稿』後編, 권19, 18,「性帥心弟」, "性師心弟四字, 是僕所創, 然六經累數十萬言, 無非發明此理, 可以貫之. 中夜以思, 不覺樂意自生, 而有手舞足蹈之神矣."

13) 『私稿』前編, 권13, 1,「体言」. "性居尊位而心從而尊之, 則爲儒者之學也, 心不尊性 而自

① 艮齋는 65세 때(1905) 「心尊性」을 저술하여 明儒 方學漸의 心學을 비판하였고, 76세 때(1916) 「性尊心卑的據」를 저술하여 자신의 논거를 제시함으로써, 마음을 理라고 주장한 ‘心卽理說’과 대립되어 韓末 성리학의 기본 논쟁점이 되었던 것이다. 이에 대해 영남의 深齋 曺兢燮은 「性尊心卑辨」에서, 마음을 ‘온몸의 주인이요, 모든 이치의 오묘함’이라 하여 심합이기설의 입장에서 심즉리설과 심즉기설을 모두 비판하였으며, ‘심을 엄숙히 하는 것이 성을 존중하는 것’이라 하고 心을 君에 性을 天에 비유하여 性天心君說을 제기함으로써 양쪽 다 높여야 할 것임을 강조하여, 艮齋가 心을 낮추어야 한다는 데 반대하였다.14) 「性尊心卑的據辨」(1917)에서도 心의 良知·良能은 性의 가르침을 받은 후에 깨닫는 것이 아니므로 性과 心의 사이에 師弟관계가 성립할 수 없는 것이라 지적하는 등 조목별로 반박함으로써 性師心弟說을 비판하였다.15)

또한 같은 영남의 恭山 宋浚弼도 「讀艮齋集性尊心卑說」을 지어 간재의 입장을 비판하였다. 이에 艮齋의 제자 蒼樹 鄭衛圭와 陽齋 權淳命은 각각 「性尊心卑的據辨辨」(1919)을 지어 曺兢燮의 비판에 대해 다시 반박이론을 전개하여 스승 간재의 입장을 변호하였다.

② 간재는 74세 때(1914) 「性師心弟」를 지어 마음이 스스로를 비우고 性의 가르침을 받을 것을 강조함으로써, 마음 위에 天命으로서의 性이 지닌 보편적이고 至上的인 권위의 규범을 확인하였으며, 또한 그는 經傳의 전체를 ‘性師心弟’라는 한 마디로 一貫할 수 있는 것이라 하여 강한 확신을 밝히고 있다.

이에 대해 寒洲학파의 晦峰 河謙鎭은 「性師心弟辨」(1917)에서 心이 性情을 포괄하고 主宰한다는 心개념에 따라 간재의 ‘性師心弟說’이

尊則爲異端之學矣."
14) 『深齋集』 前集, 권14, 14~16, 「性尊心卑辨」.
15) 같은 책, 권 15, 3~8, 「性尊心卑的據辨」.

마음을 낮추고 있는 데 대해 비판하였으며, 淵齋 宋秉璿의 제자인 趙章燮도 「性師心弟辨」·「性師心弟再辨」을 통해 비판 입장을 전개하였다. 이렇게 '性師心弟說'이 사방으로부터 비판을 받자, 간재는 「性師心弟辨辨」을 저술하여 조목별로 재반박함으로써, 또 이 쟁점을 더욱 뜨겁게 달구어 나갔다. 또한 그의 제자인 欽齋 崔秉心도 趙章燮의 비판에 반박하여 「性師心弟辨辨」과 「性師心弟再辨二」(1919)의 저술을 통해 스승의 성리설을 방어하고 나섬으로써 간재학파는 전방위의 공격과 방어를 전개하고 있다.

③ 나아가 간재는 노년의 말기인 78세 때(1918)에도 「兩家心性尊卑說」을 저술하여, 자신의 '本天之學'에 대비시켜 心主理論을 '本心之學'으로 규정하면서, 本天之學으로서의 性主理論을 관철시키고 있음을 본다. 여기서 그는 경전에 나타나는 '仁人이 事天'하고, '大人이 奉天時'하고, '君子가 畏天命'하는 인간의 天에 대한 畏敬의 자세가 바로 마음이 성품을 높이고 따르는 내면의 질서와 상응하는 것이라 본다. 이처럼 天-人관계에 상응하는 性-心관계의 인식이 바로 자신이 주장하는 '心本性', '性尊心卑' 내지 '性師心弟'의 의미로 해석한다. 곧 그는 仁人·大人·君子를 心에 견주고 天·天時·天命으로 性을 가리켜, 서로 대응시켜 性이 높고 스승이 되며 心이 낮고 제자가 된다는 것이다.

여기서 그가 마음을 낮춘다는 의미는 마음이 비천하기 때문이 아니라 하늘[性·理]을 높여야 하기 때문이라 본다. 따라서 마음을 '낮춘다'[卑]는 의미는 '겸허하게 한다'[謙]는 인격적 공경의 자세를 의미하는 것이지 '비천하다'는 평가적 경멸의 태도를 의미하는 것이 아님을 주목할 필요가 있다. 마음을 겸허하게 하고 조심하여 성품 곧 하늘을 높이고 받들 것을 요구하는 性師心弟說의 세계관은 인간의 주체적 능동성을 강화하는 心主理說에 대비할 때 인간주체의 경건성을 강화하는 道學의 신앙적 의식을 성리설의 논리로 정립한 것임을 확인할 수 있다.

(3) 艮齋의 역사의식과 義理論

1) 韓末의 시대상황과 道學的 역사의식

간재가 살았던 시대를 둘러보면 26세 때 丙寅洋擾(1866), 33세 때 辛未洋擾(1871), 36세 때 開港(1876), 42세 때 甲申政變(1882), 54세 때 甲午更張(1894), 55세 때 乙未事變과 斷髮令(1895), 65세 때 乙巳勒約 (1905), 70세 때 庚戌合邦(1910), 79세 때 3·1만세운동과 儒林團巴里 長書事件(1919) 등이 잇달아 일어나, 國權喪失과 유교 전통의 붕괴과 정의 가장 극심한 역사적 격동기 속에서 고뇌의 연속이었다.

이러한 역사적 위기를 당하여 이 시대 道學者들은 그 대응논리를 크게 세 단계로 제시한다.16) 그 첫 단계에서 衛正斥邪論을 표방하여, 서양문물과 서양화한 일본세력의 침투를 배척하였고, 둘째 단계로는 日帝의 침략 앞에 抗日 저항의 기치를 내걸고 義兵을 일으켜 日帝에 항거하며 節義論의 義理論的 신념으로 정신무장을 하였다. 셋째 단계 로는 日帝의 國權侵奪과 의병운동의 좌절에 따라 항일운동은 일부의 해외 망명독립운동을 제외한 대부분은 일제의 식민정책을 외면하고 깊이 은둔하여 도학의 전통을 계승하는 僭伏시기를 지남으로써, 一陽 來復을 기다리는 신념을 밝힌다.17)

---

16) 華西의 門人인 毅庵 柳麟錫은 乙未義兵(1895)을 일으키면서 선비가 국가의 변란에 대처 하는 의리로서 세 가지 형식을 제시하였다. 그 하나는 불의에 죽음으로써 항거하여 지 조를 지키는 것[致命遂志]이요, 둘은 의리를 표방하여 함께 일어나 오랑캐를 쓸어내는 것[擧義掃淸]이요, 셋은 道를 지키기 위해 망명하여 떠나는 것[去之守舊]이라는 것이다. 여기서 둘째 단계에 致命遂志와 擧義掃淸이 해당하고, 셋째 단계에 去之守舊 혹은 入山 自靖(산속으로 들어가 세상을 외면하고 자신의 지조를 지키는 일)이 해당한다고 볼 수 있다.

17) 韓末의 도학자들은 당시의 역사적 상황을 易卦의 음양소식과정을 통해 설명하고자 하 여, 일제침략과 국권상실의 과정에서 새로운 광복의 희망을 내다보며, 이 시기를 박-곤 -복으로 이행하는 과정에 있는 박복지간 내지 곤복지간으로 제시하고 있다. 금장태, 「韓末 儒學의 歷史意識」, 『한국근대의 유교사상』, 서울대 출판부, 1990, 12~22쪽 참조.

이 시대를 살아가면서 艮齋는 道學정통의 의리론적 신념을 밝히고 있는 점에서 매우 독자적인 형식을 취하고 있다. 그는 衛正斥邪論의 논리를 계승하여 매우 엄격한 闢異端論과 斥洋論을 제시하고 있으며, 나아가 개화기 이후 20세기에 들어와 새로운 서구적 학문, 곧 '新學' 에서 제기하는 개혁이론에 대해서도 철저한 비판의식을 관철하고 있었다. 다음으로 그가 義兵운동을 거부하면서 자신의 抗日義理論으로 제기하는 가운데, 독자적인 出處論·處變論·節義論을 비롯한 민족의 식을 표방하고 있는 것이 사실이다.

2) 斥邪論의 전개

艮齋의 의리정신은 韓末道學의 衛正斥邪論으로서 먼저 정통주의적 신념에 따라 道學正統에 어긋나는 모든 사상을 비판하는 데서 출발한 다. 그는 ① 陽明學을 비롯하여, ② 기독교 교리와 西歐사상의 수용자 세를 집중적으로 비판한다. ③ 또한 당시의 서양 근대학문[新學]을 비 판하고, ④ 孔子에 대한 비판[批孔]을 성토하는 護敎論的 신념을 밝혔 다.

艮齋는 1894년 東學蜂起의 소요 속에서 "東學에도 관심 없고 西學 에도 관심 없으며, 사는 것도 묻지 않고 죽는 것도 묻지 않는다. 오직 義만 따르겠다"고 언명하여, 東學과 西學이 이단으로 횡행하는 가운데, 도학자로서 자신이 지켜야 할 의리론적 신념을 固守하는 태도를 보여 준다. 여기에 그가 이 시대의 反道學的 거센 조류를 정면으로 맞이하 면서 生死를 넘어서서 초연하게 자신이 지켜야할 신념의 방향을 명확 히 선언하고 있음을 볼 수 있다.

간재는 23세 때(1863) 당시 서울에서 살고 있던 61세의 실학자 崔漢 綺가 陸王學을 칭송하고 일본인 伊藤維禎(호 仁齋)이 朱子를 비판하는 것을 지지하였던 사실을 비판하는 詩를 지어 공자에서 주자로 이어온

道統을 강조하고 陸象山·王陽明을 배척하여 이단배척론의 입장을 일찍부터 밝히고 있다.18) 또한 그는 心主理論을 비판하면서 이를 陽明學(陸王學) 혹은 불교와 연결시켜 비판하였을 뿐만 아니라, 王陽明이 "心의 本體가 天理요, 天理의 昭明·靈覺을 良知라 한다"는 心卽理說을 비판하여, 告子와 불교에서 心을 性으로 인식하는 것과 다름이 없는 것으로 비판한다.19)

또한 陽明左派인 李卓吾의 『焚書』를 읽고 그가 心學을 강설하며 自然을 宗旨로 삼아 사람마다 聖人이 될 수 있다 하고, 忠孝·節義를 부정하는 無道함을 비판하였으며,20) 나아가 明淸代 학자들을 광범하게 비판하였다. 곧 明代의 薛瑄(敬軒)과 羅欽順(整庵)이 엄중하지 못하여 許衡의 出處를 찬양하였고, 王守仁(陽明)·湛若水(甘泉)가 新說(異說)을 제기하였음을 비판하며, 淸代의 毛奇齡이 朱子를 비판함이 李贄의 『焚書』보다 더 심하다고 지적하면서, 朴趾源이 毛奇齡에 대해 "淸朝가 朱子를 내세우는 데 대한 반발에 따른 反淸감정으로 주자를 비판하였으니 실제는 朱子의 충신이라"고 평가한 것조차 비판하였으며, 阮元에 대해서도 朱子를 훼손하는 것으로 宗旨를 삼았다고 비판한다.21)

이러한 明淸 학술에 대한 광범한 비판은 그가 철저히 도학적 정통성에 근거하여 중국사상의 시대적 발전과정조차 비판하는 朱子學의 엄격한 호교론을 관철하고 있는 것이다.

또한 그는 崔致遠이 眞鑑·智證 두 高僧의 碑文을 지으면서 孔子와 釋迦를 歸一시키거나, 공자와 老子를 釋迦에 내포시키고 있음을 지적

---

18) 崔漢綺는 사실상 양명학자가 아니며 경험론적 이론체계를 제시하고 서양과학적 지식을 수용하여 氣철학을 정립시킨 실학자이지만, 艮齋의 관심은 그가 어떤 자리에서 道學정통에 상반되는 陽明學 혹은 日本 古學의 입장을 언급한 데 대해 즉각적으로 비판하였던 것으로 보인다.
19) 『私稿』前編, 권14, 30, 「陽明心理說辨」, "心之本體, 卽是天理, 此若以性當之, 卽是聖門議論. 今以昭明靈者言, 此與告子釋氏認 爲性者何別."
20) 같은 책, 권16, 10, 「看李贄書識感」. "李卓吾, 講心學, 以當下自然爲宗旨, 說人人都是見成的聖人, 聞有忠孝節義之人, 却云都是做出來的本體, 原無此忠孝節義."
21) 같은 책, 권16, 8~9. 「識感」.

하여 비판하였다. 여기서 그의 엄격한 도학적 정통론이 지닌 배타적 성격은 최치원의 三敎融和論을 용납할 수 없었으며, 심지어 그 碑文이 실제로 최치원의 글이라면 그를 文廟에 從享할 수 없다고까지 지적하는 불교비판론의 입장을 엄격하게 재확인하고 있다.[22]

특히 그는 西學에 대한 비판으로 『闢邪』上下 2편을 지었고, 독일인 花之安(原名 未詳)의 西敎(기독교) 교리에 관한 저술 『馬可講義』・『自西・東』을 체계적으로 비판하여 『自西・東辨』(1901)을 저술함으로써 道學의 西學 비판을 새로운 수준으로 추구하고 있다.

또한 『梁集諸說辨』(1909)과 『散錄』을 지어 당시 朴殷植・張志淵・申采浩 등의 계몽사상가들에게 지대한 영향력을 미치고 있던 梁啓超가 제시한 '孔敎論'의 문제나, 양계초의 저술 『飮冰室文集』에 수록된 여러 논문들에서 서구사상을 수용하고 있는 문제에 대해 집중적으로 비판하고 있다. 이와 더불어 간재는 『新學論』에서도 당시의 서양 근대학문[新學]이 '利益'만을 추구하는 것이라 비판하여 우리의 도덕과 국가에 해로운 것임을 지적함으로써, 서양문물을 배격하고 도학의 전통문물을 계승하여야 한다는 신념을 확고하게 밝혔다.

나아가 그는 80세 때(1920) 당시 東亞日報에 "먼저 孔某를 목베어야 한다"하여, 孔子를 모욕하고 비판하는 글이 실린 데 대해 社長 朴泳孝에 대해, '천지개벽 이래 第一의 極變'으로 '우주가 다하도록 용서할 수 없다'고 성토함으로써 護敎論的 신념을 마지막까지 흔들림이 없이 지켰다.[23]

---

22) 같은 책, 권17, 29, 「跋眞鑑智證二碑」, 此非崔公文而僧徒僞撰, 則幸矣, 不然則不合孔廟從享."

23) 『私稿』 後編, 권17, 40, 「遍告字內同志書」, "凡夫而署辱聖人者, 其罪犯已極, 無以復加矣, 必歷萬世窮宇宙而不可宥也. 近有大逆無道朴泳孝者, 用凶腸鼓妖吻, 而出言后天罵日之惡言, 直斥先聖而曰先斬孔某, 噴, 此自太極肇判以後所創有之第一極變也."

3) 抗日義理論의 전개

丙寅洋擾를 당했을 때 26세의 청년이었던 간재는 "2천여 년 전해온 공자의 학문이요 / 5백년을 내려온 李氏의 신하로다"라고 훈시한 스승 全齋의 가르침을 받아서, 조선왕조에 대한 충절과 유교에 대한 신봉을 추구하여 '李臣孔學'을 큰 의리로 삼았다. 갑오경장으로 전통사회의 제도가 전면적으로 변혁되는 현실을 보면서 그때 54세(1894)이었던 간재는 臺三의 상류 萬籟山 아래로 이사하여 그가 사는 마을을 '李臣村'이라 하고, 居室을 '孔學堂'이라 이름 붙였으며, 56세 때는 그의 손자에게 '李臣孔學'의 명패를 차고 다니게 하였던 사실에서, 그가 국가[李朝]와 이념[儒敎]의 수호를 의리정신의 중심과제로 일관하게 지켜지고 있음을 볼 수 있다.

간재는 「儒學」(1912)에서 儒者의 학문으로 '마음의 動靜'과 '몸의 出處'를 이치에 합치시키는 것을 두 기본 사업으로 제시하고 있다. 바로 여기서 그의 학문이 心卽氣說과 出處의리를 핵심과제로 삼고 있음을 확인할 수 있다. 그의 義理論的 신념은 의분에 넘친 抗爭이 아니다. 그는 주머니를 꼭 묶듯이 자신을 안정하게 다스린다는 '自靖括囊'의 의리를 제시하는 데서, 그의 出處義理가 '自靖'을 위주로 하는 것임을 확인시켜준다. 그는 당시를 易卦에서 여러 陰이 陽을 다 갉아먹은 象으로 지적하고, 日帝의 탄압에 대응하는 방법을 발생 가능한 경우에 따라 구체적으로 제시하고 있다.

① 먼저 생활대책은 집을 다 비우고 깊이 산으로 들어가서 산짐승·물고기와 이웃하며, 詩書禮義로 家傳을 삼고, 풀뿌리·나무껍질로 식량을 삼아야 하며,

② 벼슬을 내려주면 힘껏 사양하여 나가지 말아야 하며,

③ 끌려가게 되면 國母를 弑逆한 죄를 꾸짖고 怨讐를 풀 수가 없음을 밝히며,

④ 감옥에 들어가면 成仁取義의 贊을 암송하며 약물이나 미음을 물리쳐 단식하는 것이 중용의 뜻에 어긋나지 않을 것임을 제시한다.[24]

그는 李在成에 보낸 편지(1876)에서 선비가 上疏하는 것이 自重하는 도리가 아님을 제시하였으며, 이 편지에 대해 擧義에 과감하였던 華西학파의 金平默으로부터 비난을 받기도 하였다. 여기서 그는 제자 金駿榮에 답하는 편지(1883, 1890)에서 자신의 守道自重하는 태도와 身不出則言不出하는 의리를 無能하다거나 死法이라 비난하는 華西학파에 대해, 聖門相傳의 宗旨임을 지적하면서 반박하고 있다. 또한 金永燮에게 보낸 편지(1895)에서 天下가 無道하면 숨어야 하는 의리를 해명하기도 한다. 이에 따라 그는 出處義理의 모범으로서「朱宋事略輯」(1878)을 제시하고 있으며, 金東弼에게 보낸 편지(1910)에서도 自處하여 죽음에 이르더라도 변하지 않는 의리를 강조한다.

그러나 그의 의리론이 소극적이기만 한 것은 아니다. 그는 李聖烈에게 보낸 편지(1896)에서는 세상을 피하는 것이 세상을 잊어버리는 것이 아님을 밝혔고, 斷髮令(1895)이 내려오자 李起錫 등에게 변란을 당하여 衣髮을 온전하게 하는 방법을 제시하였고, 徐甲柄에게 보낸 글(1897)에서 일본의 國母[閔妃]弑害에 대한 복수를 하기 전에는 喪服을 마치지 않는다는 春秋義理를 제시하였으며, 士友文人들과 服制로서 黑布笠・白布衫을 착용하고 집에서는 白布冠을 쓸 것을 제시하기도 한다.

또한 李聖烈에게 보낸 편지(1904)에서 斷髮令은 죽더라도 따를 수 없음을 지적하며, 이 무렵「天下策」・「論世文」을 지어 국제정세와 대처방안을 제시하기도 하였다. 李鐸謨에게 보낸 편지(1910)에서 섬에 있는 것을 참지 못하고 육지에 나갔다가 삭발을 당하면 마땅히 죽어

---

24)『私稿』別編, 권2, 4~5,「時義」.

야 한다는 의리를 제시하며, 吳震泳에게 보낸 편지(1918)에서는 삭발을 당하자 바로 죽은 儒者는 鄕社에서 제사하고 겁탈을 당하자 바로 죽은 부인은 別室에서 제사드려야 하는 의리를 제시하며, 田相武에게 보낸 편지(1922)에서는 머리를 깎고 양복을 입은 자는 族譜에서 빼야 한다는 의리를 제시하기도 한다. 그만큼 간재는 유교전통의 수호방법으로서 衣髮을 보존하는 保形을 매우 중요시하여 의리의 중대한 문제로 인식하고 있음을 보여준다.

乙巳勒約을 당하자 그는 자신의 평소 持論을 떠나서 「因變亂請斬諸賊疏」와 「再疏」를 올렸으며, 金駿榮에게 보낸 편지(1906)에서는 임금[君父]이 위태롭고 욕되는 경우에는 감히 私第에서 누워서 쉴 수 없다는 의리를 제시하였다. 李聖烈에게 보낸 편지(1906)에서는 奔問·討賊·致函하지 않고 외국사신과 담판하는 것의 잘못을 논하고 있다. 그는 淵齋 宋秉璿의 殉議를 그 아우 宋秉殉에게 위로하면서 儒者의 處義를 논하기도 하고, 崔益鉉이 擧義하자 격려하는 편지를 보내기도 하는 적극적인 태도를 보여주었다.

간재는 "몸이 벼슬에 있지 않으면 말을 내놓지 않는다" 하여 上疏하는 것도 삼가고, "天下가 無道하면 숨는 것이 의리"라 하여, 崔益鉉의 擧義에 참여하지 않았으며, 1919년 巴里長書의 서명에 참여하라는 郭鍾錫의 요청을 거절하였다. 「艮齋年譜」에서는 巴里長書에 서명하지 않은 이유를 임금을 다시 세우고[復辟] 孔敎를 위한 일이 아니라 한때의 名聲을 얻기 위한 것이라면 居敬致知의 本意가 아니며, 統領(共和制)을 세운다는 時議는 서양제도를 따르는 것이라 반대 이유를 명확히 밝히고 있다. 그러나 이 사건에 대하여 제자 吳震泳과 權純命의 두 文集 年譜를 종합해보면 처음에 간재의 허락을 받아 印章을 가지고 嶺南에 갔다가 연락에 차질이 있어 참여하지 못하였으며, 뒤에 統領을 세운다는 말을 듣고 전통을 변혁하는 것임을 파악하게 되자 간재가 그 참여를 거부했던 것으로 기록하고 있다.

그는 乙巳勒約 이후 日本의 國權侵奪을 보면서 68세(1908)의 노인으로 扶安 앞바다의 왕등도로 들어갔고, 이듬해 다시 고군산도에 들어간 이후로 왕등도·고군산도를 거쳐 繼華島(界火島)에 정착하면서 생애를 마치도록 日帝가 지배하는 육지를 밟지 않는 節義를 지켰다. 이러한 간재의 入島는 孔子가 "道가 행하여지지 않으니 뗏목을 타고 바다로 들어가겠다"고 하였던 말을 處變義理의 한 모범으로 받아들인 것이다. 당시 간재가 擧義에 나서지 않고 섬으로 들어간 것을 비난하는 입장에 대해 退溪학맥의 대표적 인물인 西山 金興洛의 제자 省齋 權相翊은 "이러한 시대에 後進을 가르쳐 儒學의 種子를 심는 일이 國難에 나가 한 가지 節義를 지키는 것보다 가벼운 일이 아니다"[25]라 하여 간재의 입장을 적극적으로 인정하고 있다.

제자 柳永善에 의하면 心石齋 宋秉珣이 간재에게 보낸 편지에서 宋時烈이 언급한 '抱經痛哭 入山枯死'의 의리가 바로 간재가 지키고자 하던 處變義理임을 확인하고 있으며, 최익현의 아들 崔永祚는 간재의 自靖의리를 "後進을 가르쳐 華夷之辨을 알게 하여 모두 빠져들지 않게 하는 것이 그 직분이다"[26]라 해명하여, 간재의 시대적 역할을 적극적으로 이해하고 있음을 보여준다.

간재는 왕등도에 있을 때 居室의 벽에 "萬劫이 지나도 끝내 韓國의 선비로 돌아갈 것이요, 평생을 공자의 제자가 되고자 한다"[萬劫終歸韓國士, 一生竊附孔門人]라고 써붙여 자신의 민족의식[愛國]과 유교적 신념[保敎]의 강인함을 밝히고 있다. 계화도에서 많은 제자들을 가르치던 시절에는 '생명을 걸고 道를 지킨다'[守死善道]는 이념에서 居室을 '守善祠'로 이름하고 있는 데서도 그의 강인한 守道의 의리정신을 엿볼 수 있다.

---

25) 『省齋集』 「存思錄」.
26) 『玄谷集』 「上難齋柳丈確淵」.

(4) 맺음말―民齋學의 계승과 의의

民齋學은 民齋와 그 시대 儒學者들 사이의 뜨거운 논쟁을 통하여 그 성격이 선명하게 드러났고, 그의 많은 門人과 再傳門人들을 통하여 이론적으로 활발한 토론이 지속되며, 동시에 의리론의 강인한 실천이 확산됨으로써 日帝强占期와 解放 이후에까지 뚜렷하게 계승되어 왔다.

이때 韓末道學에는 ① 많은 巨匠들이 출현하여 性理說의 심화를 통해 예리한 쟁점으로 논쟁을 벌였고, ② 外勢의 침략에 강인하게 저항하는 義理精神을 발휘함으로써, 조선시대 유교사상의 마지막 불길로 솟아올랐다.

民齋의 思想史的 성격과 위치는, ① 첫째 성리학자로서, 먼저 그는 성리학설의 전통적 문제점이나 同時代의 쟁점에 깊이 천착하고 관여하는 朝鮮朝 성리학사의 結局에서 또는 韓末 성리학의 다양한 구성 속에서 一角의 철학적 입장을 뚜렷하게 밝혔던 성리학자였다. 다음으로 그는 道學의 이론과 실천을 통한 학문적 체계를 강한 영향력으로 傳授하여 그 시대에 湖南뿐만 아니라 전국에 걸쳐 가장 광범하고 많은 제자를 배출하였으며 이들로부터 깊은 존경과 신뢰를 받았던 도학 전통의 교육자이기도 하다. ② 둘째 의리론자로서, 韓末 국가의 멸망 과정에서 유학자가 역사상황 속에 대처하는 행동양상의 義理에 있어서 그가 취한 태도가 많은 是非를 일으켰지만 자신의 일관된 신념을 굳게 지켰던 독특성을 보여 주고 있다.

간재의 학문적 세계는 급격한 변화와 근원적인 동요 속에서도 전통도학의 正統을 확고한 신념으로 재확인하고, 엄격한 순수성을 추구하며 방어하였다는 사실에서 독특한 성격을 지니고 있다. 그는 한말도학에 강력하게 새로 대두된 心主理論의 이론을 心卽氣의 栗谷的 전통에 근거하여 性主理論(性理心氣論)을 제시한 것으로서, 心의 恣意的 判斷을 견제하며 가치기준의 보편적 진실성으로서 性의 위치를 강화하고 있는 데서 그 특성을 인식할 수 있다. 여기서 心卽理說이 마음의 도덕적 주체성을 강조하여 인간의 도덕적 책임을 각성시키는 의미가 있다면 艮齋의 性尊心卑說은 인간의 마음에서 恣意性을 견제하고 도덕규범의 객관적 표준에 순응하기를 요구하는 규범주의적 성격을 이해할 필요가 있다. 이런 면에서 艮齋는 韓末 성리학의 主理論的 입장보다 좀더 보수적이고 엄격성이 강한 특징을 지닌다고 하겠다.

義理論에 있어서도 國權을 상실한 당시의 유학자들 사이에서는, 한편으로 '나라가 망하면 道마저 망한다'[國亡而道亦亡]는 인식 속에, 절대적 위기의식의 입장에서 義兵을 일으키거나 自決하여 저항하는 논리가 있고, 다른 한편으로는 '나라가 망하더라도 道는 망할 수 없다'[國亡而道不亡]는 인식 속에, 위기 속에서도 道를 지켜야 할[守道] 책임을 각성하여 전통이념의 수호와 後進교육에 힘쓰며 역사의 회복을 믿는 논리가 있음을 지적할 수 있다. 여기서 간재는 後者의 입장에 속하며, 대부분의 儒林도 실질적으로 여기에 추종하고 있는 것이 사실이다. 그러나 그의 의리론이 소극적이기만 한 것은 아니다. 오직 자신의 분수를 헤아리고 강학에만 전념하여 적극적 행동이 결여되었다는 비난을 받을 수도 있지만, 한편으로 義兵활동의 외향적 행동과 自靖守善하는 내면적 고집이 마치 陰陽 관계처럼 이 시대상황 속에 兩面的으로 요구되었던 것이고 보완적으로 기능하였던 것이라 하겠다.

따라서 抗義를 강조하는 입장과 守道를 강조하는 입장 사이에, 한쪽에서 다른 쪽을 서로 비난하는 배타적 신념의 의리론과 두 입장이 상호 보완적으로 작용할 수 있음을 인정하는 통합적 수용의 의리론이 있을 수 있다. 특히 통합적 수용의 논리에서 보면 艮齋의 의리론적 순수성과 확고한 신념이 역사 속에서 지녔던 역할과 기능을 더욱 의미 깊게 이해할 수 있다.

艮齋學은 그동안 한국사상사 속에 몰이해 상태로 묻혀 있었거나 한정되고 피상적인 이해에 머물고 있었다. 그러나 앞으로 간재학의 이해를 지속적으로 확장하고 심화시켜간다면, 한국 근대사상사의 다양성과 독창성 및 독특한 개성을 풍부하게 이해하는 데 중요한 결실을 거둘 수 있을 것으로 기대해 본다.

10. 日本强占期 儒教의 獨立運動

(1) 시대상황과 儒敎 獨立運動의 일반적 성격

日本의 제국주의적 침략정책에 한말의 조선사회는 자기수호를 위해 끈질기게 저항하였으나 끝내는 1910년부터 1945년까지 36년 동안 국권을 강탈당하고 식민통치를 받게 되었다. 이 시기에는 항일운동이 국권회복을 추구하는 독립운동으로서 새로운 양상으로 항거를 계속하였다. 조선사회의 정통이념으로서 유교는 1910년 이전까지 항일운동의 주도적 역할을 하였으나, 국권상실의 충격과 사회체제의 전면적 변화에 따라 점차 그 사회적 권위를 상실당하고 공동체의 결속이 흩어지면서 그 역할도 쇠퇴하는 과정을 겪게 되었던 것이 사실이다. 그러나 유교공동체를 구성하는 儒林들은 비록 조직화된 단체로 공동활동을 하는 데는 매우 미미하였으나 개인적 신념에 따라 다양한 양상으로 日帝의 식민지 지배정책에 저항하고 민족의식을 고취하며, 국권회복을 위한 유림의 독자적 행동을 비롯하여 사회전반의 독립운동에 다양하게 참여하고 있음을 볼 수 있다.

거슬러 올라가면 1876년 丙子修好條約으로 일본이 조선사회의 문호를 열고 한반도에 발을 들여놓기 시작하면서부터 1910년 국권강탈을 하는 데 이르기까지 35년 동안 당시의 儒林들은 上疏를 올리거나 義兵을 일으키며 自決을 하여 大義를 밝히는 등 가장 강력한 저항운동을 끈질기게 지속해왔다. 이 시기에는 시대의 조류와 세계의 대세를 간파하고 사회의 변혁을 도모하던 개화사상가들이 출현하였고, 이어서 일본의 침략이 본격화되는 시기에 국민적 각성을 추구하던 애국계몽 사상가들이 활발하게 활동을 전개하여 민족의식을 고취하고 있었다. 여기에 儒林들의 국권수호운동은 크게 두 가지 양상을 보여주고 있다. 한편으로는 외래의 침략세력에 저항하면서 전통사회를 수호하려는 보수적 성격의 수구세력으로서 유림의 절대다수가 여기에 속하고, 다른 한편으로는 개화사상과 계몽사상을 수용하여 사회개혁운동에 참여하는 진보세력으로서 극소수의 지식인들만이 여기에 속하는 현상을 볼 수 있다. 이들 유교인은 어떤 입장에 서 있거나 유교적 이념에 기초하고 있으므로 비록 진보적 성격을 지녔더라도 전통적 기반을 전면적으로 변혁하려는 급진적 입장과는 상당한 차이를 보이는 것이 사실이다.

19세기의 개화파에서도 이미 불교적 배경이나 서구적 배경을 갖고 있는 인물들이 중심적 역할을 하기 시작하였는데, 20세기에 들어오면서 애국계몽사상가들 사이에는 점차 非儒敎的 인물들의 활동이 두드러지고 유교인의 활동이 상대적으로 더욱 위축되어가는 현상을 볼 수 있다.1) 이러한 유교의 사회활동이 위축되어가는 원인은 非儒敎人의 활동이 새로운 문물을 신속하게 수용하여 활발하게 전파하였지만, 그 반면에 절대다수의 보수적 유교인들이 소수의 진보적 유교인의 활동을 외면함으로써 유교집단의 전체적 보수성과 시대적 대응력의 약화에 따라 전반적인 침체가 일어나게 되었던 사실에 있다. 유교의 개혁의식이 침체한 것은 당시의 침략세력인 일본이 개혁방향의 지침이 되는 서양문화를 수용하고 있으므로, 사회개혁의 추진이 일본식을 모방하고 수용하는 데에 빠질 위험이 있음을 경계하는 소극적 자세 때문이다. 곧 사회는 전반적으로 서구적 근대화로 개혁이 가속화되는 데 소극적 방어자세는 마침내 방어적 수구의식의 쇠퇴화를 불러일으키는 데로

---

1) 개화파의 劉大致·吳慶錫·金玉均 등이 불교적 취향을 가졌고, 兪吉濬은 서구적 배경을 가졌다. 애국계몽사상가로서 徐載弼·李商在·尹致昊 등은 기독교적 배경을 지닌 경우이다.

나아갔던 것도 사실이다.

20세기 초에 유교의 사회적 영향력이 전반적으로 쇠퇴해가는 뚜렷한 징조를 보였던 것은 사실이지만, 그럼에도 불구하고 아직도 사회의 문화적 기초는 유교전통의 틀을 유지하고 있으며, 정예의 선비들은 강한 신념의 항일의식으로 국권상실 이후에도 민족자주의식과 독립운동에 광범하게 참여하고 있는 현상을 확인할 수 있다. 1910년 이후 1945년까지의 일제강점기에 유교의 독립운동은 韓末의 항일 국권수호운동과 연장선상에 있으면서 새로운 역사적 상황에 따라 상당한 전환과 변형이 이루어지고 있음을 주목할 필요가 있다.[2]

일제강점기에 유교의 저항-독립운동은 크게 3단계로 시대구분이 가능하다. ① 1910~1918년 사이로 합병의 충격에 따른 국내에서의 저항과 망명독립운동의 시기이다. ② 1919~1930년 사이로 3·1운동에 이어 儒林團사건 및 국내외에서의 저항운동이다. ③ 1931~1945년 사이로 조직적 활동보다 개인적 활동을 통한 민족의식의 고취시기이다.

첫 단계로서 1910년 조선왕조(대한제국)의 멸망과 日帝의 식민지통치가 선포되었을 때 우리 사회의 전체가 엄청난 충격을 받았지만, 특히 儒林은 극도의 통분과 비탄에 잠겨버렸다. 일차로 나타난 저항의 행동양상은 自決을 하거나 入山하여 은둔하거나 만주·러시아·중국 등으로 망명하여 독립운동을 전개하는 것이었다. 爵位나 恩賜金을 명목으로 내걸었던 일제의 유교지도층에 대한 懷柔정책이 도학파의 절의 정신에 의해 거부되는 저항이 이 시기의 뚜렷한 사회현상이다. 이 시기에서는 유림들의 활동이 매우 활발하게 전개되고 있는 것을 볼 수 있다.

둘째 단계로서 1919년의 3·1운동에 자극을 받아 전국의 유림들로 조직된 유림단이 파리강화회의에 독립을 청원하는 巴里長書事件이 중

---

2) 韓末(1876~1910) 유교의 국권수호운동에 관해서는, 금장태, '종교를 통한 국권수호운동－유교'.『한민족독립운동사』 2, 국사편찬위원회, 1987, 493~542쪽 참조.

요한 계기를 이루고 있다. 일부의 진보적 유림들이 1927년 설립된 '新幹會'에 참여하여 활동하는 등 사회단체를 통한 활동양상을 볼 수 있다. 이 시기까지는 아직도 유림들의 사회활동이 미약하지만 존속하고 있었다.

셋째 단계로서 1931년 만주사변이 일어나면서 일본의 군국주의가 일어나 대륙침략과 태평양전쟁으로 확산되는 시기에 유교의 조직적 활동은 거의 붕괴되었지만, 일제의 동화정책에 대한 거부를 통한 저항과 소수 유교지식인의 저술을 통한 민족의식의 고취가 지속되고 있었다.

일제강점기에 유교의 독립운동은 초기의 강력하고 적극적인 저항운동이 후기로 가면서 점차 유림조직은 와해되고 개인적인 비타협적이고 소극적인 저항으로 흩어졌으나, 여전히 향촌사회에 강력히 뿌리박고 있는 유림세력의 저항적 신념은 꺾이지 않고 있는 사실을 주목할 필요가 있다. 유교조직 속에는 일제의 회유에 끌려들어 친일단체로 전락한 경우도 있지만, 개인적 저항의식은 온갖 어려운 시련을 견디었던 확고한 신념으로서 민족의식의 표출에 한 가지 모범적 유형을 이루고 있는 것이라 볼 수 있다.[3]

이 시기에서 유교의 독립운동을 인식하기 위해서는 시대적 전개과정과 각 시대의 중심적 대응양식을 동시에 고려하여, ① 국권상실의 충격에 따른 순절 등의 저항의식과 망명을 통한 독립운동의 양상을 확인하며, ② 유림단사건을 전후하여 국내외에서 독립청원운동의 전개양상을 검토하고, ③ 일제강점기의 전 기간에 걸쳐 다양하게 추진되던

---

[3] 유림의 저항의식이 곧바로 민족의식이나 독립운동과 일치하기는 어려운 측면이 있음을 간과해서는 안 된다. 유림의 저항의식은 일차적으로 유교적 문화전통과 도리[義理]를 지키는 데 기초한 것이라 할 수 있고, 일본의 침략성과 이질적 문화에 대한 거부태도가 유교적 정통주의와 연결될 수 있기 때문이다. 그럼에도 불구하고 진보적 유교지식인의 민족독립운동은 물론이요, 보수적 유교지식인도 '조선'(대한)의 역사적-국가적 정통성에 대한 확고한 신념을 밝히고 있는 사실이 민족의식의 한 유형으로 파악하는 데는 무리가 없을 것으로 본다.

일제의 동화정책에 대한 끈질긴 저항운동의 양상을 살펴보고, ④ 일제
후반기를 중심으로 역사연구 등을 통한 민족의식의 각성과 국민계몽
운동의 양상을 찾아보고자 한다. 이러한 관심의 해명을 통하여 일제강
점기의 독립운동이 이 시대의 새로운 상황과 새로운 대응이기만 한
것이 아니라, 우리의 문화적-정신적 전통과 깊은 연관성을 갖고 있음
을 밝힐 수 있을 것으로 기대한다.

(2) 殉節의 抗日정신과 망명을 통한 독립운동

1) 合邦에 抗議한 殉節

국권상실의 소식이 전해지자 당시 유림들이 대응한 태도는 망국의
책임에 대한 통감으로 비분강개하여 생명을 버려 節義를 지키는 殉節
을 하는 데서 뚜렷이 드러난다.

도학자 朴世和(호 毅堂, 1834~1910)는 乙巳勒約의 소식을 들었을
때에도 제자들과 제천 月岳山에 들어가 擧義를 도모하였던 일이 있으
며, 庚戌國恥를 당하자 "道脈이 영원히 끊어졌으니 하루라도 구차스럽
게 살 수 없다"고 선언하고 26일간 단식을 한 끝에 자결하였다. 그는
국가의 멸망이 동시에 道(人道), 곧 儒敎의 멸망이라 인식하고, 국가와
유교이념의 몰락 앞에 자신의 지조를 깨끗이 하겠다는 의지를 한 편
의 詩로 제자들에게 밝혔다.

> "도가 망하니 내가 어찌하리오
> 하늘을 우러러 한바탕 통곡하노라
> 스스로 지조를 깨끗이 하여 내 몸을 聖賢에게 바치려 하노니
> 오호라 그대들이여 미혹하지 말지니라."

그는 죽음 직전에 붓을 들어 絶筆로 '禮儀朝鮮'이라는 네 글자를 크게 써놓고, "우리의 당당한 바른 나라가 짐승들(일본) 때문에 망했으니 슬프다"라 선언하였다. 그가 쓴 '禮義朝鮮'은 그의 제자 尹膺善의 해석에 의하면, "禮義는 中華문화의 진리[華夏之道]요, 朝鮮은 역대의 임금이 지켜온 나라[祖宗之國]이라" 밝혀, 우리의 문화를 간직한 道와 역사를 간직한 국가로 제시되고 있다.4)

개화사상가요 시인이었던 黃玹(호 梅泉, 1855~1910)은 "세상에 진정한 道學이 없으므로 나는 道學을 싫어한다. 옛날 같은 道學者가 있다면 내가 마땅히 스승으로 받들겠다"고 선언할 만큼 道學의 전통에서 벗어난 인물이며, 乙未義兵 때 崔益鉉을 위해 '倡義檄文'을 짓기도 했던 항일의식이 투철한 선비였다. 그는 合邦의 소식을 듣고 그 다음날 絶命詩 4首와 遺書를 남겨놓고 아편을 먹고 자결하였다. 그의 絶命詩에

새와 짐승은 슬피 울고 바다와 산도 찌푸리네	鳥獸哀鳴海岳嚬
무궁화 피는 세상은 이미 사라졌는가	槿花世界已沈淪
가을 등불 아래 책을 덮고 옛 일을 회상하니	秋燈掩卷懷千古
인간 세상에 지식인 노릇이 정녕 어려워라.	雖作人間識字人

읊고 있는 것은 역사를 아는 지식인으로서 망국의 책임을 통감하고 있음을 밝힌 것이다. 자식들에게 남긴 유서에서 "나는 죽어야 할 의리는 없지만, 다만 국가가 선비를 기른 지 5백년이 되어 국가가 망하는 날 한 사람도 난국에 죽지 않는다면 오히려 애통하지 않겠는가. 나는 위로 皇天이 내려준 성품의 아름다움을 저버리지 않고 아래로 평소에 독서한 바를 저버리지 않기 위해 기리 잠들고자 하니, 진실로 통쾌한 줄 알겠다"라 언명하여, 節義의 신념을 제시하고 있다.5)

---

4) 금장태·고광직, 『유학근백년』, 박영사, 1984, 130~139쪽 참조.

吳剛杓(호 無貳齋, 1839~1910)는 全齋 任憲晦의 문인으로 艮齋 田
愚에게서도 수업을 받았으며, 乙巳勒約 때에도 公州鄕校의 明倫堂에서
대성통곡하고서 아편을 먹어 자결을 기도하였다가 살아났으며, 亡國의
소식을 듣고, 遺書에 "나라가 깨어지고 임금이 망하는 때에 한 가지
방책으로도 나라와 백성의 몰락을 구출할 수 없으니 죽기만 못한 지
오래되었다. 차라리 先王의 法服을 입고 仁을 이루며 義를 취하여 九
泉의 아래서 孤竹君・文文山과 더불어 노닐지언정, 원통함을 머금고
통분을 참으며 임금의 원수에게 머리를 숙일 것인가"라 하고, 또 "나
라가 깨어지고 임금이 망하였는데, 어찌 홀로 살리오. 살아서도 李氏
의 사람이 되고, 죽어서도 李氏의 귀신이 될 것이다. 공자는 仁을 이
루라 하고, 맹자는 義를 취하라 하였으니, 흰 머리에 붉은 마음으로 두
마음이 없다"하고, 마침내 鄕校의 明倫堂에서 통곡하고 講學樓에서
목을 매어 자결하였다.6) 이처럼 그는 죽어서도 李氏의 귀신이 되겠다
는 忠節과 유교의 仁義를 일치시키고 있다.

吳剛杓 이외에도 任憲晦-田愚 학통의 문인으로서 合邦의 소식을 듣
고 자결한 인물인 朴炳夏는 田愚의 문인으로 "국가의 일이 망극하여
어찌해야 할 줄 모르지만, 나는 한번 죽어 5백 년 여러 임금님이 선비
를 배양한 은혜에 보답하고자 한다"하고 음독 자결하였다. 한 선비로
서 국가의 은혜에 보답한다는 명분으로 자결하는 것은 침략자에 대한
적극적 항거의식이 빈약한 소극적 守節이라 볼 수도 있다. 그러나 亡
國의 날에 죽음으로써 忠節을 지키는 것은 선비의 義氣를 발휘하는
것으로 민족적 저항정신의 한 표현이라 할 수 있다.

또한 勉庵 崔益鉉의 문인인 李載允(호 渼石)은 관직이 右副承旨에
올랐으며, 中堂에 공자의 影幀을 모시고 새벽마다 家廟와 聖像에 참배
하는 의례를 엄격하게 실천하였던 인물이다. 그는 乙巳勒約에 상경하

---

5) 宋相燾의 『騎驢隨筆』 「黃玹」 참조.
6) 趙熙濟의 『念齋野錄』 권4, 「合邦顚末」 참조.

여 상소를 올려 諫爭하였고, 고향에 돌아와서 잠자리에 이부자리를 깔지 않고 허리띠를 풀지 않으면서 "우리 임금이 바늘방석에 앉아 계신데 내가 어찌 차마 자기 몸을 아껴 자리를 깔고 편안히 잘 수 있겠는가"라고 고집하였던 사실도 국가의 위기에서 유학자로서의 우국충정을 보여주는 것이다. 1907년 高宗이 퇴위당하자 만주로 망명하였다가 合邦 소식을 듣고 미치광이 노릇을 하였는데, 가족이 고국에 데려오니, "나는 천지와 부모에 죄를 얻었으니 마땅히 죽어서 속죄하여야 한다"하고 단도로 자신을 찌르고 독약으로 죽고자 하였으나 가족이 구해내자, 끝내 목을 매어 자결하였다.6) "천지와 부모에 죄를 얻었다"는 것은 유학자로서 국가와 역사에 대해 책임의 통감을 밝히는 것이라 할 수 있다.

禮安의 李晚燾(호 響山)는 퇴계의 후손으로 관직이 동부승지에 올랐으며, 乙未義兵을 일으켰고, 乙巳勒約에 상소로 五賊을 聲討하였고, 國亡의 날에 遺疏를 남기고 단식 자결하였다. 그는 絶命詩에서

가슴 속에 매운 피가 다하니	胸中葷血盡
마음이 더욱 허허롭고 밝아오네	心事更虛明
내일이면 날개가 돋아	明日生羽翰
玉京에 날아올라 노닐어 볼까.	迢遙上玉京

라 읊었다. 그는 평소에 "선비는 立志를 귀하게 여기니, 뜻이 이미 서면 마치 하나의 쇠기둥이 굳게 떠받치는 것 같다. 가슴 속에는 위로 머리에 사무쳐 하늘을 꿰뚫고, 아래로 발에 사무쳐 땅을 꿰뚫어, 한 순간이라도 흔들리지 말아야 한다"고 말하여 그의 강인한 기개를 밝히고 있다.7)

---

6) 趙熙濟의 『念齋野錄』 권4, 「合邦顚末」 참조.
7) 『騎驢隨筆』 「李晚燾」, "士貴立志, 志之旣立, 如一個金鐵柱撑堅, 在腔子裏, 上徹頭貫天去, 下徹足貫地去, 要一刻撓轉不得."

당시에 관료나 향촌의 儒林들로서 國亡의 치욕을 당하자 생명을 버려 항거하였던 인물들이 줄을 잇고 있다. 洪範植(호 一阮, 1871~1910) 은 錦山군수로 있을 때 合邦 소식을 듣고 "백 리의 땅을 지키고 있으면서 나라가 망하는 것을 구할 수 없으니 속히 죽은 것만 못하다"라 하고 목을 매어 자결하였다.

玉果의 선비 鄭在健은 黃玹의 자결소식을 듣고, "선비는 마땅히 이와 같이 하여야 한다"라 말하고서, 침실의 벽에다 "망국의 신하는 의리가 구차하게 살 수 없는 것이니, 맹세코 明治의 세상에 살아 있지 않겠다"[亡國之臣, 義不可以苟生, 誓不在於明治之世]라 써 붙인 뒤 칼로 찔러 자결하였다.

淳昌 선비 孔致鳳은 "다행히 禮義의 나라에 태어나 孔子의 중화를 존숭하고 오랑캐를 물리치는 도리[尊攘之道]를 배웠는데, 이제 나라가 깨어지고 임금이 멸망하니 어찌 돌아갈 데가 있는가, 맹세코 黃泉의 白骨이 되어 끝내 섬오랑캐의 백성으로 편입되지는 않겠노라" 하고 단식 자결하였다.

興德 선비 白麟洙는 乙巳勒約 때도 칼로 찔러 자결하려다 실패하고 庚戌國恥에는 "이 지경에 이르러서 살아 있다면 결코 李氏의 신하가 아니다"라 하고 칼로 자신을 찔렀으나 실패하자 단식으로 자결하였다.[8]

---

8) 『騎驢隨筆』에는 洪範植·吳剛杓·趙章河·李學純·黃玹·朴炳夏·鄭東植·張泰秀·李晩燾·李晁宙·宋宙勉·朴世和·李中彦·權龍河·柳道發·鄭在健·李鉉燮·潘夏慶·金根培·朴能一·金冀鎭의 21명을 '庚戌合邦殉節'의 인물로 열거하고 있다. 이와 더불어 호남인물 중심으로 자료를 수집한 『念齋野錄』의 『合邦顚末』에는 수록된 32명의 인물 가운데는 합방을 당하자 자결한 인물로서, 『騎驢隨筆』과 중복되는 12인(홍범식·정동식·황현·정재건·박병하·박세화·오강표·김석진·장태수·김근배·이학순·이만도) 이외에 孔致鳳·白麟洙·李載允·金道鉉·宋秉珣·金志洙·金永相·潘學榮(內侍)의 8인과, 그 밖에 이 시기에서 여러 가지 형태로 항거하였던 인물들로 장재학·김재홍·홍희섭·權某·조정구·최우순·심씨(봉종국의 妻)·박정주·최병심·박만환·최전구·차판철(使喚) 등을 열거하고 있다. 朴殷植의 『韓國痛史』 제3편 58장, '日人倂韓之最終'에서는 殉節한 인물 28명 가운데, 15인(홍범식·이만도·황현·반학영·김석진·이재윤·백인수 인물들로·장재학·김재홍·홍희섭·權某·조정구·최우순·심씨(봉종국의 妻)·박정주·최병심·박만환·최전구·차판

2) 日帝의 爵位 및 恩賜金에 대한 거부

日帝는 合邦 이후 京鄕 각지의 상당수 儒林을 포함하여 조선사회의 지도층에 있는 인물들을 爵位를 주거나 恩賜金이란 명목의 돈을 주어 회유하고 변절시키려 기도하였다.[9] 이 爵位와 소위 恩賜金을 거부하였던 儒林의 인물들에 대해 투옥을 비롯한 압박을 강행하였고, 이에 대해 유림들은 항의와 망명·자결 등 끈질긴 저항의지를 발휘하였다. 趙鼎九는 고종의 매부로 관직이 궁내부대신에 이르렀으며, 合邦 이후 日帝가 2품 이상의 80인에게 작위와 은사금을 내렸을 때 男爵의 작위를 주는 것을 거부하였다. 日帝가 위협을 하자 그는 "차라리 의롭게 죽을 수는 있지만 욕되게 살 수는 없다" 하고 목을 찔러 자결을 기도하였으나, 구출되자 '아직 죽지 못한 사람'[未亡人]으로 자처하다가 母喪을 마치고는 月坡居士로 自號하고 금강산 般若庵에 들어갔다. 그는 高宗이 崩御하사 서울에 돌아와 服을 입고 因山을 마치고는 중국에 망명하였다가 끝에는 집에 돌아와서 죽었다.[10]

金奭鎭(호 梧泉)은 金尙憲의 후손으로 관직이 左參贊에 이르렀으며, 乙巳勒約에 상소를 올려 "이번에 체결된 조약은 비록 위협에 따른 것이지만, 陛下는 '사직을 따라 죽어야 할 의리'[殉社之義]로 엄중하게

철(使喚) 등을 열거하고 있다. 朴殷植의 『韓國痛史』 제3편 58장, '日人倂韓之最終'에서는 殉節한 인물 28명 가운데, 15인(홍범식·이만도·황현·반학영·김석진·이재윤·백인수·정재건·김지수·김도현·정동식·조장하·이학순·오강표·김영상)은 앞의 두 문헌에 나오는 인물이고, 李範晉·宋鍾奎·宋道淳, 鄭某(參判, 金溝人)·宋益勉·李某(監蔡, 報恩人)·李完命·金天述·金永世·許某(善山)·李某(文義)·朴某(忠州)·李根周(洪州)의 13인은 새로 보이는 인물이다. 박은식은 이 인물들의 성격을 名家의 빛나는 후예요[名家華冑], 노년에 덕망이 큰 분이요[耆年宿德], 儒林에 名望이 높은 분이라[儒林著望] 지적하지만, 여기에 수록된 인물들은 극소수를 제외하고는 대부분 儒學者 내지 儒林에 속하는 인물로 볼 수 있다.

9) '合倂條約'(8조)의 제5조에 "日本國皇帝陛下, 特爲表彰韓人動功認以適當者, 授榮爵且與恩金"이란 항목에 근거하고 있는 것으로 보인다.

10) 日帝가 작위를 준 80인 가운데 8인(趙鼎九·金奭鎭·윤용구·한규설·홍순향·조경호·민영달·유길준)이 받기를 거부하였다. 『騎驪隨筆』「趙鼎九」참조.

배척하여야 합니다"라 주장하고, 合邦에 日帝의 작위와 은사금에 대해
"두 임금을 섬길 수 없다"는 의리를 밝히고 거절한 뒤 독약을 먹고
자결하였다. 그는 유교의 의리정신으로서 임금이 국가에 대한 의리[殉
社之義]와 신하가 임금에 대한 의리[不事二君之義]를 지켜야 할 기본
이념으로 밝히고 스스로 節義를 지키고 있다.

또한 玉溝의 張泰秀(호 一逌齋)는 관직이 大司諫에 제수되기도 하였
던 인물로, 合邦 소식을 듣고는 冠巾을 하지 않고 사람을 대하여 말하
거나 웃지도 않았다. 日帝가 恩賜金을 보내오자 그 봉투에다 "은혜와
염치를 손상하니 의리상 받을 수 없다"[傷惠傷廉, 義不可受]라 써서
되돌려 보냈는데, 다시 받기를 강요하자 다시 "국가가 무너지는 것을
차마 볼 수 없는데 원수의 돈을 굽히고 받는 것은 의리에 옳지 않으
니 나는 죽어도 받을 수 없다"[忍見國破, 枉受讐金, 於義不可, 吾死不
受]라 써서 보내며 끝내 받기를 거부하였다. 그는 "나에게는 두 가지
죄가 있으니, 나라가 깨어지고 임금이 멸망하는데 내가 적을 토벌하고
원수를 갚을 수 없는 것은 不忠이요, 이름이 노예의 문서(식민지 백성
으로 기록된 문서)에 있으면서 내가 몸을 깨끗이 하지 못하여 선조를
욕되게 하였으니 이는 不孝이다. 나는 이 세상에서 이 두 가지 죄를
지고 있으니 진실로 죽기가 늦었다"라 말하고는 단식으로 자결하였
다.11) 죽음으로써 지켜야 한다는 의리는 마지막 항거의 신념으로 제시
되고 있으며, 亡國의 상황에 적을 물리치지 못하는 현실을 자신의 不
忠과 不孝의 죄로 인식하는 것은 적극적으로 적과 싸워서 물리쳐야
한다는 의무감에 대한 각성을 전제로 하고 있다.12)

---

11) 『騎驢隨筆』「金奭鎭」및 「張泰秀」 참조.
12) 『騎驢隨筆』에는 '庚戌(爵位·恩)賜金拒却'의 인물로 조정구·김지수·안효제·최우순·김
   영상·박태영·하석환의 7인이 제시되고, 『念齋野錄』「合邦顚末」에 수록된 인물 가운데
   소위 恩賜金을 거절한 인물은 조정구·김석진·김지수·장태수·김근배·김영상·이학
   순·최우순·박만환 등 9인이 있다. 그러나 실제로 恩賜金을 거절하다 투옥되고 자결한
   유림의 인물들이 전국적으로 매우 많은 것이 사실이다.

連山의 金志洙(호 心巖)는 日帝가 恩賜金으로 압박을 하자, 金尙憲이 瀋陽의 감옥에서 淸 太宗의 심문을 받을 때 "내가 하는 일은 忠을 위한 것도 아니요 名을 위한 것도 아니며, 나 자신을 깨끗이 하고자 할 따름이다"라고 한 말을 인용하였으며, 압박이 극심하자 목을 매었는데 며느리가 구출하려 하자 "포로가 되어 욕을 당하기보다 正道를 지키다 죽는 것이 낫다. 지금 네가 나를 구하려는 것은 나를 위한 것이 아니라 나를 해치는 것이다"라고 타이르고 죽었다.

또한 泰仁의 金永相(호 春雨亭)은 蘇輝冕 문인으로 乙未사변을 보고 선친의 무덤 앞에서 은둔하였는데, 76세 때 合邦을 당하자 日帝가 노인을 우대한다는 명목으로 소위 은사금을 보내오자, "나는 大韓의 臣民으로 어찌 원수의 돈을 받겠는가"라 하고 꾸짖어 돌려보냈으며, 계속된 압박을 받다가 이듬해 끌려가서 다시 위협을 받자 "내가 너희들의 生肝을 먹고자 했는데 마침내 못 이루었더니, 이제 너희들의 살을 한 점 뜯어먹자"하고 일본경찰의 손을 물어뜯었다 한다. 그는 다시 이송되는 도중에 배를 타고 강을 건널 때 絶命詞를 남겨두고 강물에 뛰어들었다가 구출되고, 群山의 감옥에서 단식 자결하였다.

宜寧의 安孝濟(호 守坡)는 司諫院 正言과 興海군수를 지냈으며, 合邦의 소식을 듣고 山 속으로 들어가 은둔하며 나오지 않을 것을 맹서하였는데, 恩賜金을 보내오자, "나는 大韓 임금의 신하로서 국가가 망하는데도 구출하지 못했으니 죽어도 죄가 남을 터인데, 원수 나라의 임금이 나에게 무슨 은례가 있다고 이 돈을 주는가. 선비는 죽일 수는 있어도 욕보일 수는 없으니, 나에게 다시 주겠다면 죽음이 있을 뿐이다"라 하여 단연코 거절하였다. 일본순사들이 그를 붉은 끈으로 결박하고 철용수를 씌우고 족쇄를 채워 감옥에 넣고서 자제들을 시켜 은사금을 받도록 간청하게 하자, 그는 "자식이 받으면 자식이 아비를 시해한 것이요, 아우가 받으면 아우가 형을 시해한 것이다"라 하여 자신의 생명과 집안의 안위를 돌보지 않고 의리를 내걸어 저항하였다. 그가 '원수나라[讎國]'라 하는 이유를 일본순사가 물었을 때 그는 "우리 국모를 시해하였고, 우리 임금을 폐출하였으니 원수가 아니겠는가"라고 당당하게 주장하였다. 일본순사도 마침내 "그대는 光武의 신하요 明治의 신하가 아니라"고 인정하면서, "산 속의 서재에 엎드려 있기만 하고 바깥일에 간섭하여 치안에 방해되지 않게 하라"고 당부하며 그를 감옥에서 풀어주었다. 그는 감옥에서 나온 뒤 遼東으로 망명한 뒤 돌아오지 않았다 한다.13) 일본을 원수의 국가로 선언하고 모든 타협을 거부하는 적대심은 바로 당시 유림의 국가의식과 민족의식의 표현이라 할 수 있다. 물론 유림이 君主制의 전통규범 속에 머무르고 있지만, 군주를 중심으로 하여 국가체제와 臣民의 공동체의식을 간직하고 있음을 확인할 수 있다.

固城의 崔宇淳은 1911년, 恩賜金을 받아가라는 통보를 받고, "恩賜가 아니라 讎賜이니, 일찍이 개돼지도 안 먹는 것을 하물며 사람이 먹을까보냐"라 하며 단호히 거절하였다. 日帝가 위협하던 끝에 군사를 보내 끌고 가려 하자 그는 음독 자결하였다.

益山의 金根培는 관직이 成均博士에 이르렀고 합방 후 은사금을 보내오자 자손에게 남긴 遺書에서 "합방 이후는 「임금의」 位號도 빼앗기고, 土地도 이미 잃어버렸으니, 국가도 이 지경에 이르면 국가라 할 수가 없게 되었다. 저들이 '恩'이라 하는 것은 우리의 '讐'이다"라 하고, 절명시를 한 편 남기고 우물에 몸을 던져 순절하였다.

古阜의 朴晩煥은 田愚의 문인으로 察訪의 관직을 지냈으며, 합방 후 恩金이라 보내오자 거절하고는 蒼巖山 속으로 은둔하였다.

이처럼 日帝가 지도층과 선비를 돈으로 매수하고 협박하여 志操를 꺾고자 하였으나 당시의 선비들은 생명을 걸고 지조를 지킴으로써 日帝에 항거정신을 발휘하였다.

---

13) 『騎驢隨筆』 및 『念齋野錄』 참조.

3) 망명 독립운동 - 만주·露領의 독립운동과 임시정부

日帝의 침략과 압박이 가중되면서 乙巳勒約(1905)과 庚戌合併(1910)을 전후한 시기에 당시 상당수의 儒林은, 첫째 日帝의 압박을 피해 자신의 志操와 전통의 禮法을 지킨다는 명분과 둘째 日帝에 항거하는 獨立운동의 基地를 설립한다는 목적을 위해, 만주·러시아령 연해주 지역·중국대륙 등으로 망명을 갔다. 이 시기에 망명 독립운동을 벌였던 인물들 가운데는 乙未義兵(1895)을 비롯하여 의병에 참여하였던 도학자들 내지 민족의식을 고취하던 애국계몽사상가로서 새로운 항일투쟁의 기지를 찾아 망명하거나, 日帝의 탄압을 피하여 중국에 망명하여 독립운동을 전개한 인물들도 다수 있었다.

合邦 이전에 망명하여 블라디보스토크와 만주지역에서 활동한 도학자로서 柳麟錫을 주목할 필요가 있다. 提川義兵將(1895)이었던 柳麟錫(호 毅菴, 1843~1915)은 1896~97년과 1898~90년 사이에 두 번을 만주로 망명하고, 1907년 高宗이 日帝에 의해 퇴위당하자 해외에 독립운동의 기지를 개척하기 위해 러시아領 沿海州의 블라디보스토크로 망명을 하였다. 그는 그곳에서 13道義軍을 조직하여 都總裁로 추대되었고, '通告13道大小同胞'의 글을 띄워 국내의 동포들에게 결사의 항일정신을 호소하였다. 또한 그는 高宗에게 블라디보스토크로 播遷하여 세계의 公議를 불러일으켜 국권을 회복하도록 上疏를 하였다. 그러나 合邦을 당하자 그는 李相卨의 요청에 따라 망명지인 러시아 땅의 동포들을 모아 大會를 열어 성명서를 채택하면서, "우리는 세계 속에서 大韓國의 이름을 간직하고, 한국민은 大韓國民人이란 지위를 결코 잃지 않을 것을 결정한 것이다. ……우리는 광복과 국권의 회복을 기필코 도달할 때까지 손에 무기를 들고 일본과 투쟁하기로 한 것이다. ……진정한 한국국민은 자신의 자유와 국가의 광복을 획득하기 위해 죽을 각오가 되어 있다"고 선언하였다. 유인석은 만여 명이 서명한 성

명서의 대표가 되어 "일본의 죄를 聲討하고 우리의 억울함을 밝힌다"는 주장의 성명서를 각국의 정부와 신문사에 보내었다. 그는 만주지역에서 항일운동을 지속하려고 도모하여 자신도 1914년 서간도[奉天省 西豊縣]로 망명하였으나, 뜻을 이루지 못하고 죽음을 맞았다.[14]

그는 "모든 志士들은 국내에 머물지 말고 간도로 건너와 절의를 지켜야 한다"는 守華終身(중화의 문화를 지켜 생명을 마칠 것)을 주장하고, 여기서 의롭게 대처하는 세 가지 방법으로서 保華·守華·殉華를 '處義'의 조목으로 제시하고 있다. 그는 앞서 乙未義兵(1895) 때 선비가 위기에 대처하는 방법으로 '處變三事'(擧義掃淸·去之守舊·致命遂志)를 제시함으로써 당시 유림의 항일운동의 기본자세를 규정하였으며, 國權喪失(1910)을 당하자 유림으로서 의리에 합당하게 대처하는 방법으로 '處義三條'(保華於國·守華於身·以身殉於華)를 제시하였다.

'處義'의 3조목 가운데, 保華는 중화문화를 보장하는 것으로서 국권을 회복한 이후에 가능하다고 보며, 국권을 회복한 이후에라도 保華가 안 되면 守華와 殉華를 선택할 뿐이라 주장한다. '保華'는 온 백성이 함께 해야 할 일이지만, 중화문화를 자신이 지키는 '守華'는 동지들이 함께 할 수 있고, 중화문화를 지키다 자신의 생명을 바치는 '殉華'는 남에게 요구할 수 있는 일이 아니요 뜻 있는 사람이 따를 것이라 제시하였다.[15]

이처럼 도학자로서 柳麟錫의 국가의식은 바로 문화의식으로서의 中華를 본질적 핵심으로 삼고 있다. 중화를 보장하기 위한 국권회복운동이요, 국권회복 이후에도 중화를 지키는 데 유교이념의 과제가 있는 것으로 확인하고 있다. 이러한 華夏문화의 지향은 당시 유림의 독립운동에 나타난 국가의식의 특성이지만, 시대조류에 상반되어 대중적 설

---

14) 柳麟錫, 『毅庵集』 권55, 119~125, 「年譜」 참조.
15) 같은 책, 권36, 「處義有三」, "保華當與一國人共之, 守華願與同志人共之, 殉華不得責之於人, 有意者從之."

득력이나 행동으로 추진하는 힘이 약하였던 것이 사실이다.

李直愼(원명 昭應, 호 習齋)은 柳麟錫의 제자로서 1895년 春川義兵將이었으며, 스승을 따라 의병활동과 망명을 함께 하였다. 그는 1898~90년 유인석을 따라 만주에 망명하였다가 귀국하였는데, 합방 직후 검거되었다가 풀려난 이후 1911년 만주로 다시 망명하여 懷仁縣에 머물면서 崇明의리에 따라 首綱壇을 설치하는 것으로 君에 대한 忠義를 밝히고자 하는 中華主義 의식을 지니고 있었다. 주위에서 己未만세운동을 일으키자고 권유하자, 그는 동지들과 鄕約을 설치하여 人心을 결속시켜 때를 기다리고자 수천 명을 모았으나 결국 행동화되지는 못했다. 그는 만주에서 혹독한 시련 속에 사방으로 떠돌다가 사막지대인 康平縣에서 생애를 마쳤다.16) 그의 망명생활은 도학적 신념과 義氣를 갖춘 인물이 守舊的 태도를 지키고 있을 때 망명지에서 독립운동이 개인과 소수 동지들 사이의 신념을 넘어서 행동화하지 못하는 전형적인 사례로 볼 수 있다.

李承熙(호 韓溪, 1847~1916)는 乙巳五賊을 討罪하고 國債報償운동에 가담하여 활동하다가 투옥되기도 하였고, 1908년 블라디보스토크에 망명하였다가 1909년 중국-러시아 접경지대인 만주의 密山府에 이주하여 망명동포를 모아 한국을 부흥할 독립기지로서 '韓興洞'을 개척하여 활동하였다. 그는 블라디보스토크에서 헤이그 만국평화회의에 밀사의 한 사람으로 참여했다가 그곳에 머물고 있는 李相卨과 깊이 친교를 맺고 함께 '한흥동'을 건설하였다. 유인석·이승희·이상설은 망명 독립운동에 서로 깊은 유대를 맺고 있는 사실을 볼 수 있다. 독립기지의 건설은 망명한 동포를 조직화함으로써 생활기반을 확보할 뿐 아니라 민족의식을 강화하고 항일독립운동의 기반을 확보하는 데 목적을 두고 있으며, 무력항쟁으로 나타나지는 않았던 것이 사실이다.

---

16) 李直愼,「習齋集」 권55 부록, 30~42,『年譜』참조.

당시 만주 등지에서는 무수한 독립운동 단체들이 결성되었는데, 여기서 儒林의 독자적 조직은 초기에 의병조직의 연장선에서나 망명한 동지들의 결집을 통해 상당수 나타났으니, 그 대표적 例로 李承熙에 의해 중국 孔敎會의 지부로서 만주지역[東三省] 韓人孔敎會가 조직된 것은 주목할 만하다.17)

유교인으로 애국계몽운동을 하던 인물로서 해외에 망명하여 독립운동을 전개하였던 인물에는 朴殷植·申采浩·李相龍 등을 들 수 있다. 이들의 공통된 특징은 청년기에 유교교육을 철저히 받은 인물들이지만, 망명하여 활동하는 과정에서 유교적 신념이 그들의 독립운동에 점점 영향을 잃어가고 있는 현상을 들 수 있다. 이들은 전통유교의 개혁을 통한 새로운 유교적 신념을 추구하였지만, 현실사회의 유교적 기반은 보수적 폐쇄성에 젖어 있으므로 유교조직을 통합하여 독립운동의 원동력으로 활용하기가 사실상 불가능하다는 사실을 파악하였던 것으로 보인다. 기독교·천도교·대종교 등 유교 이외의 종교단체가 좀더 활력 있는 독립운동을 전개하는 데 비하면 유교단체는 개혁의지와 조직적 결속이 갈수록 약화되어 해외의 독립운동은 점차 소수 개인의 활동에 의존하고 있는 것이 현실이다.

朴殷植(호 白巖, 1859~1925)은 평안도 도학자인 朴文一의 문하에서 수학하였으나 그 자신 陽明學에로 旋回하였던 애국계몽사상가이다. 그는 합방을 당하자 1911년 그는 만주로 망명하였다가, 1913년 上海에서

17) 孔敎會와 더불어 만주지역에는 復皇團·保皇團·鄕約團·大韓獨立團(紀元 獨立團)·忠烈隊 등 儒林들이 참여한 단체들이 있었는데. 이 단체들은 舊王朝를 회복하려는 동기가 강하게 내포되어 있음을 보여준다. 復皇團은 孔敎會員이 중심이 되어 琿春지방에 근거를 둔 단체이며, 保皇團도 같은 성격의 단체이고, 鄕約團은 柳麟錫의 제자 白三奎가 지휘하였고 뒤에 大韓獨立團에 통합되었다. 大韓獨立團은 1919년 3월에 성립된 단체로 儒林도 다수 참여한 독립운동단체인데, 유림들은 조선왕조의 회복[復辟]을 주장하고 檀記 또는 隆熙의 年號를 사용하려는 데 대해 3·1운동 후 국내에서 망명해온 신진청년층과 갈등을 일으켜, 유림들은 분리되어 紀元獨立團으로 불리고, 청년층의 民國獨立團으로 불리게 되기도 하였다. 당시 도학적 전통이념에 바탕한 유림들의 의식이 지닌 보수성의 일면을 보여준다. 국사편찬위원회, 『한국독립운동사』 3, 제3편 제1장 제2절, 176~189쪽 참조.

申圭植 등과 독립운동단체인 '明濟社'를 조직하였다. 이 조직에는 李建芳의 문인인 鄭寅普(호 爲堂)도 1911년 망명하여 참여하여 활동하였다. 박은식은 1919년 블라디보스토크에서 老人團을 조직하기도 하고, 그 해 상해 임시정부의 수립에 참여하여 독립신문사 사장으로 활동하였으며, 1924년 임시정부 총리 겸 대통령대리로 취임하고 1925년 제2대 대통령으로 활동하기도 하였다. 그러나 그의 독립운동도 유교적 신념이나 조직과 관련 없이 이루어진 것임을 지적할 필요가 있다.

申采浩(호 丹齋, 1880~1936)는 20대에 성균관 博士를 지내는 등 청년기에는 유학자로서의 위치를 지녔으며, 일찍부터 애국계몽운동에 참여하여 자주정신을 고취하였다. 그는 1910년 합방 직전 新民會 간부들과 더불어 망명길에 나서 중국대륙의 여러 곳과 블라디보스토크 등을 떠돌아다니며 독립운동을 하였다. 한때 임시정부에도 참여하였으며 무장투쟁을 주장하다가 무정부주의로 전환하는 사이에 사실상 그의 독립운동은 유교적 신념과 거의 관계가 없는 상태가 되었다.[18] 여기서 박은식과 신채호가 망명 초기에 한때 大倧敎에 참여하였던 사실에서 이들은 국내의 전통기반을 잃으면서 유교적 개혁의식까지도 함께 쇠퇴되었던 것으로 보인다. 박은식과 신채호는 당대 대표적인 진보적 유교 지식인이지만, 망명기에는 大倧敎에 참여하여 민족운동을 전개하기도 하고, 실질적으로 유교조직이나 유교이념과 별다른 관계없이 독립운동에 종사하였던 것이 사실이다.[19]

안동의 李相龍(호 石洲, 1858~1932)은 퇴계학통의 도학자 金興洛의

---

18) 신채호가 개화자강파 지식인이 된 이후의 사회사상을 ① 열렬한 시민적 민족주의자의 시기, ② 민족주의 사상에 무정부주의의 방법을 포용한 혁명적 민족주의자의 시기, ③ 무정부주의자의 시기로 3단계의 변화를 겪었던 것으로 본다. 신용하, 『신채호의 사회사상연구』, 한길사, 1984, 269쪽 참조.

19) 박은식은 이병헌과 더불어 상해 등으로 청말 변법운동가요 공교의 대표로서 유교개혁사상가인 강유위를 찾아갔으나, 강유위는 공교의 이념과 조직에 관심을 갖는 이병헌과 민족의식에 진지한 박은식을 뚜렷이 구별하여 지적하고 있다. 蔣貴麟 편, 『康南海先生遺奢彙刊』 22, 「自撰年譜」, 1976, 宏業書局, 대북, 107~161쪽 참조.

문인으로서 柳寅植 등과 애국계몽운동을 벌였으며, 합방 후 新民會가 추진하는 해외독립기지 건설에 참여하기 위해 1911년 만주로 망명하여 奉天省 柳河縣에서 항일민족독립운동을 추진하기 위해 '耕學社'를 설립하고 사장이 되었다. 1919년 만주에서 '韓族會'에 이어 '西路軍政署'가 조직되자 그는 軍政府의 총재로서 新興武官學校를 통해 독립운동의 간부를 양성하였으며, 만주지역 독립군을 통합하여 大韓統軍府를 조직하고, 그 후 大韓統義府를 설립하는 등 독립군의 양성에 주력하였다. 상해 임시정부가 수립되자 그는 그 아래에 통합시킬 것을 주장하여 실현하였고, 1925년 임시정부의 國務領으로 선출되기도 하였다. 그는 계몽운동가로서 '尊華攘夷辨'을 지어 전통 도학의 中華主義를 비판하는 자신의 진보적 입장을 밝히고 있다. 그는 독립운동단체의 조직화를 위해 진력하였던 행동적인 인물이었다는 점에서 일제하 유교인의 독립운동으로 독특성을 보여준다.[20]

(3) 독립청원운동

1) 巴里長書事件의 추진과 실행

1차 세계대전의 종료에 따라 파리講和會議가 열리게 되고 이 시기에 미국의 윌슨 대통령이 제창한 民族自決主義에 자극을 받아 한편에서는 이 강화회의에 독립을 호소하는 방법과 다른 한편에서는 국내외에서 독립을 선언하고 만세운동을 전개하는 방법이 추구되었다. 상해에서는 金奎植을 파리강화회의에 파견하였고, 일본 유학생들은 1919년 2월 8일 동경에서 독립선언서(李光洙 기초)를 낭독하였으며, 1919년 2

---

20) 박영석, 「석주 이상룡연구」, 『역사학보』 89, 1981 참조.

월 이전에(1918년이란 설도 있음) 모든 해외교포 대표 39인의 명의로 독립선언서가 발표되었다. 이에 잇달아 국내에서는 高宗의 因山日에 맞추어 독립선언서(崔南善 기초)를 발표하면서 일으킨 만세운동이 전국으로 퍼져나가고 해외동포에까지 영향을 미칠 만큼 확산되어 큰 파문을 일으켰다.

각 종교단체의 지도자들이 모여 계획하고 거국적으로 참여하여 독립만세를 부르짖은 1919년 3·1운동이 폭발한 사건의 충격에 뒤이어 항상 국가적 책임감과 정통성을 내세워온 유림들은 이 시기에 무엇을 하고 있었는가를 묻지 않을 수 없다. 그러나 사실상 신분의식이 강하고 정통주의를 신념으로 하는 유림들로서 여러 계층의 타종교인과 공동으로 모의하는 3·1운동에 참여하기는 쉽지 않았을 것이다.21) 당시 비중이 큰 유림의 지도자인 田愚(호 艮齋)는 "독립운동을 전개한 33인은 모두 이단에 속한 교도이므로 우리의 민족대표로 인정할 수 없고, 儒林團이 異敎人을 따라 從事함은 도리어 큰 수치"라는 뜻으로 말하였다 한다.22) 田愚의 발언이 사실인지 여부는 확인할 수 없지만, 당시 보수적 유림지도층의 일반적 견해를 엿볼 수 있게 하는 것이라 볼 수 있겠다.

그러나 실제로 만세운동이 지방으로 확산되는 과정에는 상당수의 지방 유림들이 주도적으로 참여하였던 사실을 확인할 수 있다.23) 이처

---

21) 許善道는 3·1운동의 준비과정에서 韓龍雲이 유림측의 郭鍾錫에게 사전에 참여를 협의하였다는 '事前交涉說'에 관련된 증언과 그 반대증언을 동시에 제시하면서 증거가 불충분함을 지적하고 있다. 허선도, 「三一運動과 儒敎界」, 『3·1운동 50주년 기념논집』, 동아일보사, 1969, 284~286쪽 참조.
    金昌淑도 3·1독립선언의 민족대표로 선언할 수 있는 기회가 있었는데 모친의 병환으로 상경이 늦어져 기회를 놓쳤다는 기록도 있다. 李佑成, 「心山의 민족독립운동」, 『창작과 비평』, 1979년 겨울호(14권 4호), 1979, 창작과 비평사, 242쪽.
22) 허선도, 위의 책, 286쪽 註 25)에서 인용한 金昌淑의 『躄翁-代記』를 재인용함.
23) 만세운동의 지방확산으로 기독교와 천도교에 의해 사전에 준비된 곳은 주로 京畿 이북지방이요, 三南지방은 주로 因山을 拜觀하고 돌아온 儒林들에 의해 주동되어 3월 10일 이후 사전 연락 없이 자발적으로 궐기하여 지속적으로 일어났다고 한다. 허선도, 같은 책, 286~287쪽 참조.

럼 3·1운동의 발생시기에서 유림들도 독립운동에 참여하기 위한 다양한 시도가 활발하게 일어났던 것으로 보인다. 그 활동의 첫 움직임은 곽종석의 문인 尹忠夏가 스승 곽종석을 찾아가 파리강화회의와 高宗의 崩御로 새로운 움직임이 일어나는 서울의 동정을 설명하고 유림들이 강화회의에 글을 보내고자 하는 데 대표로 나서줄 것을 청하는 데서 시작한다. 이에 곽종석은 제자 金榥 등을 고종의 因山에 참석하도록 서울로 보냈고, 星州에서 상경한 金昌淑(곽종석과 동문인 李承熙의 문인)도 상경하여, 이들은 서울에서 만세운동이 유림을 제외하고 일어난 사실을 아쉬워하여 유림이 독자적인 행동을 추진하기로 의논하였다. 그 활동과제는 파리강화회의에 우리의 독립요구를 밝히고 독립을 청원하는 것이었다.24)

郭鍾錫을 대표로 파리강화회의에 보내는 長書에 영남유림의 명망 있는 인물들이 서명하였다. 곽종석은 乙未사변이 일어난 이듬해(1896) 초에 義兵운동에 나서기보다는 이승희와 함께 각국 公使館에 일본의 침략행위를 성토하고 토죄하도록 호소하였던 일이 있으며, 그만큼 그는 국제여론을 중요시하고 있었다. 長書의 핵심내용은

① 여러 나라 여러 겨레는 제각기 전통과 습속이 있어, 남에게 복종이나 동화를 강요받을 수 없음을 지적,

② 사람이나 나라는 그 자체의 운용능력이 있기 마련이므로 남이 대신 관리하거나 통치할 필요가 없음을 지적,

③ 한국은 삼천리 강토와 2천만 인구와 4천년 역사를 지닌 문명의

---

24) 金昌淑은 3·1운동의 독립선언서에 천도교·기독교·불교 대표만 있고 유림 대표가 없음을 보고, "망국의 책임을 져야할 유교가 이번 독립운동에도 참여치 않았으니 세상에서 迂儒·腐儒라고 매도할 때에 우리는 어찌 그 치욕을 견디겠는가"라 하며 통탄했다 한다. 이우성, 위의 책, 242쪽 참조.
　　당시 서울에서 만났던 유림들은 전국에 연락과 설득을 위해 柳濬根이 호남으로 田愚를 찾아 나서고, 李中業이 충북과 강원도 방면으로 나서고, 金昌淑이 경북일대로 나가고, 金榥이 郭鍾錫에로 내려가면서 본격적으로 추진되기 시작하였다. 허선도, 위의 책 292~294쪽 참조.

나라이며 우리 자신의 정치원리와 능력이 있으므로 일본의 간섭은 배제되어야 함을 지적,

④ 일본은 지난날 한국의 자주독립을 약속하였지만 사기와 포악한 수법으로 독립이 보호로 변하고 보호가 병합으로 변하게 하였으며, 교활한 술책으로 한국사람이 일본에 붙어살기를 원한다고 허위선전을 하고 있음을 지적,

⑤ 우리는 일본의 10년 동안 포학무도한 통치에 더 이상 참을 수 없어 거족적 독립운동을 벌이고 있으며, 만국평화회의와 폴란드 등의 독립 소식을 듣고 희망에 부풀어 있으며, 만국평화회의가 죽음으로 투쟁하는 우리 2천만의 처지를 통찰해줄 것으로 믿고 있음을 지적하고 있다.

金昌淑이 이 長書를 해외로 가져가는 책임을 맡아서 상경하였을 때 호남의 田愚는 참여를 거부하였으나, 호서지방의 金福漢(호 志山) 역시 여러 선비들의 연명으로 파리강화회의에 보낼 長書를 준비하고 있는 사실을 金福漢의 제자인 林敬鎬를 만나 확인하자, 서로 공동행동을 할 것을 결의하였다. 이에 양쪽이 영남에서 작성한 長書를 공동의 문서로 채택하여 137명의 유림대표가 연명한 이른바 儒林團의 '巴里長書'를 金昌淑이 휴대하여 국경을 넘게 하였다. 長書의 본문은 한문체로서 2,674자에 이르는 것으로, 기초의 책임은 공식적으로 郭鍾錫으로 되어 있다.[25)]

김창숙은 상해에 도착하자 孫晉衡·申奎植·申采浩 등과 상의한 끝에 이 長書를 강화회의에 파견되어 있는 金奎植에게 우송하여 제출하게 하며, 영문번역과 국문번역을 수천 부 인쇄하여 각국 대표와 외국의 공관을 비롯하여 국내의 각 향교 등 여러 기관에 우송하였다. 김창

---

25) 이 長書에 連署한 137명은 처음부터 郭鍾錫이나 金福漢에 의하여 확인된 것이 아니라 도중에 김창숙에 의해 상당수 추가된 경우가 있으며, 그 정확한 숫자에도 약간의 출입이 있는 것 같다. 허선도, 같은 책, 296쪽(註 61) 참조.

숙이 長書를 가지고 上海에 와 있을 때 경북지역에서는 國權恢復團의 대표들이 유학자 曺兢燮에게 파리강화회의에 보낼 문안을 초안하게 하였다가 곽종석의 허락을 받고 김창숙이 가져간 長書와 동일 내용의 글을 金應燮에게 휴대하게 하여 상해에 보내었으므로 서로 협조를 할 수 있었다.26) 이 사건은 '巴里長書事件' 혹은 '제1次儒林團事件'이라 일컬어지며, 합방 이후 유림의 가장 조직적인 독립운동의 행동화라 할 수 있다. 그만큼 잠재적으로 유림들의 강한 민족의식이 폭발될 수 있는 계기를 기다리고 있었던 것으로 보인다.

長書事件이 발각되자 여기에 서명한 郭鍾錫을 비롯한 유림들은 日帝에 의해 투옥되었고, 곽종석은 74세의 노령에도 옥중에서 일본의 법에 호소하는 것이 아니라 한 사람의 포로로서 잡혀왔다는 戰士의 의지로 항거하였다. 2년형을 언도받고 도중에 병보석으로 풀려나와 그해 8월 세상을 떠났다. 유림의 당당한 저항의식은 무력항쟁보다 엄청난 시련을 겪으면서도 꺾이지 않는 절개에서 더욱 생생하게 확인되고 있는 것이 사실이다.

해외에 망명하여 상해 등지에서 독립운동을 하던 김창숙은 중국의회 의원들의 한국독립후원회를 조직하거나 中·韓 인사들을 결속하는 中韓互助會를 조직하여 임시정부를 돕고, 廣東의 孔敎會 회장 林福成의 후원을 받아 『四民日報』를 발행하며, 한때 북경에서 신채호가 경영하는 잡지 『天鼓』의 편집에 가담하기도 하였다. 1925년 그는 침체하는 독립운동에 새로운 활기를 일으키기 위해 徐謙(廣東軍政府 外交部長)을 통해 馮玉祥 장군으로부터 독립기지 건설을 위해 파오트우(綏遠 包頭, 현재 내몽고 자치주에 속함)에 황무지 3만 정보를 빌려서 교포들의 이주와 개간을 위한 경비를 조달하기 위해 국내에 잠입하였다.

이때 그는 郭鍾錫의 文集을 간행하기 위한 유림들의 모임을 통하여

---

26) 허선도, 같은 책, 297쪽 참조.

독립운동자금의 조달을 위해 모진 고생을 겪으면서 노력하였으나 모금이 뜻대로 되지 않자, 다시 상해로 돌아가 청년결사대를 조직하여 힘을 기울이다가 북경으로 가서 義烈團員 羅錫疇 등을 국내에 파견하여 동양척식회사에 폭탄을 던지게 하였다. 이로 인해 김창숙은 慶北儒林團 頭領 겸 義烈團 顧問으로 알려졌다. 또한 그가 국내에서 유림들을 중심으로 독립운동자금을 모금하던 사건이 탄로되어 많은 유림들이 日帝에 검거되면서 제2차 儒林團事件이 발생하게 되었다.

이로써 김창숙은 日警의 검거목표가 되어 1927년 상해의 公共租界 안에 있는 共濟병원에 입원 중 日警에 체포되고 대구로 이송되어 14년의 징역을 언도받았다. 그는 日警으로부터 혹독한 고문을 받아 앉은뱅이가 되었으며, 그 후 자신의 호를 벽옹(躄翁)이라 불렀던 것이다. 그는 법정에서도 죄인이 아니라 포로로 자인하며, 최후까지 일본법률을 부정하여 변호조차 거부하는 강인한 독립정신을 발휘하였다.27)

2) 국내외의 독립청원운동 – 김윤식

3·1운동이 거족적으로 전개되자 그동안 日帝와 타협하였던 유교 지식인들도 자신의 지난 행적을 청산하고 독립을 주장하는 대열에 나섰다. 그 대표적 인물이 金允植(호 雲養)과 李容稙(호 剛菴) 등 舊王朝의 元老大臣들이다. 이들은 3·1운동 직후인 3월 28일 두 사람의 連名으로 일본내각총리대신과 조선총독 및 동경 시내의 신문사 등 주요기관에 조선의 독립을 요구하는 長書를 보냈다. 이들은 이 長書를 발송한 직후 검찰과 법정에서 신문을 받고 그동안 日帝로부터 받았던 爵位와 職責을 박탈당하고 징역 1~2년의 刑을 선고받았다.28)

---

27) 이우성, 위의 책, 244~251쪽 참조. 張乙炳,「心山의 개혁사상」,『창작과 비평』, 1979년 겨울호(14권 4호), 1979, 창작과 비평사, 263~267쪽 참조.
28) 허선도, 위의 책, 299쪽.

金允植은 朴珪壽와 兪莘煥의 문인으로서 1881년 領選使로 청나라에 파견되면서 西歐의 新문물을 접하게 되고, 韓末에는 親淸에서 親日로 정치적 입장을 선회하면서 김홍집 내각의 외무대신이 되는 등 온건개화사상가로 활동하였다. 그는 합방 직전에는 張志淵·朴殷植이 주동이 되어 창립한 大同敎의 總長으로 추대되기도 했던 진보적 유교 지식인이었으며, 興士團·畿湖學會 등이 조직됨에 그 대표로 활동하였고, 大倧敎의 조직에도 적극 기여함으로써 민족계몽운동에 참여하였다. 합방 직전 純宗의 합방에 대한 의견을 물음에 '不可'를 주장하기도 하였던 민족의식의 소유자였다.

그러나 합방 후 日帝가 보내온 爵位와 恩賜金을 끝까지 물리치지 못하였으며, 日帝 아래서 經學院 大提學으로 취임함으로써 선비로서의 지조를 지키지 못했다는 비판을 받았다. 이에 대해 그 자신의 해명에 따르면 자신은 끝내 거절하고자 하였으나 高宗과 純宗의 君命을 어길 수 없어 부득이 받아들였다 한다. 李容稙의 경우도 1900년 이후 황해도관찰사·전라북도관찰사를 지내고 이완용의 친일내각에서 학부대신을 지냈으며, 합방 후 日帝로부터 爵位와 恩賜金을 받고 經學院 副提學으로 임명됨으로써 김윤식과 유사한 길을 걷고 있었다.

3·1운동을 준비하는 단계인 2월 9일에 김윤식은 최남선으로부터 독립선언서에 서명하도록 요청을 받았으나 거절하였다. 이처럼 서명의 요청 사실은 그가 儒林으로서 아직도 重望을 지녔기 때문이라 볼 수 있다. 그러나 그가 거절한 이유를 뒷날 신문을 받는 자리에서 해명한 데 따르면, 그는 독립이 모든 사람의 원하는 바임을 알지만 당시 우리나라에는 선언할 주체인 정부가 없으며 시기도 너무 빠르다고 판단하여 서명을 거절하였다고 밝히고 있다.

독립만세 示威가 거족적으로 전개되고 日帝의 가혹한 탄압을 목격하면서 그는 85세의 노인으로서 소극적인 保身의 태도를 벗어나 적극적인 抗義의 태도를 취하는 전환을 택하게 되었다. 그는 법정에 나가서도 손병희 등이 주도한 만세시위운동에 대해 자신과 손병희 사이는 道가 다르고 面識도 없음을 전제하면서, 그럼에도 불구하고 만세운동은 온 국민이 뜻을 같이하므로 자신도 반대하지 않는다고 언급하여, 명확한 동조태도를 제시하였다.

더구나 당시 日帝의 조작에 의해 독립을 원치 않는다는 거짓 請願書에 유림 대표로 자신의 이름이 들어 있다는 소문을 듣고는 '조선독립청원서'의 발표를 결행할 뜻을 확고하게 하였던 것으로 보인다. 그는 법정의 진술에서 당시에 나온 '獨立不願書'에 그가 유림 대표로 참가하였다는 소문이 사실무근함을 강조하고, 그의 본의를 확고하게 밝히는 방법으로서 '對日本長書'를 선포하게 되었음을 언명하였다.29)

김윤식・이용직의 長書는 한문체의 850자 정도 되는 문장이다. 그는 이 長書 속에서 일본이 한국을 병합한 후 한국민족에게 평화를 가져다 준 것이 아니요 불공정의 고초를 주어 백성의 마음에 원한을 맺히게 하였음을 지적한다. 또한 부녀자에 이르기까지 전국이 일어나 독립을 부르짖는 것은 人心이며 天命임을 강조한다. 이 독립만세운동을 진압하는 방법으로 아무리 혹독하고 포학하게 탄압하여도 백성의 마음에는 증오심만 심어놓을 것임을 밝힌다. 따라서 그는 해결방법으로 天命에 순응하고 人心을 따라서 한국의 독립을 공식승인하고 공평한 정책으로 세계에 표명하고 각 조약체결국에 통고하도록 요청한다.30)

---

29) 허선도, 같은 책, 299쪽에서 인용.
30) 『朴殷植全書上』, 「韓國獨立運動之血史」 95~96쪽 참조. 김윤식・이용직의 長書 이외에, 趙衝均・文一平의 「致長谷川[당시 조선총독 하세가와 요시미치(長谷川好道)]書」에서도 正義와 人道에 입각한 독립의 요구임을 강조하고 있다. 같은 책, 96~97쪽 참조.

⑷ 同化정책에 대한 저항운동

1) 일제의 제도적 동화정책에 대한 거부

갑오경장(1894) 이래 일본의 압력에 의해 개화정책이 추진되어 전통의 제도와 풍속에 대한 개혁을 추진하자 그 주류가 보수적 전통주의자인 유림집단은 강한 저항의식을 드러내었다. 變服令(1884)과 斷髮令(1895)에 대한 유림들의 저항은 尊華攘夷의 義理論에 입각하여 유림이 당면한 가장 중대한 과제의 하나로 받아들이기도 했다. 그러나 합방을 전후하여 日帝의 개혁은 더욱 광범하고 본격적으로 전개되었다. 특히 1909년 家屋稅法·酒稅法·煙草稅法에 이어 國稅徵收法이 제정되고 民籍法이 공포되어 실질적인 식민지 지배가 확립되었다. 또한 1911년 朝鮮敎育令이 발표되어 교육의 목적을 "교육에 관한 칙령에 입각하여 충량한 국민을 육성하는 것을 본의로 한다"고 제시하며, 보통학교에서 국어교육으로 일본어를 가르치는 것으로 규정하여 日帝의 同化정책이 시행되었다.

합방 이후 유림의 강력한 저항양상은 日帝가 요구하는 稅金을 거부하며, 民籍(戶籍)에 등록하기를 거부하는 것으로 나타났다. 당시 유림의 의식에는 한 정부에 세금을 내거나 그 戶籍에 등록된다는 것은 곧 그 백성이 되는 것을 의미하는 것으로 인식하였으며, 不事二君의 忠節의리에서도 허용되지 않을뿐더러, 더구나 이민족의 지배를 받는 백성이라는 것은 奴隷를 의미하는 것으로 받아들였다. 더구나 1910년 합방 직후부터 토지조사사업을 본격적으로 시작하여 1918년 마침으로써 기본적 재산권을 약탈당하게 되어서도 유림의 지사들은 日帝의 지배를 거부하는 항거를 계속하고 있다. 또한 교육제도에서 전통의 書堂·書院·鄕校의 교육기관이 폐지되고 총독부에 의해 설립되고 허가된 新制學校는 儒敎교육을 배제하고 있을 뿐만 아니라 日帝의 식민지백성으로 순치하는 것으로서 민족전통의 결정적 단절화를 도모하고 있음을 간파하고 있었다.

합방 후부터 일제에 세금납부와 호적등록을 거부하다 수난을 받은 유림의 인물들을 무수히 들어 볼 수 있지만, 몇 가지 사례만 확인하고자 한다.

漆谷의 劉秉憲(호 晩松)은 합방을 당하자 69세의 노인으로 李完用 등 五敵과 李容九 등 一進會의 매국역적을 성토하는 글을 길가에 게시하고 총독과 일본내각에 長書를 보내 그 不義를 꾸짖고 각국 公館에 公翰을 보내 세계여론에 호소하는 등 抗日의식을 행동화하였고, 恩賜金을 거부하면서 헌병대에 붙들려 가서 신문을 받을 때에도 은혜와 원수의 엄밀한 구분을 강조하였다.[31] 그는 세금의 납부를 거부하며 또한 토지조사에 표지목을 세우지 않아 지시를 거부하였으며, 昌德宮에 세금을 내겠다는 상소를 올리기도 하였다. 일본법정에서 재판을 인정하지 않았으며, 심지어 감옥에서 병이 나서도 일본의사의 치료조차 거부하였다. 長書와 納稅拒否로 그의 강경한 항의가 알려지면서 日帝의 총독부書記 야마카게(山陰某)가 찾아와 설득하려 하였을 때 그는 야마카게의 詩에 대해 "하늘 위에 다만 조선의 태양 있으니 滄海力士 철퇴소리 멀지 않아 있으리라"고 읊어 강개한 기상을 보여주기도 하였다.[32] 1918년 그는 막걸리 4되를 담았다가 日帝의 酒稅法에 저촉되어 日警에 끌려가 심문을 받았는데, 이때 그는 "地稅도 안 내는데 酒稅를 내겠느냐. 너희 天皇의 머리를 베어 술잔을 못 만든 것이 유감이다"라하여 단호하게 항거하였으며, 감옥에서 단식하여 自盡하면서 남긴 絶命詩에서는 죽음을 당하더라도 왜적에 굴복할 수 없는 굳은 節義를 밝히고 있다.[33]

---

31) 劉秉憲, 『國譯 義士晩松遺稿』 90~110쪽, 「抵總督」, 「恩讎辨破錄」 및 「却金問答」 참조. 「恩讎辨破錄」에서는 "돈을 받고 居住姓名과 도장을 준다면 일본의 노예가 되고 오랑캐의 종자가 될 것"이라 경고하고 있다.
32) 같은 책, 「年譜」, "夏竹夏松隨世態, 冬松冬竹有誰知, 靑天只有朝鮮日, 滄海椎聲必不遲."

차라리 끓는 가마 속에 던져져 죽을지나	爲湯鑊死
짐승 같은 되놈의 신하만은 될 수 없노라	不作犬羊臣
아아 내가 죽고 난 뒤엘랑은	嗟呼我死後
내 뼈를 수양산 곁에다 묻어다오.	埋骨修養隣

扶餘의 李喆榮(호 醒菴)은 任憲晦의 門人에게서 수학하였으며, 1909
년 民籍法의 시행에 대해 그는 호적에 등록하기를 거부하고, 그 이유
를 밝힌 長書를 일본정부에 보내면서 "나라가 망했는데도 擧義하여
복수를 못했지만 너희들의 형벌이 두려워 적국의 호적에 편입되면 임
금을 잊어버리고 원수를 섬기는 것이 된다. 이런 의리가 없이 구차스
럽게 산다면 죽어서 편안한 것만 못하다"라고 밝혔다. 日警에 의해 연
행되고 강제로 호적에 편입시키려 하자, 그는 "차라리 죽어서 조선의
귀신이 될지언정 살아서 일본의 백성이 되고자 하지 않는다"고 항거
하였다. 그는 합방을 전후하여 여러 차례 연행되고 투옥되었으며, 1914
년 公州의 日人 경무부장이 와서 심문하는 자리에 공손하지 않다고
꾸짖자, 그는 "의리로서 말하면 너는 나의 원수요, 尊卑로서 말하면
나는 中華이지만 너는 夷狄이니 어찌 불공한가"라 항변하였다. 또한
民籍에 편입하지 않는 이유가 不事二君의 의리라면 왜 伯夷·叔齊처럼
죽지 않느냐고 윽박지르자, 그는 蘇中郎(漢)·金仁山(宋)·金淸陰(朝鮮)
등 적에게 붙잡혔어도 죽지 않은 역사의 사례를 들어 죽지 않는 의리
를 밝힌다. 그 殉節하거나 擧義하는 것이 아니라 日帝의 제도적 구속
을 거부하는 자신의 입장을 "民籍에 입적하지도 않고 倭旗를 꽂지 않
으며, 雜役에 응하지 않으며, 예전처럼 儒冠과 儒服을 착용하고 講學
함으로써 자신을 편안히 하는 것은 金仁山이 자신의 지조를 지키는
도리[自守之道]를 본받고자 하는 것일 뿐이다"라 하여, 도학자로서 저
항하는 논리를 제시하였다.[34]

---

33) 같은 책, 172~177쪽, '臨終日記' 및 61, '絶命詞'.
34) 『騎驢隨筆』 212~214쪽 및 『醒菴集』 권7, 21~24, 「抗議記事·甲寅日記」 참조.

義興의 朴泰泳은 합방의 소식을 듣고 아들 源植을 경찰서로 보내 民籍을 끊어오게 하였으며, 1911년 耆老에게 恩金을 준다는 통보를 받고는 가난하여도 원수인 도적의 돈을 받을 수 없다고 단호하게 거절하였으며, 세금을 내기도 거부하였다.

申泰學은 합방 이후 "나는 한국백성인데 어찌 일본의 민적에 입적할 수 있겠는가"라 밝히고 入籍을 거부하였으며, 日警의 협박을 받으면서도 "너희들이 내 나라 강토는 뺏아갈 수 있지만 나의 뜻은 뺏을 수 없다"라 하여 결의를 밝혔다.[35] 이처럼 日帝의 제도에 저항하는 향촌의 儒林들은 강한 민족의식과 국민의식을 각성하고 있으며, 동시에 자신의 확고부동한 정당성과 꺾일 수 없는 지조를 제시하였던 것으로 확인할 수 있다.

2) 일제의 문화적·풍속적 동화정책에 대한 거부

日帝의 식민지 통치정책은 합방 이후 1910년대의 무단정치와 3·1운동 이후 1920년대의 소위 문화정치를 거쳐 1930년대로 들어가면서 한민족의 문화전통을 철저히 말살하여 일본문화에 同化시키고자 기도하는 민족말살정책 내지 동화정책을 전개하는 것으로 드러났다. 日帝가 만주와 중국대륙 및 태평양으로 세력을 확장시켜가는 우리의 문화전통을 말살하려고 시도한 중요한 사건을 유교적 신념의 관심에서 주목하면서, 크게 세 가지 사실을 열거해볼 수 있다.

① 조선어 말살정책이다. 우리의 국어 곧 조선어를 못쓰게 막고 저들의 국어인 일본어를 쓰도록 강요하였다. 日帝는 모든 교육기관을 이러한 민족말살 내지 문화말살정책을 수행하는 도구로 이용하였다. 유림의 언어문자의식은 漢文字에 치중되어 한글의 사용에도 관심이 결

---

35) 『騎驢隨筆』 208~209쪽 및 같은 책, 214~215쪽 참조.

핍된 것이 사실이지만, 더구나 일본어나 일본문자의 사용에 대해서는 강한 거부태도를 고수하였다. 일본어를 이해하던 못하던 상관없이 평생에 일본어를 입에 올리지 않았던 것이 당시 유림의 자세였던 것이 사실이다.

② 신앙의 변질과 신념적 변절을 유도한다. 종교단체를 親日化함으로써 정신문화적 기반을 파괴시키고 민족의식을 변질시키려 추구하였다. 더구나 일제식민지 말기로 접어들면서 神社참배와 일본천황에 대한 東方遙拜를 강요하여 정신적으로 皇國臣民化를 강화하였던 것이 사실이다. 이처럼 일본의 神과 天皇을 숭배하도록 요구하는 것은 제도적 탄압의 차원을 넘어서 신념의 변질과 의식의 예속화를 요구하는 것으로 유교인으로서 타협하기는 거의 불가능한 일이었다. 물론 소수의 변절한 친일 유교인이 없었던 것은 아니나, 대부분의 유교인은 자신의 의리와 지조의 문제로 단호하게 거부하여 굽히지 않았던 것을 볼 수 있다.

③ 문화전통에서 한국적 고유성을 말살하는 정책을 추구하였다. 우리의 풍속과 문화적 전통의 상징인 상투를 금지하고 斷髮을 강요하였다. 또한 우리의 유교적 혈연 중심의 규범문화에서 가장 소중히 여기는 혈통의 표상인 姓을 바꾸고 이름도 일본식으로 고치도록 創氏改名을 강요하여 한국민의 동질성을 파괴하여 일본화시키고자 온갖 압박을 자행하여 끈질긴 동화정책을 전개하였다.

이러한 일제의 강력한 민족문화말살과 민족동화의 정책에 대해 가장 집요한 저항과 거부운동을 전개한 집단은 전통문화의 고수에 강인한 신념을 지니고 있는 유림집단이었다. 日帝의 동화정책에 대한 유림의 저항태도는 반드시 민족의식으로만 보거나 독립투쟁과 연결시켜보기 어려운 守舊的 성격을 지닌 것이지만, 결과적으로 동화될 수 없는 민족의식의 한 형태로 볼 수 있는 것은 사실이다.

첫째, 조선어말살과 일본어 사용을 강요하는 언어동화정책에 대한 유림의 항거양상을 살펴보자. 일제는 조선총독부교육령에서 그 목적으로 "특히 국민(일본국민)의 성격을 함양하기 위하여 국어(일본어)보급을 목적으로 한다"고 규정할 만큼 일본어를 국어로 교육하고 조선어과목 이외의 모든 과목을 일본어로 교육함으로써 처음부터 동화정책을 전개하였다.36) 日帝가 1937년 中日전쟁을 일으킨 이후 동화정책의 방법으로 皇民化운동을 강화하면서 1938년부터 모든 학교에 조선어교육을 폐지하고 일상생활에서도 일본어를 사용하도록 압박하였다. 이러한 日帝의 탄압이 강화되는 과정에서 당시의 다수의 儒林은 일본의 교육제도를 인정하지 않고 新制學校에 자녀들을 보내지 않음으로써 日帝의 식민지교육을 전면적으로 거부하였다.

이러한 제도교육의 거부는 비록 가정에서 漢學교육을 받는다 할지라도 식민지체제 아래서 자손들의 사회활동을 스스로 봉쇄하였을 뿐만 아니라, 해방 이후에도 제도교육의 학력이 없어 사회진출에 심한 제한을 받게 되는 엄청난 피해를 감수하였던 사실을 유의할 필요가 있다. 또한 가정에서 일본어의 사용을 엄격히 금지하였던 것은 儒林 가정의 일반적 사실이다. 유림은 일제의 식민지통치에 저항하는 방법으로서 가능한 고립된 생활 속에 은둔함으로써 일본어를 쓰지 않을 수 있는 환경을 유지해야 했다. 다만 유림의 우리말은 한글이라기보다 漢文을 내포하고 있는 것으로 보인다. 곧 宋秉璿의 문인인 鄭璣淵은 新法과 新學을 거부하며 우리 것을 수호하겠다는 의지를 밝히면서 우리말을 지킬 것을 내세우고 있지만 그가 수호하는 우리말이란 일본어의 거부를 의미하고 있는 것은 분명하지만, 한글이 아니라 漢字를 주로 표현수단으로 중요시하고 있다.37)

---

36) 日帝下에서 보통학교 수업은 주 26시간 가운데 일본어 10시간, 고등보통학교수업은 주 30시간 가운데 일본어가 8시간으로 엄청난 비중을 차지하고 있는 것으로 나타난다. 박은식, 『韓國獨立運動之血史』 51~53쪽 참조.
37) 鄭璣淵은 해방 후에도 한글전용론에 반대하여, 한글은 보리나 돌이라면 漢字는 쌀이나 玉에 비유하여 漢字의 우월성을 고집하였다. 금장태·고광직, 『儒學近百年』 207~208쪽

둘째, 일제의 신앙적 동화정책은 일찍부터 친일종교단체를 설립하여 종교적 신앙을 통한 민족의식을 붕괴시키고자 시도하였다. 유교의 경우에 있어서는 합방 이전에도 친일유교단체를 운영하였다.[38] 합방 후 日帝는 1911년 成均館을 폐지하고 經學院으로 개칭하여 大提學·副提學·司成 등의 직책을 두고 친일파 유학자를 임명하였다. 日帝는 그 뒤로 經學院을 다시 明倫專門學院으로 개칭하여 皇道儒林의 양성기관으로 삼았고, 일제 말기에는 명륜전문학원조차 폐쇄하여 그 학생은 兵籍에 편입하고 明倫鍊成所로 개편함으로써 유교기관을 점진적으로 괴멸시켜갔다. 日帝는 명륜전문학원 출신을 각 道廳의 敎化主事의 직책에 임명하여 유교조직을 친일단체로 변화하는 역할을 담당하게 하였다. 특히 친일 유교인으로 皇道儒敎를 조직함으로써 天皇의 통치체제를 유교이론으로 합리화시키게 하여 日帝의 동화정책에 앞잡이로 삼았다.[39] 日帝는 中日戰爭을 계속하던 1938년부터 '國民精神總動員朝鮮聯盟'을 창립하여 국가동원의 정신적 통제를 강화하자 이듬해 親日 유교인들은 朝鮮儒林大會를 열어 국민정신총동원에 협력할 것을 결의하는 행동을 벌이기도 하였다.

또한 日帝는 유림탄압의 방법으로서 전국 각 지방의 300여 향교를 지방행정단위인 府·郡에 소속시켜 直員·掌議 등 직책을 친일 유교인으로 임명하고, 막대한 향교재산을 府尹·郡守가 처리권을 행사함으로써 실질적으로 중앙과 지방의 유교조직을 장악하였다. 이에 따라 향교는 전통사회에서 중요한 비중을 지녔던 교육기관으로서의 기능은 중지되고 정기적인 제사를 담당하는 기능만 남아 있는 상태가 되었다.

참조.
38) 日帝는 李完用·申箕善 등 親日派 유교인을 동원하여 1908년 '大東學會'를 조직하고 1909년 이를 '孔子敎'로 개칭하여 유교확장을 구실로 유림의 친일화를 기도하였다. 愼鏞廈, 『朴殷植의 社會思想硏究』, 서울대 출판부, 1982, 201~206쪽 참조.
39) 『金昌淑文存』, 心山思想硏究會編, 성균관대 출판부, 1986, 289~290쪽 및 琴章泰, 『유교사상과 한국사회』, 성균관대 출판부, 1987, 283쪽 참조.

따라서 성균관과 향교에는 친일파의 유교인만 출입할 뿐이고, 뜻 있는 유교인은 완전히 등을 돌리고 말았다. 유교의 기본조직으로서 성균관-향교는 전통사회에서 국가기관이었으므로 日帝는 이를 차지하여 친일 유림의 소굴로 만듦으로써, 유림의 일부를 변절시켰으며, 동시에 유림을 분열시키는 공작을 하였다.[40]

日帝에 모든 협력을 거부하는 유림의 주류는 성균관-향교의 조직을 떠나서 書院-書堂의 민간조직을 통해 결속하기도 하고, 아무 기구도 없이 개인적 인간관계의 강한 유대를 통하여 단지 고립된 개인으로서가 아니라 유림의 조직으로서 항일저항의식을 의리의 당면과제로 인식하고 있었다. 安圭容은 송병선의 문인으로 1921년 竹谷精舍를 짓고 이곳에서 講學하다가 日帝가 1918년 '書堂規則'을 발표하여 書堂까지 통제하고자 하여 書堂認可를 받으라는 독촉이 심해지자 1934년 문인들을 해산시켜버리고 지리산 속으로 은둔하면서까지 日帝의 제약을 거부하고 있다.[41]

이러한 저항적 유교인을 직접적으로 괴롭혔던 일제의 강압방법은 1935년부터 각급 학교에 神社參拜를 강요한 것을 비롯하여, 東方(宮城)遙拜・正午默禱・國旗(日章旗)揭揚・皇國臣民誓詞(1937제정)齊唱 등을 강요하는 것이다.

朴仁圭(호 誠堂)는 1937년 日帝가 일본 天皇이 있는 宮城을 향해 東方遙拜를 강요했을 때 갖은 수모를 당하면서도 거부하였다. 당시 그는 日警들이 사람들을 마을 뒤에 모아놓고 일제히 '天皇만세'를 부르게 하는 데 나가지 않았는데, 日警이 그에게 모욕을 주었지만 그는 부끄럽게 여기지 않고 오히려 영광으로 삼았음을 서술하면서, 그 이유로서 "공자에게서 배운 尊周의 의리를 지니고 있기 때문"이라 밝히고 있다.[42]

---

40) 『金昌淑文存』, 289쪽 참조.
41) 『儒學近百年』, 192쪽 참조.

셋째, 日帝에 의해 지속적으로 斷髮을 강행하여, 단발이 상당히 보급된 다음에도 유림들은 保髮을 자신의 전통을 수호하는 상징으로서 소중히 하였다. 劉秉憲은 1911년 長書와 納稅 거부로 투옥되었다가 풀려나는 날 강제로 削髮을 당하자 "이제 왜놈의 칼로 강제로 깎였으니 이 끊긴 머리털 가지고 우러러 임금님 은례 갚사옵고 털뿌리 다시 기루어 부모님의 遺體 보존하리라"고 판사에게 항의하는 글을 지어보내며 자신의 변함 없는 뜻을 밝혔으며, 판사도 한편의 시를 지어 "흰 머리칼 비록 깎이었으나 붉은 마음만은 빼앗지 못하리"[白髮雖勒削, 丹心莫能奪]라 위로하였다 한다. 또한 申益均은 華西學派 李根元의 문인인데, 머리를 깎은 사람은 제자로 받아들이지 않을 뿐만 아니라 제자가 머리를 깎으면 門人錄에서 삭제해버리기까지 하여 강경하게 斷髮을 거부하였다.

그의 제자 梁本錫이 1934년 머리를 깎이지 않으려다 日警의 칼에 찔려 죽자, 그는 제문을 지어 "천지의 올바른 성품을 잃지 않고 성현의 큰 훈계를 준수하여 상투를 지켜서 오늘의 주인이 되었으니 그 몸은 죽었으나 그 넋은 죽지 않았다"고 위로하고 있다.43)

'內鮮一體'·'一視同仁'을 표방하면서 '皇國臣民'으로 삼는다는 皇民化운동을 전개하는 일제의 동화정책은 1940년부터 創氏改名을 시행함으로써 그 극치를 이루고 있다. 이 시기는 日帝 末期로서 戰時의 위압으로 강제화하여 시행 7개월 만에 80%가 창씨를 할 만큼 대부분이 휩쓸렸고, 심지어 명망 있는 유학자도 그 강압에 견디지 못하고 굴종한 경우가 많다. 이때 金昌淑은 創氏를 강요하는 日警에게 "한국인은 본래 姓이 있고 氏가 있는데, 姓이 氏보다 중하기 때문에 부를 때 반드시 姓을 쓰고 氏를 쓰지 않은 것이다. 내가 創氏에 불응하는 것은 실로 나의 姓이 소중하기 때문이라"하여 우리와 일본의 풍속과 문화

---

42) 금장태·고광직, 『續儒學近百年』, 驪江出版社, 1989, 57쪽 참조.
43) 『국역 만송유고』 104쪽, 『勒削後小識』 및 『儒學近百年』 123쪽 참조.

가 지닌 차이를 밝히고 끝내 굴복하지 않았다.44)

　成璣運은 田愚의 문인으로, 1917년 戶籍 편입을 거부하다가 네 차례나 경찰서에 끌려가 고초를 당할 때, "나는 당당한 大韓의 백성으로 40년을 儒者의 列에 끼였고, 春秋大義를 대강 아는데 어찌 不共戴天之怨讐의 백성에 편입되겠는가"라 선언하고 단호히 거절하였으며, 創氏改名의 강요에 대해서도, "자식으로서 아비의 姓을 버리는 것은 아비를 버리는 것이 되므로 임금이 내려준 姓이라도 받지 않는 것이 의리라"고 제자에게 그 불가함을 밝히고 있다.45) 이러한 道學의 의리정신을 견지하는 守舊的 유교인의 日帝애 대한 비타협적 거부태도는 같은 田愚의 문인 金澤述이 1940년 日帝의 배급쌀 먹기를 거부하면서 부족한 식량을 솔잎으로 보완하겠다는 『啖松說』을 짓고 있는 데서도 뚜렷하게 엿볼 수 있다.46)

(5) 民族意識의 각성과 啓蒙運動

1) 民族史의 연구와 民族意識의 고취

　日帝는 同化정책의 일환으로서 학교교육에서도 우리말만 아니라 우리 역사와 우리 지리에 관한 교육도 배제하였으며, 植民地史觀에 의하여 『조선사』 38권을 편찬하는 등 우리 역사를 왜곡시킨 역사연구를 진행함으로써 우리 역사와 민족문화를 말살하려고 집요하게 기도해왔다. 그러나 이 시대의 독립지사는 민족의식을 각성시키기 위해 민족사

---

44) 원래 '姓'은 血緣을 표시하고 '氏'는 地緣을 표시하는 것으로서, 우리는 氏보다 姓을 중시하고 일본은 姓이 없이 氏만 있어서 이를 이름과 함께 쓰고 있으므로, 일본식으로 創氏하게 한 것이다. 『金昌淑文存』 256~257쪽 참조.
45) 『儒學近百年』, 237쪽 참조.
46) 『續儒學近百年』, 45~47쪽 참조.

와 민족문화의 연구를 활발하게 전개하였다. 여기에 유교 지식인들은 守舊的 道學者나 진보적 계몽사상가의 양쪽에서 각각의 시각에 따라 민족사연구와 저술에 많은 업적을 쌓아가고 있었다.

우리 역사를 강한 민족의식과 독립정신으로 저술하는 작업은 유교사상에 기반을 둔 계몽사상가 내지 독립운동가들에서 볼 수 있다. 朴殷植은 합방 전에 언론활동을 통한 계몽운동을 전개하였던 陽明學者이며, 중국으로 망명한 이후 민족의식을 고취하는 방법으로서 일본의 국권침탈과정과 망국의 痛憤을 서술한『韓國痛史』(1915)와 합방 후 민족독립을 위한 투쟁과정을 서술한『獨立運動之血史』(1920)를 저술하였다. 申采浩는 유학자로 출발한 계몽사상가요 독립운동가로서 합방 이전에도 을지문덕・최영・이순신 등 민족영웅의 전기를 써서 민족의식을 고취하였지만, 1910년 중국에 망명한 뒤로 역사연구에 심혈을 기울이고 특히 民族主義 史觀을 확립하여 우리민족의 근원인 古代史연구에 관심을 집중함으로써 1920년대에서 1930년대 초 사이에『朝鮮上古史』・『朝鮮上古文化史』・『朝鮮史硏究草』등을 저술하여 국내 신문에 연재함으로써 민족사에 대한 새로운 인식을 열어주었다. 鄭寅普는 李建芳의 문인으로서 양명학에 심취한 인물이며, 1935년 동아일보에『5千年間 朝鮮의 얼』이란 제목으로 연재하였던 글인「朝鮮史硏究」를 통하여 치밀한 고증으로 우리 역사를 통해 '조선의 얼'을 일깨워주는 民族史觀을 전개하였다.47)

金澤榮(호 滄江, 1850~1927)은 李建昌과 깊은 교우관계를 맺었던 詩人으로도 이름이 높았으며, 계몽사상가와 전통도학자의 양쪽과 깊은 교유를 맺고 있었던 유교 지식인이었다. 그는 韓末에 史官으로서『東國歷代史略』(1899) 등 역사서를 저술하였으며, 1905년 망명하여 上海와 通州 등지에 머물면서 우리 문헌과 역사서의 편찬에 주력하였다.『韓史綮』

---

47) 愼鏞廈,『朴殷植의 사회사상연구』262~311쪽 및『申采浩의 사회사상연구』58~62쪽 참조.

(1918)·『韓國歷代小史』(1922) 등을 저술하고,『校正三國史記』(1910)·『新高麗史』(1924) 등 우리 역사의 고전을 교정하여 간행하였다. 그는 『韓史綮』에서 조선의 太祖가 고려의 두 王[禑王·昌王]을 弑害하고 恭讓王의 왕위를 찬탈하였다고 기술하는 등 君主시대를 넘어서서 共和制에 입각한 史觀을 보여주고 있으며, 이로 인해 보수적 道學者들의 격렬한 비판을 불러일으켰다.48)

柳必永(호 西坡)은 柳致明의 문인으로 파리長書에 서명하였던 安東지방의 유학자로서 『記金澤榮史綮誤』를 지어 김택영의 『韓史綮』에서 太祖와 世祖를 왕위 찬탈자로 규정한 것에 대해 先王을 모욕하는 것이라 반박하여 道學전통의 史觀을 제시한다. 그러나 柳必永의 아들 柳寅植(호 東山, 1865~1928)은 乙未義兵을 일으켰던 인물이지만 申采浩를 만나 開化主義者가 되었으며, 우리 역사를 민족史觀에서 서술한 『大東史』를 저술하고, 詩를 통한 우리 역사의 시대정신을 밝히는 文學史를 정리하여 『大東詩史』를 저술하였다. 그는 『大東史』에서 단군조선 이후 고려 이전까지 우리 역사를 南朝와 北朝로 파악하고, 조선의 판도로 만주대륙을 포함시키며, '倍達族'을 조선족·북부여족·예맥족·옥저족·숙신족을 포함하는 것으로 제시하여 확대된 민족의식을 제시하고 있다. 그는 김택영의 『한사계』에 내포된 慕華的·사대주의적 요소를 조목별로 비판하는 『金史記誤』를 저술함으로써 자신의 民族史觀을 더욱 선명하게 확인하고 있다.49)

道學者들은 민족의식보다는 의리정신에서 민족사의 서술과 日帝에 저항한 節義의 인물들에 관한 傳記를 저술하여 민족정신을 고취하고 있는 것을 볼 수 있다. 權相翊(호 省齋)은 金興洛의 문인으로 1919년 파리장서에 서명한 일이나 1920년 중국대통령과 執政들에게 상해임시정부를 도와 독립을 이루도록 도와줄 것을 청원하는 글을 보낸 일로

---

48) 『續儒學近百年』, 245~246쪽 참조.
49) 『儒學近百年』, 419쪽 참조.

투옥되기도 하였던 인물이다. 그는 1911년 양계초의『越南亡國史』를 읽고『越南忠義臣列傳』을 지은 것도 우리의 亡國에 대한 선비들의 節義정신을 고취하는 데 의도가 있었던 것으로 보인다.

鄭街圭(호 蒼樹)는 영남에서 활동한 田愚의 문인으로서, 亡國의 痛憤 속에 우리 역사를 野史로 서술하여 민족적 義氣를 고취하고자 하여『韓史抄輯』을 편찬하였으며, 또한「乙巳殉國諸公傳」·「丁未三密使傳」·「庚戌殉義諸公傳」·「韓末殉國烈士諸公傳」·「柳義士傳」등 抗日義士들의 傳記를 기록하여, 殉國정신을 표양하고 민족정신을 고무하는 데 기여하고 있다. 또한 金澤述은 金曝中이 편찬한『朝鮮史』를 검토하고서『觀朝鮮史』(1943)를 지어, 제목이 '韓史'라 하지 않고 '朝鮮史'라 한 것부터 植民史觀의 표현이라 규정하여 비판하고 있다.50)

河謙鎭(호 晦峰)은 郭鍾錫의 문인으로 파리長書에 참여하였으며,「國性論」(1921)을 지어 우리의 민족문화가 지닌 본질인 國性을 '禮義'로 제시하였다. 그는「安義士傳」·「露梁忠烈祠記」·「名將列傳」·「勇將列傳」등 안중근義士의 전기와 外敵의 침략을 막아낸 名將·勇將 등 민족적 영웅들의 전기를 저술하여 민족氣像과 항일의지를 振作하고자 하였다. 그는 광범위한 자료를 수집하여『東儒學案』(1943)을 완성함으로써 한국유학사를 체계화하여, 민족문화의 유산을 정리하는 데 중요한 업적을 남겨주고 있다.51)

李炳憲(호 眞菴)은 康有爲의 영향 아래 今文經學의 연구와 孔敎운동을 전개한 인물로서,『歷史敎理錯綜談』(1921)을 지어 舜이 東夷族임을 확인하고 동시에 여진족의 金과 淸, 몽고족의 元 등이 중국을 지배하였던 사실을 모두 백두산에서 발원하는 우리 민족이 중국을 네 차례

---

50) 같은 책, 246~252쪽 및『續儒學近百年』42쪽 참조. 당시 道學者들 사이에는 大韓帝國이 멸망한 뒤 日帝는 다시 '朝鮮'이란 칭호를 썼기 때문에 '韓'(大韓)이 정당한 호칭이란 주장도 있지만, '大韓帝國'의 출생 자체가 日本의 침략과정에서 그들의 의도에 따른 것이라 보아 '朝鮮'이란 호칭이 정당하다는 주장도 있다. 李震相과 田愚의 학맥 안에서는 '韓'이란 호칭을 쓰고, 李恒老의 학맥 안에서는 '朝鮮'이라 쓰고 있는 것이 사실이다.

51)『儒學近百年』, 486~492쪽 참조.

지배한 것으로 보는 大民族史觀을 제시하고 있다. 안동의 李源台도 대민족사관에 근거하여 「倍達族疆域形勢圖」을 지어 만주와 遼西지역 및 중국동해안에 걸치는 배달족의 영역을 지도로 제시하고 있다.52)

朴章鉉(호 中山)은 曹兢燮의 문인으로 道學에 기반을 두고 다양한 사상을 섭취하였던 인물로서, 史學이 民族의 자기성찰과 思想의 진보를 위해 중요한 역할을 지닌다고 강조하였다. 그는 『海東春秋』・『海東書經』을 저술하여 우리 역사를 經傳의 체제로 재구성함으로써 민족사를 經傳과 일치시키는 독특한 작업을 하였으며, 『朝鮮歷代史略抄』・『野史』등의 민족사와 민족문화의 편찬작업을 수행하였다.53)

2) 사회운동과 민족의식의 배양

유림으로서 민족의식을 배양하기 위하여 사회운동을 전개한 경우는 그 운동영역이 매우 한정되었던 것이 사실이다. 이들은 산업진흥이나 농촌운동을 전개하기보다는 주로 전통적 국가관에 의한 의례를 통하여 민족의식을 각성시키고, 교육운동에 많은 관심을 기울이는 정도로 치우쳐 있음을 볼 수 있다.

의례를 통한 민족의식의 표출은 주로 고종과 순종의 죽음이라는 기회에 거국적 의례로서 國喪에 喪服을 입고 哭班에 참여하는 전통을 따름으로서 前王朝에 대한 추모와 그 遺民으로서 자각을 확산시키는 것이다. 3・1운동의 시기를 高宗의 因山日을 잡았던 것도 백성들이 몰려드는 기회이기 때문이었다. 1926년 純宗의 죽음에도 유림들은 喪服을 입었다. 그뿐만 아니라 합방으로 국가의 멸망을 보고서 상당수의 유학자들이 상복을 입거나 白笠을 쓰고 다님으로써 국가에 대한 의식을 각성시켰다.

---

52) 『李炳憲全集』上, 아세아문화사, 1989, 358~362쪽 참조.
53) 琴章泰, 『韓國近代의 儒敎思想』, 서울대 출판부, 1990, 204~206쪽 참조.

吳駿善은 고종이 승하하자 문인 수십 명을 데리고 서울로 올라와 因山에 참석하여 哭을 하고 國喪의 禮에 따라 白笠을 썼다. 그는 春秋 筆法에 임금이 弑害당하면 敵을 토벌하고 원수를 갚을 때까지 '葬'(장사하였다)이라 기록하지 않는다는 사실을 강조하면서, 변란을 당하여 적을 토벌하고 원수를 갚은 뒤까지 喪服을 벗을 수 없다 하여, 임금과 국가에 대한 의리에 따라 白笠을 쓰고 일생을 마쳤다.[54) 金澤榮은 1905년 중국에 망명하였는데 그곳에서 亡國의 소식을 듣고 喪服을 입어 조선왕조를 弔喪했으며, 『嗚呼賦』를 지어 많은 사람을 감동하게 했다.

고종과 순종의 죽음에 대한 服喪문제는 당시 유림들 사이에 두 가지 상반된 견해가 제시되어 갈등이 일어나기도 하였다. 曺兢燮은 고종이 승하하자 服을 입는 문제가 거론되자 "예부터 항복한 임금을 위해 服을 입었다는 글을 본 일이 없다"고 주장하여 居喪을 반대하였다. 이 사건은 당시 유림들 사이에 엄청난 파문을 불러일으켜 비판의 표적이 되었고 여러 해 동안 그의 문하에서 배우던 제자들도 師弟관계를 끊기까지 하였다. 그는 뒤에 高宗이 일본인에 의해 毒殺당했다는 소문을 듣고 자신도 服을 입었다.[55)

여기서 田愚의 문인들은 조긍섭의 無服說에 대해 강경한 반박을 전개하였다. 吳震泳은 「記墳」을 지어 3·1만세운동에 日帝가 잔혹하게 탄압함을 울분으로 기록하였으며, 曺兢燮이 高宗을 망국의 임금이라 규정하여 상복을 거부하고 「服辨」을 지은 데 대해 스승 田愚의 명에 따라 「辨服辨」을 지어 반박하고 王統을 옹호하였다.[56) 역시 田愚의 문인인 崔秉心(호 欽齋)은 1917년 자신의 집터가 토지수용령을 당하자, "내가 내 땅을 지킨 지가 5백 년이 넘는데 어찌 일본 땅이라고 하는

---

54) 『續儒學近百年』, 79~80쪽, '後石 吳駿善'.
55) 曺兢燮, 『深齋集』 속집 권10, 「家傳」 참조.
56) 『續儒學近百年』, 21쪽 참조. 曺兢燮이 지었다는 『服辨』은 그의 문집인 『深齋集』에는 실려 있지 않다.

가. 살아 있는 한 네놈들의 말을 결코 듣지 않을 것이니 빨리 죽여서 너희가 내 땅을 쓰도록 하라"고 항의하며 완강하게 거부하였던 인물이다. 그도 조긍섭이 고종의 喪에 無服說을 주장하자,「告八域文」을 지어 성토하며 無服說을 반박하였다. 또한 朴仁圭도 1926년 純宗이 승하하였을 때 은택이 백성에게 미치지 않은 임금을 위해서는 服을 입을 필요가 없다는 유림의 여론에 대하여,「丙寅國服說」을 지어 "아버지가 생업에 실패, 가족을 고생시켰다고 아버지 服을 안 입겠는가"라 반문하면서 服을 입어야 한다는 논리를 제시하고 있다.[57]

유림은 전통적으로 後進을 교육하는 것으로 자신의 임무를 삼아왔지만, 특히 일제의 식민지 지배 아래서 後學교육에 사명감을 가지고 노력하였던 것은 사실이다. 그러나 그 교육내용이 소수 진보적 인물의 경우를 제외하고는 대부분 전통의 漢學과 儒敎經傳 교육에 치중함으로써 의리정신을 확고하게 견지하는 데는 기여하였지만, 민족독립의식을 강화하는 데는 매우 미약하였던 것을 볼 수 있다.

田愚와 그의 학통에서는 義兵운동에 참여하기를 거부한 것은 물론이요 파리長書사건에도 참여를 거절하였다. 이들은 성과도 없이 무모한 희생만 당할 것이 아니라, 後學을 교육함으로써 유교의 道와 민족문화의 전통을 유지해야 한다는 명분론을 제시하여 後進敎育論을 내세웠다.[58]

당시의 많은 儒學者들은 자신의 書齋나 書堂에서 제자들을 가르치면서 學規를 엄격하게 제정하여 학풍을 강화하는 데 많은 관심을 기울였다. 安圭容의 '竹谷精舍講規'에서는 "士族이나 庶類의 신분을 막론하고 배움에 뜻을 둔 자는 모두 입학을 허가한다"고 규정하여 신분차별의 폐

---

57) 같은 책, 21, 36, 57쪽 참조.
58) 슴邦을 당하자 道學者들 사이에서는 '국가가 망하면 儒敎의 道도 망한다'[國亡而道亦亡]는 적극적 저항운동파가 있는가 하면, '국가는 망하여도 道는 망하지 않는다'[國亡而道不亡]는 소극적 待機論의 입장이 있으며, 田愚는 선명하게 후자의 입장을 취하였다.

지를 선언하기도 한다. 田愚의 문인인 金澤述은 萬宗齋·東谷書齋 등에서 강학을 하면서 엄격한 學規를 제정하고, 학생들의 수학정도에 따라 甲·乙·丙·丁으로 分班하며 각 班에 原課와 間課의 구분에 따른 각 과목을 설치하는 체계화된 교과과정을 설정하였던 것을 볼 수 있다.[59]

柳寅植은 전통유교의 폐단을 비판하고 유교사상의 근대적 개혁을 주장하였으며, 1907년 書院의 재산을 이용하여 안동에 協東學校를 설립하여 교육활동을 벌였던 인물이다. 그는 1920년 李商在 등과 전국교육기관의 협의회인 '朝鮮敎育協會'를 조직하고, 大邱에 嶠南學館을 설립하며, 일제의 방해로 뜻을 이루지 못했으나 1923년 민족의 인재를 양성하기 위해 朝鮮民立大學期成會를 발기하여 중앙위원으로 모금운동을 벌이는 등 교육활동에 심혈을 기울였다.[60]

李相卨(호 溥齋, 1870~1917)은 헤이그 만국평화회의에 밀사로 갔었던 인물이지만, 1896년 27세 때 성균관 교수와 성균관장에 임명될 만큼 儒學의 학문적 기초 위에서 일찍부터 新學을 공부하였고, 議政府參贊을 지내기도 하였다. 그는 북간도에 들어가 1906년 李東寧 등과 龍井에서 瑞甸書塾을 설립하여 민족교육을 시켰으며, 1911년 블라디보스토크에서 동지들과 勸業會를 조직하고 勸業報를 간행하는 사업을 전개하여, 동포의 조직과 교육 및 산업기반을 향상시키는 데 진력하였다.[61]

---

59) 金澤述은 자신이 규정한 各班과 各課의 敎材. 『續儒學近百年』, 48쪽 참조.

班	原　課	間　課
甲	四書·三經·春秋	[性理]近思錄·性理大全/[禮]禮記·四禮便覽/[史]左傳·馬史 網目·續網目·東史諸書/[法]大典通編/[政]聖學集要·磻溪隨錄/[文]八大家
乙	小學·大學·論語	[禮]禮記·四禮便覽/[史]網目·續網目/[文章]古文眞實
丙	小學·論語	[禮]四禮便覽/[史]東史諸書
丁	要訣·小學·大學	[禮]四禮笏記/[史]東史諸書

60) 柳寅植 자신은 유교인이었으나 동시에 계몽사상가로서 그의 교육활동은 유교교육에 초점을 둔 것이 아니라 민족교육사업이었다. 그는 朝鮮勞動共濟會를 설립하여 노동운동에 참여하기도 하였다.

李承熙는 1909년 李相卨과 함께 만주의 密山府에 독립기지로서 '韓興洞'을 건설하였다. 그는 민족독립의 정신적 기반을 유교이념으로 인식하고 교육사업에 큰 관심을 기울여, 孔敎운동을 전개하는 동시에 유교교육을 위해 많은 교과서적 저술을 하는 등 노력을 집중하였다.[62]

그는 북경공교회가 간행하는 『孔敎雜誌』에 「孔敎進行論」를 발표하여, 유교교육에서 학교·학생·교과서·학제의 문제를 체계적으로 제시하고 있다. 곧 1里(100호)에 1塾을 세워 대학·소학·여학의 세 과정을 두고, 1坊(10里)에 1校를 세우는 계획과 8~10세에 小學과정에 입학시키는 의무교육제도와 15세에 士·農·工·商의 분야에 따라 大學과정에 입학하는 학제를 제시하였다. 이러한 그의 교육제도는 전통의 유교교육에 서양교육제도의 형식을 섭취한 것으로 볼 수 있으며, 그만큼 유교교육제도의 합리적이고 능률적인 개혁안을 제시한 것이다.[63]

---

61) 윤병석, '이상설 선생의 생애와 독립운동', 『나라사랑』 제20집, 외솔회, 1975, 25~70쪽 참조.

62) 李承熙에 의한 유교교육의 교과서적 저술로서, 아동교육용 千字文으로 『正蒙類語』와 이를 해설한 『蒙語類訓』(1888)이 있고, 小學科로는 『曲禮』편을 주석한 『曲禮輯刊章句大全』(1894)와 女學科로는 『內則』편을 주석한 『內則輯刊章句大全』(1894)이 망명 이전에 이미 저술되어 있고, 女性교육과 가정교육을 위한 교과서적 저술로서 『女範』(1912)·『家範』(1912)·『閨儀』 등이 있다.

63) 『韓溪遺稿』 6, 국사편찬위원회, 1979, 138~143쪽, 『孔敎進行論』 참조.

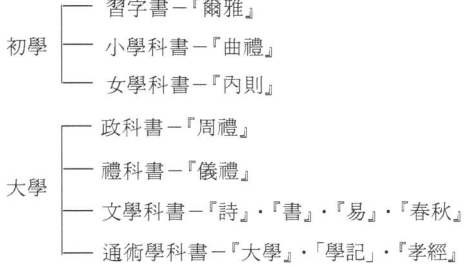

⑹ 유림 독립운동의 성격과 한계

합방 이후 유림들에 의해 추구되었던 독립쟁취를 위한 방법을 분류해보면 직접적 방법으로 ① 日帝에 대항하여 무력항쟁을 하거나 ② 일본정부나 조선총독부를 포함하여 각국 정부에 독립청원을 하는 일을 들 수 있고, 간접적 방법으로 ① 독립의식을 고취하고 배양하기 위하여 교육사업과 계몽활동을 벌이거나 ② 日帝의 同化정책에 저항하여 전통문화를 지키며, 모든 타협을 거부하고 지조를 지킴으로써 때를 기다리는 것을 들 수 있다.

여기서 직접적 항거방법이라 할 수 있는 3·1운동의 경우에서처럼 전국의 만세운동에 사실상 지방 유림들이 자율적으로 참여하였던 사실을 주목할 필요가 있겠지만 사전에 계획을 주도한 33인에 가담하지도 않았고 실제로 유림이 조직적으로 참여하지는 않았다. 간접적 방법이라 할 수 있는 산업을 육성시키거나 국민자본을 형성하여 경제적 자립의 기초를 확보하는 일에도 유림은 무관심하였다고 할 수 있다. 무력항쟁도 합방 이전에는 의병운동이 활발하였지만 합방 이후에는 급격히 쇠퇴하였던 것이 사실이다. 교육을 통한 계몽사업에도 유교의 활동은 전통적 형식의 계승에는 상당히 노력하였지만 새로운 대중교육을 위한 개혁에는 거의 미미하다 할 만하다. 신식교육을 거부하고 한문교육은 지속되었지만 그것이 국민의 계몽이나 민족의식의 계발로 연결되기는 쉽지 않은 형편이다. 그리고 朴殷植·金昌淑 등 소수의 유림 출신 망명독립운동가들이 있었지만, 이들의 활동이 유교적 신념의 발휘로서 확인될 수 있는지는 의문이다. 李承熙의 경우처럼 孔敎운동과 연결된 독립기지 건설을 위한 노력은 있었지만, 실질적인 영향력이 크다고 보기는 어렵다. 그렇지만 유림의 독립운동으로 파리장서사건을 통한 독립청원과 日帝의 동화정책에 대해 보였던 강인한 비타협적 거부태도에서는 주목할 만한 업적과 성과를 이루었다고 인정할 수 있다.

유림의 독립운동과 민족의식은 겉으로 아무리 미약하게 나타난다 하더라도 그 강인한 절의정신이 지닌 인격의 깊이에서 커다란 의의가 있다. 그 의의는

첫째, 파리장서사건은 3·1운동에 자극을 받은 것이고 국제사회를 향한 일회적 호소문이라 하더라도 郭鍾錫을 중심으로 嶺南의 전체 유림이 참여하고 더구나 金福漢을 중심으로 하는 湖西의 유림들이 결합함으로써 전국 유림의 조직화가 이루어진 독립운동의 실천이었다는 점에서 매우 중요한 의미가 있다.

둘째, 유림에 의한 민족의식과 독립정신의 표현은 매우 소극적인 것이었지만 비타협 무저항의 은둔이었고, 日帝의 가혹한 강요와 억압의 시련 속에서도 끝까지 흔들리지 않고 당당하게 지조를 지켜갔다는 점에서 이시대 민족의식의 한 상징적 표상이 되었다는 의의를 인정할 필요가 있다. 마치 겨울의 혹독한 추위에서도 다음해 봄에 뿌릴 씨앗을 깊이 간직하는 의식이 유림의 항일민족정신의 기초를 이루고 있다. 물론 기다리던 해방의 봄을 맞고 보니 간직하던 씨앗보다 더 크고 충실해 보이는 새로운 씨앗을 밖에서 얻어다 쓰게 되었던 것이 사실이다.

유림이 전통의 조선사회를 이끌어오던 주체였던 만큼 국가의 쇠망 과정과 또 독립을 위한 항쟁과정에 많은 책임을 져야 할 것으로 보는 것은 당연하다. 이러한 유림의 항일독립운동과 민족의식의 발현을 성찰해보면 뚜렷한 한계성이 드러나며, 이러한 문제점의 인식은 우리의 전통사상을 균형 있게 이해하는 데 도움이 될 수 있다. 그 한계는

첫째, 유림들의 조직적 성격이 약하였던 것은 이 시대 유교문화의 특성이고 한계를 이루고 있는 것이라 하겠다. 곧 향촌사회의 친족적 결속에 기초한 유교인의 의식은 소수의 진보적 인물을 제외하면 친족의 생활기반을 떠나서 사회조직을 위해 봉사하기가 어려웠던 것이 사실이다.

둘째, 전통의 생활양식을 일본식민통치의 사회체제와 대립된 것으로

파악하는 守舊的 폐쇄의식 속에서는 항일의식이 민족의식으로 선명하게 표출되기 어렵다는 한계가 있다. 실제로 민족의식으로 표출되는 경우라 하더라도 개인적 신념과 의지의 차원에 머물고 말아 사회적 변혁과 유리되면서 사회에 영향력을 발휘하지 못하고 있는 것이 사실이다.

셋째, 일본어 사용을 강요하는 일제의 동화정책에 대한 유림의 태도는 극단적 거부로 민족전통을 고수하는 강인함을 보여주고 있지만, 이러한 유림의 태도는 자녀들의 제도교육을 거부하는 데서 보이는 것처럼 철저히 은둔적인 것이기에 민족독립의 당면문제를 위한 적극적인 지식의 획득이나 대책의 강구조차 포기하는 결과를 초래하고 있는 것이 사실이다.

유림의 독립운동과 민족의식에 대한 평가는 해방 이후의 역사전개와 연관하여 우리가 전통사회에 대해 개혁적 태도를 가질 것인가 계승적 태도를 가질 것인가에 따라 현저한 시각의 차이를 보여줄 수 있다. 유교이념이 오늘의 사회에 적응하지 못하고 무기력한 만큼 日帝下 유림의 민족정신이 강인하게 지켜온 유교전통의 가치와 규범질서도 공허하게 비쳐질 수밖에 없는 것은 당연한 귀결이다.

11. 한국 근세사상에서 본 인간해방

(1) 문제의 성격

한국근세사에서 18세기 초부터 20세기 초까지의 2백 년간은 안팎으로 압력이 갈수록 높아져 사회적 파국의 격동으로 치달아 갔다. 곧 안으로는 조선사회의 내재적 모순이 심화되어 19세기부터는 民亂이 잇달았고, 밖으로는 서양의 압력이 높아져 洋擾로 표출되고 일본의 침략으로 국가존망의 위기의식에 놓이게 되었다. 따라서 이 시대의 문제에 대응하기 위해 등장하였던 다양한 사상들의 문제의식은 舊시대의 누적된 모순을 극복하고 새로운 시대의 사회적 理想을 제시하는 것이었으며, 근대사회로 넘어가는 준비과정을 밟아가는 것이었다.

이 시기에서도 실질적으로 사회를 통제하고 유지하는 원동력은 여전히 道學의 正統主義的 신념에 의해 공급되었다. 그러나 道學의 신념체제가 이미 舊시대의 폐단에 책임을 져야 하며, 또한 새로운 변화에 적응하지 못하고 옛 질서에 집착하는 守舊論으로서 비판의 대상이 되어 갔다. 이때 등장한 새로운 사상조류는 발생시기의 순서에 따르면 實學·開化사상·愛國啓蒙사상으로 찾아볼 수 있다. 이들은 道學전통의 舊秩序가 새로운 시대변화에 역행하는 속박으로 규정하고 이로부터 벗어나기를 추구한다는 점에서 改革的이며 革命的이기도 하고 동시에 '해방'의 논리라 할 수 있겠다.

이 새로운 思潮들이 추구하는 해방의 문제의식은 舊秩序를 극복한다는 점에서 공통점을 지니고 있지만, 시대적 현실에 따라 속박의 조건도 달라지고 해방의 과제도 다양하게 되는 것이 사실이다. 그 속박의 양상으로 해방의 대상이 되는 조건은 ① '道學의 이념화한 정통주의'이다. 이 정통주의적 사유의 고정된 틀에 대해 實學派는 實用과 開放의 논리로 탈피하고자 했으며, 開化派는 自主와 自强의 논리로서 극복하고자 했고, 啓蒙사상가 내지 儒敎改革사상가들은 民權과 維新의 논리로 개혁하고자 하였다. ② '경제적 빈곤'이다. 이 빈곤의 참혹함에 대해 실학파에서는 義를 내세워 利를 억눌러 온 道學의 속박으로부터 인간의 욕망을 긍정하며 利用(기술)과 通商의 실현으로 빈곤에서 구제하여 民生의 풍요화[厚生]를 추구하는 것으로 실학의 인간적 해방이다. ③ '신분적 억압'이다. 이에 대해 실학파는 신분적 차별의 부도덕성을 고발하며, 開化派는 신분제도를 폐지하고 평등사상을 제기하는 것으로 개화파의 사회적 해방이다. 新宗敎에서도 신분적·性的 억압도 해소할 것을 주장한다. ④ '외세의 침략'이다. 이에 대해 도학파는 義理정신으로 항거하고, 개화파는 自强과 獨立을 추구하며, 계몽사상가는 민족의식을 고취시켰던 것으로 애국계몽사상의 민족적 해방이다.

이 시대에 추구하였던 해방의 과제는 도학전통의 舊秩序가 지닌 모든 모순과 억압과 폐쇄성을 비판하고 이로부터 벗어나는 것이며, 이에 따른 新秩序의 理想을 제시하고 그 실현을 위한 사회운동을 전개하는 활동을 포함하는 것이라 볼 수 있다. 여기서는 道學전통의 모순과 억압을 벗어나서 儒敎의 새로운 각성과 개혁운동을 벌이는 애국계몽운동가들 사이의 유교개혁사상도 주목할 필요가 있다. 또한 舊秩序에 대해 守舊的인 道學도 국가적 위기를 극복하기 위한 대응논리와 실천을 보여주는 사실에서 부분적으로 해방의 과제에 참여하고 있는 것이라 하겠다.

⑵ 실학사상의 인간해방

첫째, 실학파는 道學의 정통주의적 폐쇄성과 관념적 세계관으로부터 인간의 이성적 사유를 해방시킨다.

18세기 전반기의 星湖 李瀷은 "조금 의심하면 조금 진보할 것이고, 크게 의심하면 크게 진보할 것이다. 따라서 많은 의심을 갖는 것도 무방하기 때문에, 의심이 없는 곳조차도 의심해 볼 필요가 있다"라는 朱子의 말을 인용하여, '懷疑'를 학문방법의 기초로 강조하였다. 그러나 당시 학문적 현실은 疑問을 제기하는 데 대해 사람들이 법으로 얽어매고 헐뜯는 道學의 정통주의자들을 가리켜 '儒家 안에 있는 申·商 (혹독한 法家인 申不害와 商앙)'이라 규정하여 비판하였다. 실제로 이에 앞서 尹휴와 朴世堂이 朱子의 經學에서 벗어난 새로운 방향을 탐색하다가 宋時烈 등에 의해 斯文亂賊으로 혹독한 배척을 받았던 바가 있었다. 이러한 억압의 결과로서 '맹목적 순종의 기풍만 자라나고 연구하는 습관이 사라져 점차 학문이 없어지게 되는' 사실을 지적하여, 도학의 정통주의적 권위 아래 학문이 말살당하는 현실을 이 시대 학자들의 과오로 비판하였다.[1] 따라서 그는 懷疑의 방법을 통해 당시의 주자학적 질곡을 깨뜨림으로서 비로소 사유의 자율성과 학문의 창의성을 자유롭게 해방시켜서 진실한 학문에 접근할 것을 요구하였던 것이다.

李瀷은 『坤輿地圖』·『職方外記』 등 서양선교사의 지도와 地理書가 답사와 측량을 토대로 하여 작성하여 정확한 것임을 확신하고, 서양인이 제시한 세계지도를 계기로 중국이 천하의 중심이라는 '중국중심주의 천하관'에서 벗어나게 되었다. 또한 천문학·수학 등 서양과학의 우주관을 수용하면서 중국의 고전적 자연관과 우주관을 극복할 수 있

---

1) 李瀷, 『孟子疾書』 序.

는 중요한 전기를 확보하였으며, "마테오 리치는 聖人이다"라 언명하여, 중국 이외의 사방을 모두 오랑캐라 규정한 '華夷論的 세계관'을 깨뜨리기 시작하였다. 중국이 상대화됨에 따라 우리나라의 위치와 우리 역사에 대한 인식에도 변화를 일으켜, "우리나라는 스스로 우리나라이다(東國自東國). 그 제도와 형세가 중국과는 스스로 다르다"[2]라 하여 중국에 대한 예속의식에서 해방시켜 독자성을 강조하였다.

나아가 18세기 후반의 洪大容은 서양천문학의 이해를 기초로 '地球도 우주공간 속의 한 별에 지나지 않음을 주목하여 각각의 나라마다 중심이 될 수 있다'하여 '域外春秋論'을 제시함으로써, 중국 중심의 華夷論에서 벗어나고 있다.

둘째, 실학파는 道學에서 義를 높이고 利를 천시하는 가치관으로부터 물질적 가치와 인간의 욕망을 해방시키고 있다.

李瀷은 義·利를 대립시켜 利를 천시하는 도학적 논리의 경전적 근거로서, 仁義와 利益을 대비시키는 『孟子』의 첫 구절을 재검토하여, 맹자의 입장이 利를 추구하지 말아야 한다는 주장이 아니요, 義를 전제로 한 利의 가치를 긍정하여 利의 근원적 정당성을 인정하고 있는 것으로 파악하였다.

朴趾源은 道學에서 『대학』의 德本財末의 논리를 강화하여 德·義를 높여서 앞세우고 財·利를 천시하여 뒤로하는 重義輕利論을 정립시키고 있는 데 대하여, "利用이 된 다음에 厚生을 할 수 있고, 厚生이 된 다음에 正德을 할 수 있다"(『熱河日記』) 하여, 기술과 생산이 도덕의 기초가 되는 것으로 중시하는 입장을 밝혔다. 崔漢綺도 "食으로 인하여 敎를 배푼다"(『人政』) 하여 식량의 물질적 기초 위에서 도덕의 敎化가 가능하다는 물질적 가치(경제)의 중요성을 역설함으로써, 도학의 도덕 우선적 가치관에서 벗어나 경제 우선적 가치관을 추구하였다.

---

2) 『星湖集』 권25, 「答安百順」(乙亥).

정약용은 인간에게 '欲이 있어야 善도 할 수 있다' 하여 欲을 삶의 원동력으로 파악함으로써, '天理를 높이며 人欲을 억제하는' 道學의 主靜的 입장을 거부한다. 또한 그는 "백성이 利를 따르는 것은 물이 아래로 흐르는 것과 같다"(「田論」) 하여, 利의 추구가 자연적 품성임을 역설함으로써, 道學전통에서 義에 의해 억제된 利을 풀어주어 利益 추구의 정당성을 확보하였다. 그는 백성의 참혹한 생활상에 대해 국가와 관리의 책임을 통렬하게 지적하여, "그 살림을 고르게 마련하지 못하여 다 함께 살리지 못한 자는 임금과 수령의 임무를 저버린 것"[3] 이라 하여, 백성을 빈곤으로부터 해방시켜야 한다는 사회적 목표를 제시하였다.

셋째, 실학파에서는 도학전통이 사회기반을 삼고 있는 봉건적 신분제도의 폐지를 추구함으로써, 신분적 굴레로부터 해방시키고자 하였다.

李瀷은 노비제도의 비인간적인 측면을 지적하면서 아울러 "우리나라가 예부터 가난하고 군사가 약해서 스스로 기세를 떨쳐본 일이 없는 것은 모두 이 노비제도 때문이다"라 하여 노비제도가 국력 쇠약화의 원인이 됨을 지적한다. 따라서 그는 노비 私有의 한계를 정하고, 노비를 점차적으로 贖良하는 것이 결국 국가의 힘을 기르는 방법이라 밝히며, 노비도 과거에 응시할 수 있게 할 것을 제안하고 있다.[4]

丁若鏞은 신분적 계층질서에 동요가 일어나고 신분적 갈등이 심하게 노출되는 시대에 살면서, 신분적 계층화를 人倫의 綱常的 名分으로 삼아 고수하려는 지배계층의 집착을 비판하였다. 그는 "하늘은 그 신분이 관리인가 백성인가를 묻지 않는다"라 하여, 인간이 본래 평등함을 천명하며, 나아가 '나의 소망은 온 나라 안을 모두 양반이 되게 하는 것이다'(「湯論」)라 하여 신분제도의 굴레에서 벗어나 사회적 평등의 이상을 적극적으로 주장하였다. 이러한 그의 평등사상은 "위에 존

---

3) 『여유당전서』 1~11, 3, 「田論」(1).
4) 『星湖集』 권46, 「論奴婢」.

재하는 것이 하늘이요, 아래에 존재하는 것은 백성일 뿐"이라 하여, 하늘 앞에서 모든 인간이 평등한 이웃임을 확인하는 인간적 해방으로 제시되고 있다.

그는 당시 국가의 인재등용이 불평등함을 지적하여, "온 나라의 인재를 다 뽑아 올려도 오히려 부족할까 염려인데, 하물며 그 열 가운데 여덟 아홉은 버리는 것인가"(「通塞議」)라 힐문하고, 그 버려지는 대상으로, "小民·中人·庶孼과 西北人이 버려지고, 關東·湖南人이 반쯤 버려지고, 北人과 南人은 버린 것은 아니나 버린 사람과 같고, 오직 문벌 좋은 수십 집만 버리지 않는다"는 인재선발의 폐쇄성을 비판하며, 門閥·地方·黨色을 타파하고 庶孼·賤民의 신분에도 능력에 따라 인재로 등용할 것을 요구하였다.

정약용은 신분문제를 넘어서 봉건적 지배질서를 전면적으로 해체시켜 도탄에 빠진 民生의 구제를 위해 방법을 탐색하였다. 그는 부패한 관리의 탐학으로 '民이 고혈과 진수를 다하여 牧을 살찌게 하는' 民生의 기반이 무너진 현실을 직시하면서, "民이 牧을 위하여 사는 것이냐"라 반문하여 봉건적 질서의 근본을 재검토하고 있다. 이에 "牧이 民을 위해서 있는 것이요, 民이 牧을 위해서 있는 것이 아니다"(「原牧」)라 역설하여, 백성을 위해 있어야 할 守令이 도리어 백성들의 재물을 갈취하는 모순을 '爲民'이라는 고전적 정치원리로 고발하고 있다.

그는 牧과 民의 관계를 바로잡기 위해 백성을 본위로 하는 정치원리를 통찰하여, 백성을 臣民으로 복속시키는 데서 벗어나 天子를 선출하는 주체로 확인한 것은 專制的 사회체제로부터 혁명적 변혁을 의미하는 발상이다. 여기서 그는 里正에서부터 縣長 → 諸侯 → 天子로 점점 높이 추대해가는 '아래에서 위로 추대하는 것'을 順理라 하고 결국 "天子라는 것은 대중이 추대하여서 되는 것이다"(「湯論」)이라 하여 천자가 백성에서 나온다는 일종의 선출제도를 확인한다. 따라서 아래에서 위로 추대하는 것이 이상적인 古道요, 위에서 아래로 임명하는 것은 후세의 왜곡된 제도로 대비시켜 현실의 제도를 근원적으로 비판하고 있다. 그것은 王權授天命說에 근거하여 제왕권을 신성화하던 봉건적 전통에 대해 정약용이 혁명적 이상을 제시한 것이라 할 수 있다. 그는 미래적 이상으로서 백성의 선거권을 고대의 법도에 투영하여 제시하고 있으나, 백성을 정치의 객체로부터 해방하여 주체로 파악하는 것으로, 전통유교와는 분명하게 결별하고 있는 것이다.

나아가 그는 백성이 임금까지도 뽑아 올리는 선출권을 넘어서, "佾舞에서 춤추는 사람들이 한 사람을 선출하여 羽를 잡고서 자신들을 인도하게 하는데 그 인도가 좌우 절차에 맞추지 못하면 여러 사람이 잡아내려서 대열에 복귀시키고 다시 선출한다"는 비유를 통해 백성이 임금에 대한 축출권도 뚜렷하게 암시하고 있다. 그것은 專制 王權에 대한 革命權을 의미하는 것이다.

(3) 개화사상의 사회적 해방

1860년대 전후하여 발생한 개화사상은 韓末道學의 배타적 자족체계로는 이미 시대의 大勢에 어긋나고 있다는 사실을 통찰하였다. 따라서 초기의 개화파는 서양의 새로운 문물에 관심을 기울이고, 『海國圖志』·『瀛環志略』 등을 읽으며 외국정세에 관한 정보를 수집하면서, 이 시대변화에 대응하기 위한 방책을 모색하였다. 조선사회의 전통을 중화문화의 최후 보루로 수호하려는 도학파의 신념에 대해, 이들 개화파는 조선사회를 세계 속으로 열지 않을 수 없는 현실을 인식하고 또 적극적으로 열고자 하였다. 그것은 道學의 守舊的 껍질을 깨고 조선사회를 세계사의 별 아래 열어놓으려는 사회적 해방의 과업이었다.

첫째, 도학이념의 정통을 폐기한다. 일본에서 수입한 開化의 개념으로 '文明開化'를 일컫는 것은 이미 인륜강상을 표방하는 도학전통의 유교사회를 문명이라 하지 않고 과학기술의 서양을 문명이라 일컫는 것으로 유교사회의 전통을 전면적 혹은 부분적으로 폐기하려는 의식이 분명하였다. 개화파가 개화정책을 추진하는 가운데 變服令(夾袖令)과 斷髮令을 내려, 한말 도학자들이 先王의 法制로 목숨을 걸고 지키려고 하던 넓은 소매와 상투의 전통을 하루아침에 파괴하였던 것은 유교사회의 舊秩序를 깨뜨려서 이로부터 문화의식을 해방시키지 않으면 조선사회를 開化하기 어렵다고 파악하였기 때문이다. 柳寅植도 1903년 양계초의 「음빙실문집」을 숙독한 뒤에 결심하여 머리를 깎고 개화론자로 전환하면서, "心性理氣(성리학)는 전날의 학술이라면, 氣化聲光(자연과학)은 오늘의 학설이요, 峨冠法服(전통예복)이 전날의 풍속이라면 洋裝削髮(서양복장)은 오늘의 풍속이다"라 선언하여 서양문물의 전면적 수용을 시대적 과제로 확인하였다.

또한 중국에서 수입한 開化의 개념으로 '變法自强'을 일컫더라도, 도학전통의 조선사회가 모순에 빠진 舊秩序라는 것을 전제로 새로운 시대에 맞게 變法해야 한다는 것이며, 스스로를 지킬 힘도 없다는 사실을 인식했기에 自强을 실천하자는 것이요, 그 자강의 내용은 주로 서양의 우세한 기술과 兵器를 수용하자는 것이다. 金玉均 등 開化黨은 서양의 과학·기술을 수용할 뿐 아니라 정치·경제·사회의 모든 제도를 개혁하고자 하는 '大更張改革'을 주장하였다.

또한 개화파에서는 국가의 政體문제에서도 입헌군주제[君民同治]와 공화제[合衆共和]의 서양정치체제에 깊은 관심을 보였으며, 조선사회도 專制君主의 구질서를 벗어나 입헌군주제를 도입하고자 시도하였으며, 갑신정변 기간 동안 발표한 '革新政綱'에서는 內閣제도를 도입하여 王權을 제약하고자 하였다. 그것은 근대적 民主사회를 지향하는 것으로 專制사회의 구질서로부터 혁명적 개혁이요 사회체제의 해방을 추구한 것이다.

둘째, 신분적 질서를 해체한다. 유길준은 "人上人도 없고, 人下人도 없다"(「인민의 권리」) 하여, 신분적 억압으로부터 해방된 인간의 평등한 질서를 확인하며, 朴泳孝는 "한 가난한 아이의 낡은 옷이라도 제왕의 영지와 같이 法으로 보호해주어야 한다.「開化에 대한 上疏」라 하여, '法 앞에서 만인의 평등'을 확인한다. 「革新政綱」 2조에는 '문벌을 폐지하여 인민평등권을 제정'하도록 규정하고 있으니, 조선사회 전통의 신분적 기반부터 해체하도록 요구하는 것이다. 특히 김옥균은 완전 자주독립의 실현과 더불어 양반제도의 폐지를 주장하면서, 양반의 약탈상을 지적하여 양반이 있으면 재화의 생산도 불가능하게 하고 자본의 축적도 불가능하게 한다 하여 신분제도의 폐단을 비판하고 있다.

개화파는 평등의식과 더불어 개인의 自由를 천부적 권리로 인정하여 매우 중시하였다. 유길준은 개인의 자유권을 '自由任意'라 일컫고, 그 나라에 살면서 무슨 일을 하든지 국법에 배치되지 않을 때는 그 좋아하는 바대로 따르게 맡겨두는 것을 의미한다고 규정하였다.

셋째, 外勢로부터 독립을 확보한다. 김옥균은 淸國이 조선을 屬邦化하려는 정책에 대응해 조선의 완전한 자주독립[獨全自主之國]을 추진하며, 兪吉濬은 國權을 강조하여 그 내용으로 自保權・獨立權・護産權・立法權 등을 제시하고 있다(「國權」). 이러한 自主獨立 내지 國權의식은 道學전통의 事大-尊華의식으로부터 우리의 독립한 國權을 해방시키는 작업이다. 自强 곧 富國强兵의 과제는 바로 독립과 국권을 확보하기 위한 기본방책인 것이다. 물론 개화파의 인물들이 外勢를 끌어들여 개혁을 시도하다 실패하기도 하고, 뒤에 친일파로 변절한 인물들이 다소 있지만, 그들이 헌신하던 신념의 과제는 獨立이요 自强이요 進步라 할 수 있다.

(4) 애국계몽사상의 민족적 해방

1890년대에서 1910년대 사이에 전개되던 애국계몽운동가들 가운데서 유교개혁사상을 추구했던 인물들은 한편으로 전통유교의 폐단에 대한 비판적 성찰을 가하고, 다른 한편으로 중국의 공교운동을 수용하는 새로운 개혁방법을 모색하게 되었다. 동시에 이 시대에서는 일본의 침략에 대한 민족의식의 각성에 따라 개혁사상이 민족정신과 깊은 연결을 맺게 되었다.

첫째, 도학전통의 末弊에 대해 통렬하게 비판하고 있다.

張志淵은 근세의 山林학자를 가리켜 '명성을 낚고 벼슬을 교묘하게 하는 마음'(鈞名巧宦之心)과 '당파를 수립하고 사사로움을 경영하는 계책'(樹黨營私之計)을 가진 무리라고 혹독하게 비판함으로써, 도학전통의 당파적이고 허세와 위선을 예리하게 비판하였다. 申采浩도 당시 유교전통에서 개혁되어야 할 폐단을 3類로 분석하여, ① 부귀와 명예를 추구하는 賣國奴의 탐욕(국자의 적), ② 先賢의 정신적 실질은 버리고 형식적 허식만 모방하는 愚學者의 허구성(문명의 적), ③ 小節에 구애되어 大同을 못 보는 媚外輩의 편협성(사회의 적)을 지적한다.[5] 또한 그 자신의 개혁론적 과제로서 "보수를 변하고 實踐을 힘쓰며, 守舊를 변하고 就新을 힘쓰며, 沈靜을 변하고 活動을 힘쓰면, 반드시 백성의 지혜를 진흥하며 '국가의 주권'을 옹호하여 儒家의 큰 광채를 번쩍일 날이 있을진저"라 하여, 폐쇄적이고 정체적인 낡은 질서를 변혁하여 능동적이고 진보적인 새로운 질서에 힘쓰는 실천적 현실성과 진보적 세계성을 기본 방향으로 삼고 있다.[6]

柳寅植은 일제의 침략으로 망국의 위기에 처했을 때「太息錄」을 지어서 당시의 폐단을 통렬하게 성찰하고 해결방책을 검토하고 있다. 먼

---

5) 申采浩,「儒敎擴張에 對한 論」,『丹齋申采浩全集, 下』, 형설출판사, 1987, pp. 119~120.
6) 신채호,「儒敎界에 對한 一論」,『단재신채호전집, 別集』 p. 109.

저 언론자유의 권리를 강조하고, 도학이 정통주의로 다른 사상을 배척함으로써 학풍에 창조성이 결여된 것을 비판하며, 학문과 신앙의 자유를 강조하며, "전제정치는 백성의 기개를 쇠약하게 하고 전제적 학문은 백성의 지혜를 막아버린다. 백성의 지혜를 막아버리는 것은 나라를 멸망시키고 종족을 절멸시키는 근원이다"라 하여 학문의 자유를 강조한다.

朴殷植도 자신의 개혁론을 유교전통의 폐단에 대한 철저한 성찰에서 시작하였다. 그는 「舊習改良論」에서 儒林家·行世家·雜術家·學究家라는 네 가지 유형의 폐단을 분석하면서, 특히 儒林家의 폐단에 개혁론의 초점을 맞추어, ① 말 한마디만 달라도 분열하는 현상은 人民의 일상적 가르침[普通之敎]이 될 수 없고, ② 옛 폐습을 독실히 지키기만 하고 時宜에 따라 새로운 것을 찾지 않으며, 예의를 공허하게 담론하기만 할 뿐, 경제를 강구하지 않으며, ③ 사회적 책임[兼善]을 외면하고 개인적 수양[獨善]만 중요시하여 국가와 인민의 문제에 무관심하다는 점을 들었다. 곧 유림의 분열·수구성·개인고립의 폐단을 지적하면서, 공동체의 통합과 新學수용을 통한 혁신과 민족국가의 보전을 지향하는 개혁론의 방향을 선명하게 드러내고 있다.

둘째, 국권수호와 국민정신의 고취이다.

신채호는 '국권의 수호'와 '국민정신의 강화'를 통한 민족의식을 강조하여, 종교를 '국민에게 감화를 주는 하나의 큰 기관'으로 규정하고, '종교의 노예가 될 뿐 국가관념이 없는 종교'나 '종교의 신도가 될 뿐 국민정신이 없는 종교'는 20세기 새 국민의 종교가 될 수 없다고 거부한다.

유인식은 "우리 동포가 '아무 하는 일도 없는' 정부의 원숭이가 아니요, 아무 하는 일도 없는 옛 사람의 노예가 아니라면, 옛 것을 바꾸어 새롭게 하는 도리(革舊維新之道)를 찾을 수 있을 것이다"라 하여 동포에게 변혁의 역사적 요청을 호소하며, 당시 사회를 진단하여 "동양과 서양이 충돌하는 20세기의 경쟁풍조 속에서 우리 민족은 오히려 소라껍질 속에서 한가롭게 단잠에 빠져 어느 때인지도 모르는 사이에, 나라가 망하고 집이 무너져서 서로 이끌고 남의 노예가 되면서도, 벌레처럼 꿈틀거리며 편안한 듯 눈이 먼 듯, 나라가 망하였는지도 모르고 자신이 굴욕을 당하는지도 모르면서, 완고함이나 지키고 먹고 마시기를 일삼고 있다"라 하여, 역사적 변혁의 상황에 대한 민족의 맹목성을 통탄하고 있다.7) 그는 또한 당면한 정책으로서, 서양의 신학문을 받아들이도록 역설하면서, 동시에 각국이 國粹를 중요시하는 민족주의적 세계사조를 주목하고 있다.

朴章鉉은 민족주의적 관심에서 경전과 우리 역사의 통합시켜 구성하는 독특한 방법을 보여주고 있다. 따라서 중국의 역사기록을 토대로 성립된 「춘추」와 「서경」에 대해 그는 우리의 역사를 한국유교의 경전적 체계 속에 받아들이려는 구상에 따라 『海東春秋』와 『海東書經』을 저술하였다. 그는 역사를 "국민의 밝은 거울이요 사상진보의 원천"이라 정의하면서, 우리의 역사학이 병들어 있는 이유를 ① 事實이 있음만 알고서 理想이 있음을 알지 못하며, ② 朝廷이 있음만 알고 民間이 있음을 알지 못한다고 지적함으로써, 역사의식을 통해 민족정신의 각성을 추구한 것이다. 그는 민족사상이 홍기하지 못하는 것은 역사가의 허물이라 지적하고, 역사학계의 혁명이 일어나지 않으면, 우리 민족이 끝내 구제될 수 없음을 역설하고 있다.8) 또한 그가 세계 각국의 국제정세에 관한 지식을 수록한 『東西現勢論』을 저술한 것은 그의 민족주의 의식이 폐쇄적인 것이 아니라, 세계에로 눈이 열려 있음을 의미하는 것이다. 여기서 그는 공교론과 민족의식, 내지 경학과 역사의 통합적 재구성을 지향한다.

셋째, 낡은 구질서를 깨뜨리고 신질서를 건설하는 것이다.

---

7) 柳寅植, 「太息錄」, 『東山全書, 下』 pp. 87~88.
8) 박장현, 「舊史學論」, 『中山全書』 pp. 341~342.

유인식은 당시의 학계를 대혁명의 시기로 규정하고, 시대적 과제로서 "관습을 파괴하고, 新思潮를 섭취하며, 新進의 선비를 격양시켜 지조와 절개가 있게 하고, 활발하여 생기가 있게 하며, 마음씨를 개량하고, 활동의 범위를 개척하며, 정신을 발양하여야 할 것"을 요구한다. 이렇게 하여야 나라도 보호할 수 있고 백성도 붙들어 줄 수 있을 것임을 강조한다.9) 그러나 이때의 사정을 보면 중년 이상의 정신은 부패하고 고질이 깊어서 변혁 가능성이 없다고 보면서도, 우리의 청년은 기상이 활발하고 사상이 청신함을 지적하여 청년에게 새로운 시대의 희망을 걸고 있다. 그가 추구하는 20세기 이후의 時代는 進化의 원리와 民權主義 원칙에 근거하고 있는 것으로 확인하여, 이 時宜에 따라 옛 질서를 혁신하고[革舊], 새로운 질서를 설립하는[維新] 것이 민족을 위한 계책으로 파악되고 있다.

朴殷植이 제시한 「유교구신론」의 3대 문제는 요약하면 ① 君主 중심을 벗어나 人民 중심에로의 전환, ② 소극적 폐쇄성을 벗어나 적극적 전파활동, ③ 산만한 주자학의 학풍을 벗어나 간단하고 절실한 양명학의 학풍을 추구할 것이다. 다시 말하면 민주적 사회의식과 행동적 선교방법 그리고 주체적 신념을 역설한 것이다.

朴章鉉은 진화주의적 원리에서 세계의 모든 현상을 진화 아니면 퇴보라 하여, 유교의 전통에서 발생한 폐단을 개혁하기 위해 유교정신의 본질인 경전 자체에로 돌아갈 것을 요구하며, 진취적 기상이 '희망·열성·지혜·담력'의 4端初에서 드러나는 것이라 지적한다.

넷째, 이상사회로서 大同을 추구한다.

'大同'은 康有爲의 公羊學的 개념으로서 『禮記』·『禮運』편에서 제시한 '小康-大同'으로 대비되고 있는 大同개념이요, 『春秋公羊傳』의 '春秋3世說'을 발전시킨 '據亂世-升平世-太平世'의 太平世와 일치하

---

9) 유인식, 「學範」, 『東山全書, 下』 p. 111~119.

는 것으로 파악된다. 따라서 大同 내지 太平世는 유교문화권의 중국과 한국에서 앞으로 실현될 이상사회의 이념으로 제시되었던 것이다. 1909년 박은식과 장지연이 중심이 되어 조직하였던 유교의 종교적 개혁단체인 '大同敎'도 강유위가 제시한 시대적 이상으로서 '대동' 개념의 영향을 내포하고 있다.

더구나 강유위로부터 직접 지도를 받았던 李炳憲은 大同개념과 公羊學에 기반하여 서양으로부터 소개된 정치제도로서 立憲과 共和의 제도를 수용하면서 그 의미가 이미 유교에 일찍부터 갖추어 있었던 것임을 주장하였다. 또한 朴章鉉도 '大同'의 개념을 정의하여, '다양성을 일치점에로 복귀시키는 것'[歸一]이라 지적하고, 공자의 가르침이 오늘날 인류의 일상생활에도 절실한 보편성이 있음을 확신함으로써, '孔敎'를 '고금에 소통하고, 동서양에 걸쳐 있는 변할 수 없는 하나의 큰 종교'[通古今亘東西, 不可易之一大宗敎]라 정의하고 있다.[10] 그것은 바로 孔敎를 통하여 '大同'의 이상을 실현하고자 추구하는 신념을 내포하고 있는 것이다.

(5) 민족종교 운동과 해방

19세기 말에 들어서자 유교와 불교를 근간으로 하는 기존 종교전통에 의해 지탱되어오던 조선사회의 가치질서가 붕괴되고 생활기반이 파괴되면서 전국적인 民亂이 일어나는 사건을 비롯하여 서양열강과 일본의 침략세력이 조선사회를 압박해오는 과정에서 대중의 동요가 일어났다. 이러한 시기는 대중에게 희망을 주고 사회의 변혁을 요구하는 새로운 종교가 발생하기에 적합한 상황이었다.

---

10) 금장태, 『한국근대의 유교사상』, 서울대 출판부, 1990, 202쪽.

조선 말기는 정치의 부패와 외세의 위협을 비롯한 각종 재난이 잇달아 일어났다. 이때 사회적·종교적 정황은 유교질서의 체제가 혼란에 빠지고, 그동안 억압을 받아왔던 천주교가 사회 저변에서 지하운동을 하던 단계에서 벗어나 서양세력을 등에 업고 적극적인 활동을 전개하는 상황이었으며, 당시 사회현실은 불안과 위기의식이 가중되어 戰亂이 일어날 것이라는 예언에 따라 『鄭鑑錄』의 十勝地를 찾아 이동하는 인파가 늘고 있었다. 이러한 시기에 흔들리는 대중을 붙잡기 위해서, 유교·불교·도교 등 기존의 중심적 역할을 해오던 종교들의 교리를 종합하거나 변혁하여 새로운 교리체계를 갖춘 民族宗敎로서 新宗敎들이 출현하였으며, 이들은 대중의 좌절감을 극복할 수 있게 하고 念願을 표출시켜 희망을 주었다.

사회변혁을 통해 이상사회가 닥쳐온다는 後天開闢사상이 이 시대민족종교가 추구하는 공통적 주제였다. '후천개벽'사상은 『周易』의 '先天-後天'개념에 일차적으로 근거하는 것이지만, 이 시기에 광범하게 퍼져 민간신앙으로 자리잡고 있던 『鄭鑑錄』의 救世主사상과 擇地(十勝地)사상에서도 상당한 영향을 받은 것으로 보인다.

이 시대 신종교 내지 민족종교로는 水雲 崔濟愚(1824~1864)가 창도한 東學을 비롯하여, 一夫 金恒(1826~1898)이 『正易』을 경전으로 일으킨 詠歌舞蹈敎와, 甑山 姜一淳(1871~1909)이 天地公事를 내세운 甑山敎가 있으며, 少太山 朴重彬(1891~1943)이 자신의 깨달음을 불교의 진리와 부합한다 하여 圓佛敎를 개창하였던 것이 그 대표적인 유형들이다.

① 먼저 '東學'은 우선 그 명칭에서부터 天主敎신앙을 중심으로 하는 '西學'에 대응하는 의식에서 붙여진 이름이다. 敎條인 水雲 崔濟愚(1824~1864)는 東學을 天道에 근거한 것이라 하고, 당시 압박해 오는 西學(天主敎)은 東學과 "道는 같으나 理는 다르다"[11]라 하여 天(天主)의 道라는 점에서는 같지만 실천원리의 理는 다른 것임을 분명히 밝

혔다.12) 따라서 그가 상당한 기간 공부하였던 것은 동양의 중심사상인 유·불·도의 3교와 동학은 그 진리[道]가 같고 그 이치[理]가 같으나 先天의 낡은 시대와 後天의 새 시대 사이에 그 운수[運]가 다른 것으로 이해할 수 있다. 이에 따른 동학의 세계인식은 이 세계로는 運數가 진하여 새로운 세계를 요청하게 되는 後天開闢사상을 제시하고, 그 구체적 도수로서 下元甲·上元甲의 질서를 언급하기도 하였다.13) 그만큼 동학은 동양문화와 정신의 토대 위에서 그 전통을 이어가면서도 서양 [西學]으로부터 자극을 받고 그 시대현실에 적용되는 개혁적인 새로운 질서를 제시하는 입장임을 엿볼 수 있다.

동학은 바로 이 개혁적 성격으로 한울님[天主]을 내세운 점에서 서학과 유사한데, 세상이 이토록 어지러운 것은 우리 민족이 믿어오던 한울님의 뜻[天命]을 따르지 않은 까닭이라 인식하고, 그 뜻을 아는 길로서 至誠으로 感天하는 방법이 있음을 제시한다. 이처럼 한울님에 대한 인식과 한울님에 대한 실천방법을 통해 한울님을 진정으로 공경하게 되는 단계에서, 水雲이 언급하였듯이 "나의 道에는 誠·敬·神의 세 가지가 있으면 그만이다"14)라는 교리가 성립되는 것이다. '誠·敬'의 도학적 수양론의 기본개념을 계승하면서도 '神'의 존재, 곧 한울님에 대한 믿음을 강하게 요청함으로써 사대부 문화의 학문적 태도로부터 대중문화의 신앙적 성격을 이끌어 내고 있음을 보여준다. 그러나 한울님을 분명히 믿는다는 것이 마음[心]으로 그친다면 불충분하다. 역시 어떤 신체적인 것을 아울러 요구하는데 이것이 기운[氣]의 문제이다. '氣'는 생명을 가지고 운동하는 것이요, 신령한 기운[靈氣]이며 무궁하고 자존하는 것으로 본다.

---

11) 『東經大典』 「論學文」.
12) 같은 곳.
13) 『龍潭遺詞』 「夢中老少問答歌」, "天運이 돌렸으니/……下元甲 지내거든/上元甲 好時節에/萬古 없는 無極大道/이 세상에 날 것이니……."
14) 『동경대전』 「座箴」.

또한 동학에서는 우주를 하나의 발전, 진화하는 것으로 보고 그 본체 생명을 氣로 파악하여 이 氣가 발전하는 과정에 있어 현실세계의 모든 만물의 번성하고 쇠퇴하는 교체를 필연적인 변화로서 造化라고 해명하고 있다. 이것이 海月 崔時亨에 와서 사람뿐만 아니라 천지만물이 모두 다 한울님을 모시고 있다는 汎神的 세계관으로 확대되고 있으며, 나아가 "사람이 한울이요 한울이 사람이니, 사람 밖에 한울이 없고 한울 밖에 사람이 없다"15)라 하여, 사람과 한울을 일치시켜 인간에게 한울의 존엄성을 부여하고 있다. 동시에 그는 "사람이 바로 한울이니, 사람 섬기기를 한울같이 하라"16)라는 실천적 기본교리를 주창함으로써, 嫡·庶의 차별이나 班·常의 차별을 비롯하여 온갖 차별이 天意를 어기는 것이라 역설한다. 따라서 인간이면 누구나 평등하게 대우함으로써 신분적 차별로부터 해방시키고, 더욱 나아가 하늘처럼 존중함으로써 인간존엄성을 최고의 단계로 높이고 있다. 海月에서 '인간이 바로 하늘이다'[人是天]라 선언하였던 것이 義菴 孫秉熙에 와서는 "사람이 곧 하늘이다"[人乃天]라는 선언으로 계승되면서, 인간에 대한 인간의 모든 속박으로부터 인간을 해방하며, 인간과 하늘을 일치시킴으로써 인간존재를 우주적 주체요 중심축으로 끌어올리고 있다.

동학의 이러한 사상은 유교전통의 봉건군주 체제하에서 매몰된 개인의 인격적 가치를 해방시켜주는 근원적 통찰이며, 그 대중적 각성운동을 통해 한국적 인간존중사상의 중요한 결실을 이루고 있다. 따라서 현실의 모순에 대해 적극적 해방의 논리에 입각하여 세상을 제도하고 백성을 구한다는 제세구민(濟世救民)의 도리는 면면히 東學敎徒들 사이에 흘러들어 갑오농민운동의 중심이념이 되었다.

② 다음으로 유교계열에 속하는 것으로 볼 수 있는 '正易'17)에서

---

15) 『道宗法語』 '天·人·鬼神·陰陽', "人是天, 天是人, 人外無天, 天外無人."
16) 같은 책, '事人如天', "人是天, 事人如天."
17) '正易'은 敎祖 金一夫가 지은 경전의 명칭에 따른 종파의 명칭이고, 그 수행방법에 따라 '詠歌舞蹈敎'라 일컫기도 한다.

제시되는 後天開闢사상은 새로운 세계의 우주질서적 필연성을 제시한다. 正易이론을 확립한 一夫 金恒은 스승 李雲圭에게서 『주역』을 공부하고 易의 세계관에 대한 새로운 해석을 시도하였다. 여기서 그는 易의 변천과정을 先天·後天의 변혁에 따라 伏羲易→文王易(周易)→正易의 단계로 해석한다.18) 그는 『주역』에서 제시된 先天·後天의 개념을 원리적 의미로부터 역사적 의미로 설정하고 중국의 원시 경전으로서 『주역』에서 사상의 실마리를 끌어오면서 우주의 새로운 질서와 원리를 규명하였다.

一夫에 의하면 기존의 유교전통 사회는 先天의 '舊'질서로서 '陽을 높이고 陰을 억압하는'(抑陰尊陽) 陰陽의 상하적 차별질서라 규정하고, 앞으로 다가올 새로운 세계는 後天의 '新'질서로서 '陽과 陰의 조화를 이루는'(調陽律陰) 陰陽의 수평적 평등질서라 제시한다.19) 이러한 후천적 세계는 治者에 대한 人民이나 男子에 대한 女子가 모든 지배와 억압의 속박에서 해방되는 사회적 평등과 화합을 실현한 새로운 세계를 가리킨다. 다시 말하면 이러한 후천의 세계는 인간의 본성에서 神明性을 계발하여 神과 인간이 합치할 수 있는 경지를 제시한 것이다.

正易에서는 선천-후천이라는 역학적 세계변혁의 대전환을 자연적 도수의 질서와 연관시켜 해석함으로써 후천을 통해 실현되는 인간사회의 평등과 화합을 자연적 질서의 조화와 균형으로 확고하게 정립하고자 한다. 여기서는 선천의 '365와 4분의 1'이라는 일년의 도수가 후천에 와서는 '360'의 완전한 균형의 도수로 바뀌게 되어 천문과 지리가 불균형·부조화를 균형·조화로 실현하게 된다는 것이다.20) 이처럼 선천의 일그러진 度數나 卦象이 후천에 와서 바르고 완전하게 된다는

---

18) 李正浩, 『正易研究』, 國際大 인문사회과학연구소, 1976, 33~34쪽.
19) 『正易』, 「一歲周天律呂度數」, "抑陰尊陽, 先天心法之學, 調陽律陰, 後天性理之道."
20) 『正易』, 「先後天正閏度數」, "先天體方用圓, 二十七朔而閏, 後天體圓用方, 三百六旬而正."

인식은 새로운 세계에서 지금까지 속박과 고통을 받는 모순이 해결되고 모든 인간의 평등하고 화합하는 해방의 이상이 실현될 수 있을 것이라는 신념을 내포하고 있다.

③ 甑山教는 甑山 姜一淳(1871~1909)이 창립한 교단으로서 '東學'과 '正易'의 後天開闢사상을 수용하여 '天地公事'의 교리체계를 세웠다. 즉 말세의 운수를 뜯어고치기 위해 이념이나 규범과 질서 등을 개혁하여 새로 만들어야 한다는 것이다. 그래서 地方神·文明神·萬古逆神 등 각 神의 부조화로 인한 혼란을 해결하기 위해 통일된 신명의 세계로서 '造化政府'를 결성하고, 이들의 원한을 해소 곧 '解怨'하기 위해 모든 神明을 報恩줄로 이어주어 화목협동[相生]하게 한다는 것이다.21) 이렇게 先天시대의 오류를 수정하여 後天의 새로운 세계를 이룩한다는 조화의 이념을 전개시키고 있다.

따라서 선천·후천의 재난과 액운을 없애서 신명의 원을 푼다는 厄運公事와 세계의 분쟁과 반목을 공동체의 이념으로 교화한다는 世運公事와 유교·불교·기독교·민간신앙의 정수를 통일 결집하여 종교적 합일을 도모한다는 敎運公事의 개혁이론을 내세웠다. 그만큼 先天의 갈등은 종교적 분열·대립에 큰 원인이 있다는 현실인식을 보여주고 있는 것이다.

甑山의 이러한 後天開闢사상은 그동안 先天의 현실사회는 고통받는 대중의 怨恨으로 사회가 병든 '天下皆病'의 末世라 규정하고, 이에 따라 後天의 새로운 세상을 열어 인류를 구원해야 한다는 요청이 제기된다.22) 따라서 甑山의 구원론은 天地公事를 통해 신분적 차별과 탐관오리의 虐政, 사회적 騷擾·疫疾 등 온갖 고통으로부터 대중을 해방하여 後天세계를 개벽하여 仙境의 이상세계를 실현하고자 한 것이다. 곧 그는 "兩班의 氣習을 속히 빼고 賤人에게 우대해야 속히 좋은 시대가

---

21) 『大巡典經』 4장 1절 및 173절.
22) 金鐸, 『甑山 姜一淳의 公事思想』, 精文硏대학원 박사학위논문, 1995, 105~110쪽.

이르리라"23) 하여 신분적 해방을 역설하고, "여자의 怨을 풀어 正陰正陽으로 乾坤을 짓게 하려니와, 이 뒤로는 禮法을 다시 꾸며 여자의 말을 듣지 않고는 함부로 남자의 권리를 행하지 못하리라"24) 하여 여성을 남성의 억압으로부터 해방시킬 것을 주장하고 있다.

④ 원불교

1916년 少太山 朴重彬이 개창한 圓佛敎는 "물질이 개벽되니 정신을 개벽하자"라는 開敎 標語를 내걸고 서양의 근대문물로 과학이 발달하는 물질문명의 현상을 '물질의 개벽'이라 파악하고, 그 자신이 추구하는 새로운 세계는 종교신앙과 도덕훈련으로 현실의 무질서와 고통에서 벗어나 물질과 정신이 조화롭게 발전된 낙원의 세계를 건설하고자 염원하였다.25) 이 개벽사상은 동학·정역·증산교의 후천개벽사상의 전통을 계승하고 있는 것이라 할 수 있다.

少太山은 여러 종교에서 인류구원과 평화세계를 건설하려던 성현들의 깨달음이 모두 하나의 진리로 파악하고 다양한 종교의 진리들을 통합하여, '法身佛一圓相'의 진리를 원불교 신앙과 수행의 표본으로 삼으며, 四恩·四要·三學·八條로써 강령을 삼았다.26) 소태산은 당시 日帝의 식민지 지배를 받는 우리 민족에게 '强者와 弱者가 화합하는 進化'의 방법을 제시함으로써, 弱者로부터 해방된 强者로의 진화를 추구하도록 요구한다. 또한 그는 이 사회를 '병든 사회'로 규정하고, 그 병든 현상으로 부정당한 의뢰생활에 젖어 있는 사실을 지적한다. 여기서 주로 조선사회 말기적 폐단에 따른 무기력하고 의존적이며 자립정

---

23) 『大巡典經』 6장 6절.
24) 같은 책, 6장 134절.
25) 『圓佛敎敎書』, 「正典, 總序篇」, 1장(開敎의 動機), "안으로 정신문명을 촉진하여 도학을 발전시키고, 밖으로 물질문명을 촉진하여 과학을 발전시켜야 靈肉이 兼全하고 內外가 兼全하여 결함없는 세상이 되리라."
26) 四恩-天地恩·父母恩·同胞恩·法律恩.
　　四要-自力養成·智者本位·他子女敎育·公道者崇拜.
　　三學-精神修養·事理硏究·作業取捨.
　　八條-(進行4條) 信·忿·疑·誠. (捨損4條) 不信·貪慾·懶·愚.

신이 결핍된 우리의 사회적 질병으로부터 대중을 해방시키기 위해, 소태산이 제시한 치료법은 心田개발과 自力양성의 원리 아래서 저축조합운동을 벌이거나 간척사업을 벌이는 등 물질적 생활기반의 향상과 자주적 향상의지를 배양한다는 것이다.27) 이러한 물질적 정신적 계발과 진보를 위한 과정에서 이미 낡은 시대의 신분적 차별·성적 차별·빈부의 차별로부터 해방된 새로운 세상의 이상을 추구하고 있다.

(6) 맺음말

한근 근세사상사의 전개과정은 실학·개화사상·애국계몽사상 및 유교개혁사상이 道學전통의 구질서로부터 단계적으로 점점 심화시켜가며 근대적 신질서로 우리 사회를 이끌어 왔다. 이 시기의 개혁사상은 전통의 근본적 한계성을 분석하거나 현상적 폐단과 모순을 드러내어 비판하는 작업과 이를 넘어서 새로운 시대 사회가 추구해야 할 이상을 제시하고 실천과제를 구체화시키고 있다. 바로 이러한 과정을 사상적·제도적·관습적 질곡으로부터 '해방'이라 할 수 있고, 합리적이고 능률적인 사회질서의 理想을 내세워 새로운 질서의 창조라 할 수 있겠다.

가장 먼저 道學체계의 근본적 인식을 비판하고 깨뜨리는 작업은 道學의 견고한 세력 때문에 병립시킬 수 없어서 더욱 첨예하고 근원적 비판이 전개되었던 것으로 보인다. 실제로 道學이 구질서의 배경이지만 근대로 전환과정에 전혀 긍정적 가치가 없는 것은 아니다. 國權을 수호하고자 하는 목표에서는 동일하지만 방법적 차이가 뚜렷한 것이었으며, 특히 韓末道學이 衛正斥邪論 내지 義兵運動으로 대표되는 저

---

27) 柳炳德, 『한국사상과 원불교』, 교문사, 1989. 500~507쪽.

항정신에만 집착하고 있는 데 대한 비판이 주어진 것이다.

경제적 효율성과 신분질서의 평등화는 실학·개화사상으로 이어지면서 가장 많은 관심이 기울여진 부분이었다. 이와 더불어 사회제도 및 정치체제에 이르기까지 광범한 개혁방안이 제시되고 실험되었는데, 구질서로부터 해방현상으로서 밖으로 나타난 가장 뚜렷한 성과가 있다. 나아가 민족·자주독립·민권·자유 등으로 표방되는 독립의식과 민권의식은 구질서의 속박에서 국가나 개인이 해방되어야 할 대표적 문제라 할 수 있다.

그러나 전통의 복잡한 질곡의 구조와 굳어진 타성으로부터 해방된다는 것은 하루아침에 선언이나 혁명으로 확보되는 일이 아니다. 실학이 개혁의 이론적 탐색이라면, 개화사상은 위로부터의 개혁을 시도한 것이요, 애국계몽사상은 결국 대중의 의식개혁운동으로 전개시켰던 것이다. 또한 동학·정역·증산교·원불교의 근대 민족종교들은 後天開闢사상을 중심으로 전근대적 모순과 고통으로부터 대중을 해방시켜 평등과 조화의 이상을 실현하기 위한 종교운동으로 전개됨으로써, 매우 강한 사회운동으로서의 영향력을 발휘하였던 것이 사실이다.

결국 역사적으로는 어느 사상유파도 개혁·해방을 결정적으로 성공시키지는 못하였다는 데 한계가 있다. 내적으로 너무 서두르다 기반을 마련하지 못했거나 너무 느려서 효과를 거두지 못했다고도 할 수 있다.

동시에 외적으로 일본의 침략으로 시간을 확보할 수 없었고, 守舊·開化의 양극적 대립으로 사회적 역량의 집중화가 불가능하였다는 점도 간과할 수 없다. 그럼에도 불구하고 1945년 이후 우리의 근대화와 민주화를 지향한 오랜 진통이 실학·개화·애국계몽사상으로 이어지는 우리 근세사상사와 맥이 닿아 연속성이 있음을 주목해야 할 것이다.

●저자●

금장태　서울대학교 종교학과 졸업
　　　　성균관대학교 대학원 수료(철학박사)
　　　　동덕여자대학교, 성균관대학교 교수 역임
　　　　현재 서울대학교 종교학과 교수
　　　　주요 저서로는『한국 실학사상 연구』,『다산실학 탐구』,『퇴계의 삶과 철학』,『성학
　　　　십도와 퇴계철학의 구조』,『조선전기의 유학사상』,『조선후기의 유학사상』,『한국유
　　　　학의 탐구』,『한국의 선비와 선비정신』,『세종조 종교문화와 세종의 종교의식』,
　　　　『줄 없는 거문고』외 다수가 있다.

● 한국 근대사상의 도전

●초판 발행　2002년 1월 30일
●2　　쇄　2003년 7월 31일

●지 은 이　금장태
●펴 낸 이　채종준
●펴 낸 곳　한국학술정보㈜
　　　　　　경기도 파주시 교하읍 문발리
　　　　　　파주출판문화정보산업단지 538-2
　　　　　　전화　031) 908-3181(대표)·팩스　031) 908-3189
　　　　　　홈페이지　http://www.kstudy.com
　　　　　　e-mail(e-Book사업부)　ebook@kstudy.com
●등　　록　제일산-115호(2000. 6. 19)
●가　　격　24,000원

ISBN　89-534-0492-4　93910 (Paper Book)
　　　　89-534-0493-2　98910 (e-Book)